JILPT 第3期プロジェクト研究シリーズ *No.9*

非典型化する家族と
女性のキャリア

（独）労働政策研究・研修機構 編

まえがき

　国連の女性差別撤廃条約の採択（1979 年）、男女雇用機会均等法の成立（1985 年）、男女共同参画社会基本法の成立（1999 年）以来、女性の活躍とワーク・ライフ・バランスの向上が政府の重要政策として浮上して久しい。

　（独）労働政策研究・研修機構（JILPT）では、第 1 期中期計画期間（2003 ～ 2006 年度）より、ワーク・ライフ・バランスの実現に向けた課題を中心に、女性就業問題の研究に継続的に取り組んできている。その間、2007 年末にいわゆるワーク・ライフ・バランス憲章が策定されたことや、2010 年の「新成長戦略」において若者や女性、高齢者の就業率向上を目指し、「男女共同参画社会」の実現を推進することが盛り込まれたことで、女性就業に関する政策研究の重要性はいっそう高まってきていた。

　こうした要請に応えるべく、JILPT では 2012 ～ 2016 年度の第 3 期中期計画期間に、プロジェクト研究「企業の雇用システム・人事戦略と雇用ルールの整備等を通じた雇用の質の向上、ディーセント・ワークの実現についての調査研究」のサブテーマ「女性の活躍促進に関する調査研究プロジェクト」において「民間企業の女性管理職登用等ポジティブアクションに関する調査研究」、「女性の継続就業・活躍に関する研究」と「子育て中の女性の就業に関する調査研究」を実施した。

　この第 3 期中期計画期間中にも、2012 年末に発足した第 2 次安倍内閣では女性の活躍推進が政府の最重要課題の一つとして位置付けられたこと、2014 年に次世代育成支援対策推進法が延長等されたこと、2015 年には女性活躍推進法が制定されたこと、2016 年には育児・介護休業法と男女雇用機会均等法が改正されたことなど政策の進展がみられたこともあり、研究は厚生労働省と密に連携をとりながら進められた。

　管理職・専門職として活躍する女性が社会的関心を集める一方で、正社員であっても昇進や昇格の対象になりにくかったり、昇進意欲が持てない女性も少なからず存在する。また、育児期の女性、特にひとり親家庭の母親などでは、正社員としての就業が難しく、低賃金で不安定な職に就いている者が

多いという状況には大きな変化がみられない。その背後には、家族形態の非典型化に伴って、女性のライフスタイルも多様化していることが想定される。

　本書は、「女性の活躍促進に関する調査研究プロジェクト」を中心とした最近の研究成果を、広く一般の方向けに紹介するためにとりまとめたものである。その中では、これまで非正規雇用の問題と位置付けてきたような事象についても、女性就業の視点から多角的に採り上げ、「女性の多様化」に対応した労働政策の課題を明らかにするよう努めた。企業、労働組合、国及び地方公共団体の政策担当者及び研究者等、女性の就業というテーマに関心のある方々に、幅広くご活用いただければ幸いである。

2018 年 3 月

（独）労働政策研究・研修機構
理事長　　　菅　野　和　夫

目　次

まえがき
目次

序章　女性の活躍と多様化……………………………………………… 9

　　　　　　　　　　　　　　　　　　　　　池田　心豪

　第1節　本書の目的と背景……………………………………………… 9

　　1　女性活躍とワーク・ライフ・バランス……………………… 9

　　2　主婦の貧困問題………………………………………………… 12

　　3　シングル女性の仕事と生活…………………………………… 14

　第2節　各章の概要…………………………………………………… 15

第Ⅰ部　女性活躍とワーク・ライフ・バランス

第1章　女性の初期キャリア：男女別コーホート間比較から………… 22

　　　　　　　　　　　　　　　　　　　　　酒井　計史

　第1節　はじめに……………………………………………………… 22

　第2節　ライフコースの概要………………………………………… 24

　　1　就業経験………………………………………………………… 24

　　2　家族形成………………………………………………………… 25

　　3　学校終了から第1子誕生まで………………………………… 26

　第3節　学校から初職への移行……………………………………… 28

　第4節　家族形成と職業キャリア…………………………………… 34

　　1　初婚後、第1子誕生後の就業状況および従業上の地位…… 35

　　2　初職、初婚年、第1子誕生後の就業状況および従業上の地位
　　　の変化…………………………………………………………… 38

　第5節　初職・正規雇用者の30歳時の職業キャリア……………… 41

　第6節　まとめ………………………………………………………… 45

第2章　育休取得は管理職登用の妨げとなっているか…………… 47

周　燕飛

第1節　育休と女性の管理職登用－政策目標間の整合性に懸念も … 47

第2節　先行研究……………………………………………………… 48

第3節　「人的資本減少仮説」と「シグナリング仮説」…………… 51

第4節　データ………………………………………………………… 53

第5節　単純集計結果………………………………………………… 55

　　1　育休取得の標準コース……………………………………… 55

　　2　育休取得女性の属性………………………………………… 56

　　3　育休取得と昇進に関する意識……………………………… 58

第6節　推定結果……………………………………………………… 59

　　1　13ヶ月以上の長期育休は管理職登用の確率を下げている … 59

　　2　推定結果は頑健である……………………………………… 61

第7節　結語…………………………………………………………… 63

第3章　「性別職務分離」の現在形

　　　　―昇進意欲の男女差を手がかりに考える―………………… 66

高見　具広

第1節　昇進意欲の男女差が問いかけるもの……………………… 66

第2節　「性別職務分離」はどこにあるのか……………………… 67

第3節　昇進意欲の男女差をみる…………………………………… 69

第4節　男女による職務経験の違い………………………………… 70

第5節　職務経験が昇進意欲を高める道筋………………………… 73

第6節　労働時間の男女差が指し示すもの………………………… 76

第7節　女性活躍を阻む「残業の壁」……………………………… 78

第8節　結論…………………………………………………………… 80

第Ⅱ部　主婦の貧困問題

第4章　貧困専業主婦がなぜ生まれたのか……………………… 84
周　燕飛

第1節　専業主婦の8人に1人は貧困……………………… 84

第2節　データ……………………………………………… 85

第3節　生活実態…………………………………………… 85

　　1　専業主婦世帯の収入分布と貧困率………………… 85

　　2　貧困専業主婦世帯の生活困窮度…………………… 87

　　3　望まれている働き方………………………………… 88

　　4　貧困専業主婦でいる理由―主観的認識…………… 89

　　5　貧困専業主婦の平均的属性………………………… 90

第4節　貧困専業主婦でいる理由の統計的推定………… 93

　　1　低収入夫のグループ内における有業妻と無業妻の違い…… 93

　　2　低収入夫を持つ妻の就業行動はどこが違うのか………… 94

第5節　働けるようにその就業障壁の除去がいま求められている　97

【解説】「専業主婦」モデルのルーツ……………………… 99

第5章　若年出産、婚前妊娠の母親と子ども……………………… 100
阿部　彩

第1節　はじめに…………………………………………… 100

第2節　若年出産はどれくらい発生しているのか……… 101

第3節　若年で母親となることは問題なのか…………… 104

第4節　若年母親のリスクはどこから来るか…………… 106

第5節　若年母親の出現率………………………………… 108

　　1　若年母親の定義と出現率…………………………… 108

　　2　子どもの定義と出現率……………………………… 109

第6節　若年出産に至るまでの環境……………………… 110

　　1　若年母親の出身家庭状況…………………………… 110

　　2　婚前妊娠出産（できちゃった婚による出産）…… 111

第7節　若年出産後の環境……………………………………112
　　1　現在の婚姻状況…………………………………………112
　　2　学歴………………………………………………………112
　　3　就労状況…………………………………………………113
第8節　若年母親の子どもの状況………………………………114
第9節　分析からわかったこと…………………………………116
　　1　現行の若年母親への支援の課題……………………117
　　2　若年母親支援の政策に向けて………………………119

第6章　子育て期の母親に求められている支援策………………121
　　　　　　　　　　　　　　　　　　　　　　坂口　尚文
第1節　はじめに…………………………………………………121
第2節　就業と子育てに対する支援策…………………………122
　　1　対象にした支援策について…………………………122
　　2　支援策の支持の分布…………………………………124
第3節　誰がどのような支援策を支持しているか……………128
　　1　アプローチ……………………………………………128
　　2　推定結果………………………………………………131
第4節　まとめと課題……………………………………………137

第Ⅲ部　シングル女性の仕事と生活

第7章　シングルマザーは働いていてもなぜ貧困か……………142
　　　　　　　　　　　　　　　　　　　　　　大石　亜希子
第1節　はじめに…………………………………………………142
第2節　母子世帯の就労収入はなぜ低いのか…………………144
　　1　データの説明…………………………………………144
　　2　労働時間の状況………………………………………145
　　3　時間当たり賃金の分布………………………………147
　　4　正社員シングルマザーの賃金はなぜ低いのか……148

	5	ここまでのまとめ……………………………………… 153
第3節		5年ルールは妥当か……………………………………… 153
	1	児童扶養手当の概要……………………………………… 153
	2	母子世帯になってからの経過年数と就労収入………… 155
第4節		養育費受給の決定要因…………………………………… 157
	1	養育費の現状……………………………………………… 157
	2	養育費受給に関する先行研究…………………………… 160
第5節		養育費徴収強化のマイクロ・シミュレーション……… 161
	1	養育費受給率と貧困率の関係…………………………… 161
	2	養育費徴収ガイドラインの比較………………………… 162
	3	シミュレーションの手順………………………………… 164
	4	貧困削減効果のシミュレーション……………………… 165
	5	児童扶養手当受給額の変化……………………………… 166
第6節		結論………………………………………………………… 168
【補論】賃金格差の要因分解の方法 …………………………… 169		

第8章　未婚女性労働者のキャリアパターンと就業継続要因………… 170

大風　薫

第1節		はじめに………………………………………………… 170
第2節		キャリアパターンに関する分析結果………………… 172
	1	配偶関係とキャリアパターン………………………… 172
	2	年齢別のキャリアパターン…………………………… 173
	3	学歴別のキャリアパターンの違い…………………… 174
	4	初職と現職との関係：従業上の地位………………… 175
	5	初職と現職との関係：仕事内容……………………… 176
第3節		初職の継続と仕事・職場、親のライフコース・経済状況との関わり……………………………………………… 177
	1	分析方法および使用変数……………………………… 178
	2	記述統計………………………………………………… 178
	3	二項ロジスティック回帰分析の結果………………… 179

第4節 現職の継続意向と仕事・職場、仕事への意識、親との同居関係
との関わり……………………………………………………… 182
1 分析方法および使用変数………………………………… 183
2 記述統計…………………………………………………… 183
3 二項ロジスティック回帰分析の結果…………………… 185
第5節 まとめ……………………………………………………… 187

第9章 壮年非正規雇用シングル女性の働き方と生活満足………… 193
池田　心豪
第1節 はじめに…………………………………………………… 193
第2節 シングル女性の非正規雇用労働に関する先行研究……… 195
第3節 壮年非正規シングル女性の経済的生活基盤……………… 200
第4節 配偶関係別　働き方と仕事満足度………………………… 202
第5節 失業不安と正社員への移行希望…………………………… 206
第6節 まとめ……………………………………………………… 209

終章 包摂的女性労働政策に向けて…………………………………… 211
池田　心豪
第1節 本書の主な知見…………………………………………… 211
第2節 インプリケーション……………………………………… 211
1 多様な女性のキャリア形成支援………………………… 212
2 女性の経済的自立支援…………………………………… 214
第3節 おわりに…………………………………………………… 215

参考文献……………………………………………………………… 216
索引…………………………………………………………………… 224
執筆者略歴…………………………………………………………… 226

| 序章 | 女性の活躍と多様化 |

池田心豪

第1節　本書の目的と背景

　本書は（独）労働政策研究・研修機構が2012（平成24）〜 2016（平成28）年度の第3期中期計画期間に実施した女性労働研究の知見をとりまとめたものである。昨今話題になっている女性活躍の文脈では、主として女性の管理職昇進の問題に関心が向けられている。その一方で、低賃金・不安定雇用の職につき、労働市場の周辺に置かれる労働者の多数を占めるのもまた女性であるという状況は大きく変化していない。その裏側で、女性のライフスタイルも多様化しており、配偶者の経済力に頼れない女性が増えている。そのような背景を踏まえて、女性労働をめぐる問題を多角的に取り上げ、女性の多様化に対応した労働政策の課題を明らかにしたい。

1 女性活躍とワーク・ライフ・バランス

　女性の活躍は日本の経済成長にとって重要である、女性の活躍は企業の競争力を高める、そのような問題意識のもと女性活躍への関心が政府や企業の間で高まり、2016年から女性活躍推進法が施行されている。1986年の男女雇用機会均等法施行から30年間、女性の平均勤続年数は延び、女性の職域は拡大し、管理職に占める女性の割合も上昇してきた。しかしその歩みは遅く、今なお日本は国際的に見て男女の格差が大きい社会として有名である。

　なぜ日本では女性が活躍しにくいのか。その理由は様々指摘されているが、主たる要因とされているのが、家事・育児といった家族的責任と仕事の両立の難しさである。

　日本の女性の年齢別労働力率は若年期と中高年期に2つのピークを形成し、その間が窪むM字型のカーブを描く。若年期に就職した女性が結婚や

9

出産を機に労働市場から一度退出し、育児が一段落した後に再び労働市場に参入するからである。特に仕事と育児の両立は依然として難しく、現在でも妊娠・出産期の女性の約半数が仕事を辞めている。広く知られているように、若年期に正規雇用（企業・団体の正社員・正職員）で職業キャリアをスタートしても、結婚や出産・育児を機に一度退職した場合、再就職先での就業形態はパートや派遣といった非正規雇用であることが多い。一方、男性は若年期に「フリーター」のような非正規雇用でも、結婚して家族を形成する30歳前後には正規雇用に転換し、その後は正規雇用で勤め続けるのが主流である[1]。確かに内閣府の『男女共同参画白書』が毎年報告しているように、日本でもかつて多数を占めていた専業主婦世帯は減少傾向にあり、今では共稼ぎ世帯が専業主婦世帯を上回るようになっている。しかし、その内実をみると、夫婦ともフルタイムの世帯数はほとんど増えておらず、増加した共働き世帯は夫がフルタイムで妻はパートという形態である（図表-序-1）。つまり、今日もなお男性は正規雇用／女性は非正規雇用という男女の労働市場の分断がある。

さらに、結婚・出産・育児を経て正規雇用のキャリアを継続した場合も、

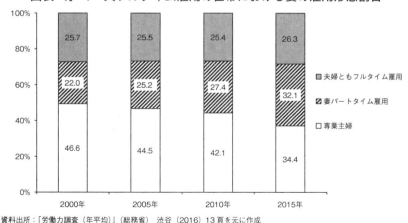

図表-序-1　夫フルタイム雇用の世帯における妻の雇用形態割合

資料出所：「労働力調査（年平均）」（総務省）　渋谷（2016）13頁を元に作成

1　（独）労働政策研究・研修機構（2007、2017a）及び本書第1章に詳細な分析結果を示している。

育児と両立しやすいが管理職昇進の機会は制約される「マミートラック」に女性が陥る可能性が高いことも広く知られている。その観点から昨今問題になっているのが「手厚すぎる両立支援」である[2]。女性が育児のために仕事を休んだり、労働時間を短くしたりすることにより、育児を理由とする離職を回避できるよう、育児・介護休業法は度重なる改正を通じて、育児休業や短時間勤務といった両立支援制度を拡充してきた。また厚生労働省は、法定を上回る期間の育児休業や短時間勤務を制度化している企業をファミリーフレンドリー企業として表彰することもしてきた。だが、過ぎたるは猶及ばざるが如し。離職を回避できてもたくさん休み、大幅に労働時間を短縮した女性と仕事を休まず残業もする男性とでは職業キャリアに差が生じるのは、ある意味で必然である。成果を出していれば労働時間の長さは関係ないというのは一面において正しいが、やはり程度問題であろう。どのような仕事でも成果を出すために最低限必要な時間数がある。そして、難易度の高い仕事や未経験の仕事に挑戦するときは、それだけ成果を出すのに時間がかかる[3]。結果として同じ正規雇用の間でも長時間労働と広域な異動が可能な男性と、それが難しい女性の間に労働市場の分断が生じる[4]。

　こうした労働市場の分断は家庭での役割と表裏一体である。「男性は仕事、女性は家庭」という性別分業において、男性の家事・育児時間は増加傾向にあり、前述のように専業主婦の女性は減っている。だが、これをもって夫婦の中核的役割が対称に近づきつつある判断するのは早計である。たとえば、男性の育児休業取得率は上昇傾向にあるものの、女性と同じように月単位で取得する男性は少なく、取得者の多くは「5日未満」である[5]。男性が育児

2　この問題は本書第2章でも取り上げている。
3　日本経済調査協議会（2016）は、長時間労働と職務内容の関係について、日本の管理職のプレイングマネジャーとしての性質に着目し、管理職昇進前のプレイヤーとしての経験と実績がマネジャーとしての部下の統率力に影響するため、管理職昇進にあたって定時では終わらない「困難な仕事」の経験が過剰に考慮されることを指摘している。また公式の会議に先立つ意見調整や、トラブルの後処理、緊急事態に備えた待機、後輩へのちょっとした助言や相談対応、無理のある顧客の注文対応など、「表に出にくい仕事」「泥臭い仕事」も往々にして長時間労働になりやすいが、そのような仕事も管理職になるためには必須の経験であると過度に考えられていることにも問題として言及している（日本経済調査協議会 2016：30）。
4　この問題は短時間正社員を題材に松原（2012）が詳しく論じている。
5　育児休業取得状況は厚生労働省の「雇用均等基本調査」が定期的に把握している。本書刊行時点で最新の平成27年度調査（2015）によれば「5日未満」は男性取得者の56.9%を占める。

休業を長く取らない、そもそも取らない理由として経済的問題がたびたび指摘される。しかし、妻が育児休業を取る場合も制度上の所得保障は同じである。結婚や出産を機に女性がフルタイムからパートタイムになったり、子どもが生まれたら月単位・年単位で女性が育児休業を取ったりできるのも、その間に世帯収入が下がっても困らないだけの稼得能力のある男性の存在を前提にしているから成立する話である。裏返しとして男性は稼得役割を担うがゆえに女性と同じように育児休業を取ることは難しい。だが、多少なりとも育児をしていれば「イクメン」として賞賛されることもまた事実である。その一方で、非正規雇用や非就業等であることから収入が低く安定しない男性ほど未婚率は高いという事実は[6]、男性の稼得役割の強固さを物語っている。子煩悩で育児に意欲的であっても収入がなければ「イクメン」になることは難しい。結婚することも子どもを持つこともできないからだ。

　つまり、夫婦関係の中核においては依然として「男性は仕事、女性は家庭」という役割が強固に維持されている可能性が高い。そして、表面的に進んでいるようにみえる男性の家事・育児参加も女性の労働参加も、その内実においては“本来の役割が疎かにならない範囲で”“余裕のあるときに”“補助的に”行われているに過ぎないのではないだろうか。男性が家事・育児をしても女性が就業しても、夫の稼得役割と妻の家事・育児役割が免除されるわけではない。それゆえ、男性と同じくフルタイムで働くワーキングマザーの仕事と家庭の二重負担は重い（西村 2009）。妻と同等に家事・育児を担う男性もまた然りである。その負担に耐えられる男女は多くない。

　もちろん当事者である夫婦の立場で考えれば、伝統的な役割関係で問題なく家庭生活を送っているなら、それを変える理由はない。夫婦の役割関係を見直そうという提言は余計なお節介である。家庭という私的領域の夫婦関係を外から変えていくことは容易ではない。しかし、現実には、伝統的な夫婦の役割を前提にすることで問題に直面している家庭が目立ち始めている。

2 主婦の貧困問題

　第一に、賃金の伸び悩みにより男性の稼得能力は低下し続けている（図表

6　(独) 労働政策研究・研修機構 (2017) に経歴データにもとづく分析結果を示している。

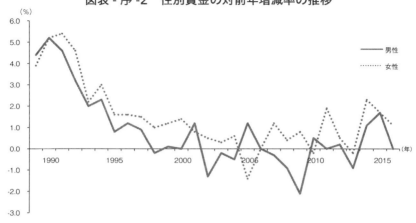

図表 - 序 -2　性別賃金の対前年増減率の推移

資料出所：「賃金構造基本統計調査」（厚生労働省）

- 序 -2）。これにより家計が苦しい状況に直面した場合は妻が夫の収入を補うために働きに出るというのが有名な「ダグラス＝有沢の法則」に沿ったシナリオである。だが、1990年代の平成不況やリーマンショック後の景気低迷期のように、労働需要が縮小し、雇用情勢が厳しい状態では、妻にも相応のエンプロイヤビリティが求められる。必然的に学歴が低い、就業経験が乏しいといった形で人的資本の低い女性は労働市場の周辺に置かれる可能性が高くなる。結果として、低収入であるか就職することすら難しい、という事態に陥ることは想像に難くない。結果として貧困に直面する可能性は高くなるだろう。この苦境を脱するために、夫である男性労働者の賃金を上げることは一つの選択肢である。だが、脱工業化の趨勢の中で製造業や建設業のようなかつての男性が稼得能力を得ていた雇用は減少傾向にある。雇用が増えているのは生産性が低く、賃金も低い広義のサービス業（第三次産業）である。産業構造の問題として男性を主たる家計支持者として考えることは難しくなっているのである[7]。そうであるなら、女性の稼得能力を高める必要が

7　女性活躍先進国であり、女性が経済を牽引する「ウーマノミクス」（womenomics）の典型として知られるアメリカでは女性の職場進出と同時並行して男性の賃金と雇用の不安定化が起きた。そうした1990年代のアメリカの状況を鋭くとらえたフェミニズムの論客ベティ・フリーダンは、もはや男女の相対的な格差を問題にする意味がなくなっていると断じ、男性を含めた労働者全体の労働条件悪化に目を向けるべきという問題提起をしている（Friedan 1997=2003：17-19）。

あるだろう。主婦の就業はもはや"余裕のあるとき"の"家計補助"ではなく生活にとって不可欠の収入源となりつつある。

　つまり、一見すると夫が主たる稼ぎ手で妻は専業主婦かパートという「典型的な家族」においても、その内実は非典型化している家族が増えている。したがって、夫婦がともに仕事にも家庭にも均等に関与できる社会を実現するために…という話をついしたくなる[8]。だが、現実には家族の内実よりも外形つまり家族形態の方が速いスピードで変化している。そのことが伝統的な男女の役割の見直しを迫っている側面がある。

3　シングル女性の仕事と生活

　たとえば、稼得能力を期待する夫がそもそもいなければ、女性自身が自ら稼得能力を身につけなければならない。シングルマザーが貧困の代名詞のように語られるのは、それだけ夫の稼得能力に家族が依存した社会であることを意味している。だが、今後もシングルマザーが増えるならば、女性が経済的に自立可能な稼得能力を身につけることは社会としても必須の課題になるであろう。そのような事態を避けるために、子どもをもうけることなく未婚で独身を貫くことも一つの選択肢ではある。しかし、その場合も自分の親の介護という問題はつきまとう。未婚者の老親介護においてもシングルマザーと同様に自身の生計費を稼ぎながら家族のケアをするというダブルバインドに直面する。未婚化と少子高齢化がさらに進む今後、介護と仕事の両立課題に直面する独身者は増える可能性が高い。

　このような独身化・単身化に働き方の非典型化が重なる女性も目立ち始めている。パート・アルバイトや契約社員・派遣社員といった非正規雇用が増えていることはすでに広く知られているが、女性労働という意味では伝統的な主婦だけでなく、未婚女性にも非正規雇用は広がっている。その未婚女性の中でも20代の若者ではなく、30代も半ばを過ぎた「アラフォー」世代に未婚かつ非正規雇用の女性が目立ち始めている。彼女たちは自らの稼ぎで家

8　アメリカの機能主義社会学の代表的な論客である Davis（1984）は、夫の収入で一家を養う男性稼ぎ手システム（male breadwinner system）は産業化の過渡的現象であり、夫婦共稼ぎが主流の男女平等システム（egalitarian system）に移行するというシナリオを描いていた。

計を維持する必要性に迫られているが、収入の水準は低い。

　いつの時代も女性の就業は家族との関係で論じられてきたが、現代社会においては女性をとりまく家族のあり方が多様化している。経済力のある男性と結婚して子どもを産み育てながら「二次的稼ぎ手」として職業キャリアを形成する[9]という典型的なイメージにあてはまらない女性が増えているのである。そして、経済のサービス化や未婚率・離婚率の上昇といった産業構造と人口構造の趨勢を踏まえるなら、夫の稼得能力が乏しい既婚女性、シングルマザー、未婚女性が現在直面している課題は、今後の女性労働政策を考える上で重要な論点になるに違いない。そのような問題意識から本書では多様な家族のあり方と女性の働き方を取り上げ、彼女たちの仕事と生活をめぐる課題を描いてみたい。

第2節　各章の概要

　本書は、労働政策研究・研修機構が2012年〜2016年度に公表した以下の研究成果の中から、今後の女性労働問題を考える上で重要であると思われるトピックを抽出して再構成している。

　　a)『子育てと仕事の狭間にいる女性たち─JILPT 子育て世帯全国調査
　　　2011 の再分析』　　　　　　　　　（労働政策研究報告書 No.159、2013 年）
　　b)『男女正社員のキャリアと両立支援に関する調査結果(2)─分析編』
　　　　　　　　　　　　　　　　　　　　　　（調査シリーズ No.119、2014 年）
　　c)『壮年非正規労働者の仕事と生活に関する研究─現状分析を中心として』
　　　　　　　　　　　　　　　　　　　　（労働政策研究報告書 No.164、2014 年）
　　d)『壮年非正規雇用労働者の仕事と生活に関する研究─経歴分析を中心
　　　として』　　　　　　　　　　　　　（労働政策研究報告書 No.180、2015 年）

9　Hakim（1996：2000：2004）は「均等革命」後も主要な稼ぎ手（primary earner）は依然として男性であり、女性は補助的な「二次的稼ぎ手」（secondary earner）として労働参加しているという。ハキムによれば「二次的稼ぎ手は家計支持者ではなく住居や食料、燃料といった生活必需品を他者もしくは国家による所得保障に依存しており、雇用による稼ぎは補助的もしくは二次的なものである」（Hakim 1996：66）。

e)『子育て世帯のウェルビーイング―母親と子どもを中心に』

(資料シリーズ No.146、2015 年)

f)『育児・介護と職業キャリア―女性活躍と男性の家庭生活』

(労働政策研究報告書 No.192、2017 年)

　これら研究成果ではそれぞれ多岐にわたる女性労働の問題が指摘されているが、本書では前述したように女性の多様化をめぐる課題を「女性活躍とワーク・ライフ・バランス」「主婦の貧困問題」「シングル女性の仕事と生活」という 3 つの大きなトピックとして取り上げたい。

　各章の概要は以下のとおりである。なお、第 1 章は前述の成果 f、第 2 章は b、第 3 章は f、第 4 章と第 5 章は a、第 6 章は e、第 7 章は a、第 8 章は f、第 9 章は c と d にもとづいている。

第 I 部　女性活躍とワーク・ライフ・バランス

第 1 章　女性の初期キャリア：男女別コーホート間比較から

1)「就職氷河期」にあたるコーホートでは、男女とも学校から職業への移行困難（非正規雇用化など）がうかがえる。困難層では、その後のキャリアに及ぼす影響として、特に女性は職業キャリアに、男性は家族形成により影響している。

2) 初職開始後は男女の職業キャリアは明確に分岐している。この違いは、結婚・出産などの家族形成に関わるライフイベントによってもたらされている。女性は出産までに退職、男性は出産までに職業キャリアが安定する方向に向かう傾向がある。

3) 女性では第 1 子誕生後の就業率は上昇してきているが、非正規化の兆しも見られる。

4) 初職に正規雇用の女性が 30 歳時点でも正規雇用である割合は徐々に高くなっているものの、約半数は正規市場より退出している。

序章　女性の活躍と多様化

第2章　育児休業取得が女性の管理職登用に与える影響
1) 育児休業未取得者に比べると、育児休業取得者は全体として学歴が高く、正社員の経験年数が長い。このことによる属性プレミアムの影響があり、単純な統計比較においては、育児休業取得者の管理職登用率は高いという観察結果が得られてしまう。
2) 学歴、正社員経験年数等の個人属性、家庭環境や職場環境をきちんとコントロールした場合、育児休業取得月数の長い女性ほど、管理職登用率が低くなるという結果が得られた。
3) さらに育児休業の取得月数をいくつかのカテゴリーに分けてみると、法定期間（12ヶ月）以内の育児休業取得は管理職登用に有意な影響を与えていない一方、13ヶ月以上の育児休業取得は女性ホワイトカラーの管理職登用率を8.5%ポイント低下させることがわかった。
4) 育児休業取得が女性の管理職登用を妨げる理由として、休業に伴う人的資本の減少や、長期間育児休業が仕事へのコミットメントに対する負のシグナルとなっている可能性が指摘できる。

第3章　「性別職務分離」の現在形：昇進意欲の男女差を手がかりに考える
1) 総合職の男女を比較すると女性の昇進意欲は男性より低い。
2) 管理職の仕事につながる重要（＝基幹的）な職務を多く経験している女性は昇進希望が比較的ある。その背景は、職務経験が自信を育むから。自信は上を目指す意欲につながる。
3) 男性の残業が少ない企業では、女性が重要な職務を多く経験できている。残業頻度の男女差は大きく、企業の残業体質が女性活躍を阻害している可能性があらためて確認された。

第Ⅱ部　主婦の貧困問題

第4章　貧困専業主婦がなぜ生まれたのか
1) 女性が貧困であるにもかかわらず専業主婦でいるのは、本人の潜在的稼働能力が低く、子どもの年齢が低いため家庭での時間的価値が相対

17

的に高いことに起因するものである。一方、保育所の不足等の外部要因も一因となっている。

2) 低収入家庭の妻の就業行動は、自分の潜在的稼働能力、保育所の不足状況および親による世話的援助の有無により敏感に反応している。

第5章　若年出産、婚前妊娠の母親と子ども

1) 出身家庭のひとり親世帯化やそれに伴う貧困、児童虐待などが、若年出産の背景にある。

2) 若年母親の6割が婚前妊娠であり、一時は結婚しているものの、その殆どが夫と離別・死別している。

3) 若年出産した母親は、そうでない母子世帯の母親に比べても、学歴が著しく低く、就労状況も求職中が多いなど厳しい状況にある。

4) 若年出産による子どもは、そうでない子どもに比べ、健康状況、学校での成績、不登校において悪い状況にある。しかしながら、これらの不利は母子世帯に育つ子ども全般、また、自分自身の出生時に母親が20歳以上であってもみることができる。

第6章　子育て期の母親に求められている支援策

1) 「金銭的支援」は、子ども数が多い層で支持される傾向が強く、また世帯所得が相対的に低い層で支持される傾向があった。

2) 「保育サービス」に関する支援策は、現在、乳幼児を抱えている母親たちや、理想よりも実際の子ども数が少ない母親たちの間で支持されていた。また、母親が就業しているかどうかや、雇用形態の違いで支持するかどうかに差がないことも特徴的であった。

3) 「休業・休暇の期間延長」は正規職のキャリアをたどってきた人たちの間で支持され、その中でもより若い世代で支持する傾向が強い。

序章　女性の活躍と多様化

第Ⅲ部　シングル女性の仕事と生活

第7章　シングルマザーは働いていてもなぜ貧困か
1）シングルマザーの労働時間は長い、賃金は正社員であっても二親世帯の母より低い。
2）低賃金は属性（学歴など）の差が約3割、評価の差が約7割。
3）母子世帯になってからの経過年数は収入に影響しておらず、5年経っても増収に至らない。
4）養育費を完全徴収すると上層が児童扶養手当支給対象外になるが、大半は依然として貧困であり、養育費徴収だけで貧困解消は困難。

第8章　未婚女性労働者のキャリアパターンと就業継続要因
1）結婚・出産といったライフイベントや育児役割がなくても初職を辞める人は一定の割合で存在する（未婚女性でも初職継続は24%程度）。初職を継続／辞めることについて、既婚女性とは異なる要因がある。
2）大学卒業以上ではなく短大卒業以上であること、正規就業であること、転居を伴う転勤がないこと、職場の制度（育児・介護など）・雰囲気の充実などが、初職の継続確率を高める。
3）大学卒業以上ではなく専門・高専卒であること、大企業であること、育児・介護の制度の充実、勤労意欲、親との同居などが現職継続意向に正の影響。

第9章　壮年非正規雇用シングル女性の働き方と生活満足
1）仕事満足度と生活満足度は正の相関関係にあり、シングル女性は仕事満足度も生活満足度も有配偶女性より低い。
2）シングル女性は失業の可能性を感じている割合が高い。正社員移行希望も高いが、転職活動や能力開発の取組みをしている割合は低い。
3）現在の勤務先に正社員転換制度があるか、勤務先で職業能力開発の機会があるシングル女性は生活満足度が相対的に高い。

19

第 I 部

女性活躍と
ワーク・ライフ・バランス

女性の初期キャリア：
男女別コーホート間比較から

酒井計史

第1節　はじめに

　これまで、日本社会における「大人の標準的ライフコース」図式は、男性の安定的な終身雇用と女性の結婚後の家庭役割重視という性別役割分業に基づくものであった。具体的には、男女とも学校を終了後間断なく初職につき、女性は、①結婚または第一子出産といった家族形成に関わるライフ・イベントを機に労働市場から退出し、②家事・育児の負担が小さくなると、パートタイムのような短時間の非正規雇用の労働市場に再参入する、というものであった。いっぽう男性は終身雇用であれば、結婚・出産は女性のように職業キャリアの中断を伴うものにならない。転職する場合でも、稼ぎ手役割を十分果たせるよう安定的な職につくことを目指すようなパターンであった。

　現在でもこうしたパターンは一般的であるが、女性の高学歴化、雇用就業化と未婚化や晩婚化・晩産化がすすむ中で、女性のライフコースは徐々に多様化してきている。男性のライフコースは、女性ほど大きな変化はないとされてきたが、1990年代後半からの「就職氷河期」のような経済不況期に、男性の新卒の非正規労働者の増加という事態に直面したことにより、これまでの日本社会の「大人の標準的ライフコース」図式が、男女ともにもはや成り立たない時代に入ったことが広く認識されるようになった。

　本章は、こうした「大人の標準的なライフコース」の変容のうち、特に女性の初期キャリアに焦点をあてて、出生コーホート間比較を通して、女性の家族形成や初期職業キャリアの変化について、男性と比較しながら検討する。男女別・出生コーホート別に学校卒業から初職、初婚、第1子誕生と、30歳時点に焦点をあて、男女の若年期のライフコース概要と職業キャリアに関するコーホート間比較を記述的に行う。より具体的には、①学校終了から第

１子誕生までのライフ・イベントの経験、②学校から初職への移行過程、③初婚・第１子誕生後の就業状況と変化、④初職正規雇用者の30歳時の就業状況の変化、に焦点をあてて、女性の就業継続やワーク・ライフ・バランスといった女性労働政策の課題に関する基礎的な集計・分析を行ない、ライフコースの多様化に対応した政策の必要性を指摘する。

　分析には、（独）労働政策研究・研修機構が2015年9～10月に実施した「職業キャリアと生活に関する調査」（全国30-54歳男女6,000人、層化二段抽出法、有効回収率44.3％、以下、「当調査」と略す）を用いる。当調査は、職業経歴を主にしながらも、婚姻歴、育児歴、介護歴等の仕事と生活に関する過去の経験がわかるように設計されている（（独）労働政策研究・研修機構 2017a: 241-242）。

　分析対象者は、1961-65年生（コーホートⅠ、調査時54-50歳）、1966-70年生（コーホートⅡ、調査時49-45歳）、1971-75年生（コーホートⅢ、44-40歳）、1976-80年（コーホートⅣ、調査時39-35歳）、1981-85年生（コーホートⅤ、調査時34-30歳）の5つの出生コーホート（同一出生集団）から成る。

　コーホートⅠは、新卒として労働市場に参入した時期に、「男女雇用機会均等法」が施行されていることから（1986年4月施行）、その影響を受けた「均等法第一世代」といえる。コーホートⅡの新卒時期は「バブル景気」の好景気の時期にあたるため「バブル世代」、コーホートⅢは、「育児・介護休業法」が施行され（1992年4月施行）、その影響を受けた「育休法第一世代」、コーホートⅣは新卒時期に「改正男女雇用機会均等法」[1]が施行され（1999年4月施行）、その影響を受けた「改正均等法世代」といえる。コーホートⅤは、この中では最も若い世代で21世紀を10代後半～20歳でむかえている「ミニレアム世代」である。

　また、男女ともコーホートⅢは「第二次ベビーブーマー世代（団塊ジュニア世代）」とほぼ重なり、コーホートⅢ・Ⅳ・Ⅴが新卒で労働市場に参入し

1　改正の要点は、(1) 努力義務だった募集・採用、配置・昇進も含めた差別を禁止、(2) 女性のみの募集・女性優遇も原則禁止、(3) 違反に対し企業名公表という制裁措置の創設、(4) 調停の申請には「相手の同意」が不要になったこと、(5) ポジティブ・アクションの創設、(6) セクシュアル・ハラスメントの創設などである。また、関連して労働基準法の「女性の深夜労働・残業や休日労働の制限（女子保護規定）」が撤廃された。

た時期は、「バブル崩壊」後の長期の不況期と重なっており、いわゆる就職難の時代であり、「ロストジェネレーション」や「就職氷河期世代」でもある。このうち特に2000年前後は「超就職氷河期」と呼ばれることがあり、大卒であると1977〜78年生でコーホートⅣ、高卒であると1981〜82年生まれでコーホートⅤにあたる。

第2節　ライフコースの概要

1 就業経験

　まず、男女別・コーホート別に調査時（2015年）までの就業経験と調査時の就業有無をみると、就業経験率は男女ともほぼ100%、調査時の有業率は、男性で約95%、女性で約78%。女性のコーホート別では、両端のコーホートⅠ・Ⅴが7割台、コーホートⅡ・Ⅲ・Ⅳが約8割である（図表1-1）。女性のコーホートⅠより上の年代では、子どもが学校に通うようになるまで、あるいは生涯、就業未経験である女性は一定数存在していたと考えられるが、当調査の世代では、女性でも就業未経験者はほとんどおらず、男性と変わらない。

図表1-1　性別・コーホート別・調査時までの就業経験者と現職有業者の割合

		調査時年齢	就業経験有無・現職有無		
			(n)	就業経験	現職
男性	計		(1,322)	99.6%	95.3%
	Ⅰ 1961-65年生	54-50歳	(304)	100.0%	95.7%
	Ⅱ 1966-70年生	49-45歳	(276)	100.0%	94.9%
	Ⅲ 1971-75年生	44-40歳	(298)	99.7%	94.6%
	Ⅳ 1976-80年生	39-35歳	(244)	99.6%	96.3%
	Ⅴ 1981-85年生	34-30歳	(200)	98.5%	95.0%
女性	計		(1,338)	99.0%	78.4%
	Ⅰ 1961-65年生	54-50歳	(360)	98.6%	76.9%
	Ⅱ 1966-70年生	49-45歳	(278)	99.6%	81.7%
	Ⅲ 1971-75年生	44-40歳	(273)	99.3%	80.6%
	Ⅳ 1976-80年生	39-35歳	(222)	98.6%	80.2%
	Ⅴ 1981-85年生	34-30歳	(205)	98.5%	71.7%

注：本表の度数 (n) は全対象者数である。表内パーセント値は、「無回答」「不明」を含めた値である。

24

第1章　女性の初期キャリア：男女別コーホート間比較から

2　家族形成

　次に、家族形成に関する項目について見ていくが（図表1-2）、結婚や子の誕生（出産）といったライフ・イベントは、特に若いコーホートほど調査時点でまだ経験していなくても、今後経験する可能性があることに留意する必要がある。

　まず、結婚の経験（事実婚を含む）は、「男性・計」で未婚約29%、既婚（離死別を含む）約71%、「女性・計」で未婚約25%、既婚約75%と、男女とも未婚化・晩婚化が進んでいる様子がうかがえる。当然のことながら、男女とも若いコーホートほど未婚率が高く、既婚率が低い傾向が明確に見られる。

　続いて、既婚者のみで子どもの誕生の経験をみると、1人目の子の誕生経験者は、「男性・計」で約85%、「女性・計」で約87%であり、女性はコーホートが若いほど誕生経験割合は低い傾向がみられるが、男性ではその傾向ははっきりしない。男女ともコーホートVが70%台後半で他のコーホートと比べて低い点は共通しており、先述したように、まだ子どもが誕生していない人に、今後第1子が誕生することで、経験率は他のコーホートと同じくらいの水準に達するものと予想される。2人目、3人目、4人目では、男女ともコーホートが若いほど子どもの誕生を経験した割合は低い。

図表1-2　性別・コーホート別・結婚有無、子の誕生有無、平均誕生子ども数

		結婚の経験			既婚者・子ども誕生有無						子誕生既婚者・誕生子ども数		
		(n)	未婚	既婚	(n)	1人目	2人目	3人目	4人目	5人目	有効(n)	平均	SD
	計	(1,322)	29.2%	70.8%	(936)	84.9%	62.4%	22.5%	3.8%	0.9%	(780)	2.1	0.9
男	Ⅰ 1961-65年生	(304)	16.8%	83.2%	(253)	86.2%	68.4%	24.1%	5.1%	0.4%	(214)	2.2	0.8
	Ⅱ 1966-70年生	(276)	19.9%	80.1%	(221)	85.5%	66.5%	23.1%	4.1%	2.3%	(188)	2.1	0.8
性	Ⅲ 1971-75年生	(298)	32.2%	67.8%	(202)	84.2%	61.9%	24.3%	3.5%	0.5%	(164)	2.1	0.8
	Ⅳ 1976-80年生	(244)	34.8%	65.2%	(159)	88.1%	59.1%	18.9%	2.5%	0.6%	(138)	1.9	0.8
	Ⅴ 1981-85年生	(200)	49.5%	50.5%	(101)	77.2%	44.6%	19.8%	3.0%	0.0%	(76)	1.9	0.9
	計	(1,338)	24.5%	75.4%	(1009)	87.4%	66.3%	22.7%	4.8%	0.5%	(868)	2.1	0.9
女	Ⅰ 1961-65年生	(360)	13.6%	86.4%	(311)	92.6%	74.9%	31.2%	6.8%	0.6%	(287)	2.2	0.9
	Ⅱ 1966-70年生	(278)	18.0%	82.0%	(228)	86.0%	63.2%	21.1%	3.9%	0.0%	(191)	2.1	0.8
性	Ⅲ 1971-75年生	(273)	30.0%	70.0%	(191)	87.4%	68.1%	21.5%	4.7%	0.5%	(164)	2.1	0.8
	Ⅳ 1976-80年生	(222)	28.4%	71.2%	(158)	87.3%	63.3%	15.2%	4.4%	1.3%	(136)	2.0	0.9
	Ⅴ 1981-85年生	(205)	41.0%	59.0%	(121)	76.9%	51.2%	15.7%	1.7%	0.0%	(90)	1.9	0.8

注：表中「SD」は標本標準偏差。平均値の集計は「無回答」「不明」を除いて集計、本章の以下の集計も同様。

子どもが誕生した既婚者で誕生子ども数の平均値をみると、「男性・計」「女性・計」とも子ども数の平均値は2.1人である。若いコーホートほど子ども数は少ない傾向はあるが、その差はごくわずかで、男女とも急速な減少傾向は示していない。また、若いコーホートほど、晩婚化・晩産化が進んでいるため、今後子どもが誕生する可能性はある。その点も踏まえると、夫婦の出生数の平均が減少しているとしても、その進行は緩やかである。既婚者で子どもがいる人では子どもは2人が平均的であることから、既婚者の少産化より、未婚者の晩婚化・未婚化のほうが少子化への影響が大きいといえることが確認できる。

3 学校終了から第1子誕生まで

学校終了から出産までのライフ・イベントの平均経験年齢については、「初職開始前学校終了」、「初職開始」、「初婚」、「第1子誕生」のそれぞれについて、それらの経験年齢の平均と標準偏差を図表1-3に示した。

図表1-3 性別・コーホート別・学校終了、初職開始、初婚、第1子誕生の各経験年齢の平均値

		初職開始前学校終了年齢			初職開始年齢			初婚年齢			第1子誕生年齢		
		有効(n)	平均	SD	有効(n)	平均	SD	有効(n)	平均	SD	有効(n)	平均	SD
	計	(1,308)	20.0	2.6	(1,243)	20.5	3.1	(900)	28.3	4.9	(779)	29.7	5.1
男性	Ⅰ 1961-65年生	(301)	19.9	2.6	(287)	20.4	3.2	(239)	28.6	5.0	(211)	30.1	5.4
	Ⅱ 1966-70年生	(272)	19.7	2.6	(259)	20.2	2.9	(215)	29.2	5.6	(187)	30.7	5.7
	Ⅲ 1971-75年生	(294)	19.9	2.6	(276)	20.4	3.1	(195)	28.4	4.7	(167)	29.8	5.0
	Ⅳ 1976-80年生	(242)	20.2	2.6	(233)	20.7	3.0	(153)	28.0	4.2	(137)	29.3	4.5
	Ⅴ 1981-85年生	(199)	20.7	2.7	(188)	21.1	3.0	(98)	26.3	3.1	(77)	27.0	3.2
	計	(1,329)	19.6	2.1	(1,039)	20.0	2.6	(981)	26.1	4.2	(876)	27.4	4.4
女性	Ⅰ 1961-65年生	(358)	19.2	1.9	(276)	19.5	2.7	(306)	25.0	3.7	(288)	26.7	4.1
	Ⅱ 1966-70年生	(275)	19.6	2.0	(223)	20.0	2.8	(221)	26.7	4.4	(192)	28.3	4.5
	Ⅲ 1971-75年生	(272)	19.6	2.1	(218)	20.1	2.4	(186)	26.7	4.5	(165)	28.2	4.6
	Ⅳ 1976-80年生	(220)	20.0	2.1	(176)	20.3	2.4	(152)	26.6	4.3	(138)	27.7	4.4
	Ⅴ 1981-85年生	(204)	20.1	2.2	(146)	20.6	2.5	(116)	25.8	3.9	(93)	26.1	3.9

注：各イベントの経験者のみの集計。

初職開始に先立つイベントとして初職開始前学校終了年齢からみる。初職開始前学校終了年齢は、卒業しなかった場合（中退）含めて、通学を終了した年齢を示している。男女とも平均年齢の上昇はわずかであり、高学歴化が

第1章　女性の初期キャリア：男女別コーホート間比較から

一段落している傾向を確認することができる。

　初職開始年齢は、男女ともどのコーホートも初職開始前学校終了後おおむね半年以内（約0.5年）となっており、これらの年代では、新規学卒採用の定着により学校から職場への「間断なき移行」があたり前のこととなっている様子が確認できる。

　初婚年齢については、男性はコーホートＶの平均初婚年齢がコーホート間では最も低く（26.3歳）、Ⅱが最も高い（29.2歳）。女性はコーホートⅠが最も低く（25.0歳）、Ⅴが次に低い（25.8歳）ほかは、真ん中のⅡ・Ⅲ・Ⅳは26.6～26.7歳である。男女ともⅤの平均年齢が比較的低いのは、若くして結婚した人だけが集計対象となっているためである。今後新たに結婚する人が加わることによって、平均年齢は高くなると予想される。

　標本標準偏差（SD）に着目すると、男女ともⅤが相対的に低い値で（女性はⅠが最も低い）、真ん中のⅡ・ⅢやⅣのほうが高い値となっている。標準偏差が大きければそれだけ回答年齢に分散があることを示しているので、ⅢやⅣは今後も新たに結婚する者が加わることも加味すると、晩婚化によって、初婚年齢の多様化が進んでいるといえる。

　第1子誕生年齢も初婚年齢に対応して、平均年齢も標準偏差とほぼ同じような傾向が見られ、初婚年齢の上昇により、初子出産年齢も多様化していることがうかがえる。

　続いて、初婚年齢平均と第1子出産年齢平均の間隔に着目すると、男女とも「計」では両者の間隔は1.3～1.4年であり、結婚後すぐ妊娠する、結婚と出産が時期的に近いという日本的特徴に変化はないが、コーホートが若いほどその間隔が短い[2]。

2　コーホートⅤの間隔は男女とも1年未満であるので、コーホートⅤの調査時点で既に結婚・出産した層は、いわゆる「できちゃった婚」が多いものと考えられる。

27

第3節　学校から初職への移行

　次に学校終了から初職への移行過程をみていこう。わが国では、学校の積極的関与によって、学卒後間をおかず正規雇用の定職に就くこと、すなわち安定的な職への「間断なき移行」が初職入職の特徴とされてきたが、この間どのような変化があったのか、若年期のキャリアの概要を学校から初職への移行、初職の状況と順を追ってみていく[3]。

　学校終了から初職への移行期間（「初職開始年月」−「学校終了年月」）を性別・コーホート別にみると（図表1-4）、「卒業後前・卒業後すぐ」（終了1ヶ月以内）は、「男性・計」で約78％、「女性・計」で約82％と、女性のほうが男性より割合が高く、どのコーホートでも女性のほうが男性より割合が高い。

　また、男女とも若いコーホートのほうが「卒業後前・卒業後すぐ」の割合が低い傾向が見られる。男女とも「卒業後前・卒業後すぐ」の割合がコーホート間で最も高いⅠまたはⅡと最も低いⅤの差は10ポイント前後である。その分「1年未満」と「1年以上2年未満」でわずかではあるが、コーホートが若いほど割合が高い傾向がある。移行期間の平均年ではその傾向は見られない。

図表1-4　性別・コーホート別・学校終了から初職への移行期間

			(n)	卒業前・卒業後すぐ	1年未満	1年以上2年未満	2年以上	不明	就業経験なし	有効(n)	平均(年)	SD
		計	(1,322)	77.5%	7.4%	6.7%	6.2%	1.8%	0.4%	(1,293)	0.4	1.7
男性	Ⅰ	1961-65年生	(304)	80.3%	5.3%	6.9%	5.6%	2.0%	−	(298)	0.5	2.1
	Ⅱ	1966-70年生	(276)	81.2%	4.7%	6.2%	6.2%	1.8%	−	(271)	0.4	1.9
	Ⅲ	1971-75年生	(298)	77.9%	6.7%	6.4%	6.4%	2.3%	0.3%	(290)	0.4	1.3
	Ⅳ	1976-80年生	(244)	75.0%	8.6%	6.1%	8.2%	1.6%	0.4%	(239)	0.4	1.4
	Ⅴ	1981-85年生	(200)	71.0%	14.0%	8.0%	4.5%	1.0%	1.5%	(195)	0.4	1.5
		計	(1,338)	81.8%	6.4%	5.2%	4.2%	1.4%	0.9%	(1,307)	0.3	1.7
女性	Ⅰ	1961-65年生	(360)	85.8%	2.8%	5.6%	3.6%	1.1%	1.1%	(352)	0.3	1.9
	Ⅱ	1966-70年生	(278)	83.8%	6.1%	3.2%	4.7%	1.8%	0.4%	(272)	0.4	2.2
	Ⅲ	1971-75年生	(273)	83.9%	6.6%	4.0%	3.7%	1.1%	0.7%	(268)	0.3	1.6
	Ⅳ	1976-80年生	(222)	76.1%	9.9%	6.3%	5.0%	1.4%	1.4%	(216)	0.3	1.5
	Ⅴ	1981-85年生	(205)	75.6%	9.3%	7.8%	4.4%	2.0%	1.0%	(199)	0.3	1.1

3　初職開始前の学歴の集計は本稿では割愛した。集計結果は、(独) 労働政策研究・研修機構 (2017a: 19) を参照。

初職の従業上の地位については（図表1-5）、「正規従業員」は、男女とも計では77%台とほぼ同じであるが、コーホートⅢ以降では80%を切っており、最も若いコーホートⅤでは男性約65%、女性約58%とコーホート間で最も低い値となっており、「就職氷河期」の影響が読み取れる。その分、非正規雇用である「パート・アルバイト・非常勤」の割合が、コーホートⅢ以降は男女とも高い。また、男性よりも女性のほうが非正規雇用の割合が高い傾向がある。特に、コーホートⅤの女性には初職の非正規化の傾向が顕著に表れている。

先にも述べたように、日本の学校から初職への移行プロセスの特徴（＝典型的移行パターン）は、学卒後間を置かず正規雇用の定職に就くこと、安定的な職への「間断なき移行」にあるといわれてきた。これまでの集計からは、「学卒後間を置かず」の部分に関しては、男女とも大きな変化はないが、「正規雇用の定職に就くこと」つまり「安定した職への移行」に関しては大きな変化があったといえ、かつそれが女性において特に顕著であったといえる。

図表1-5　性別・コーホート別・初職の就業上の地位

			初職の従業上の地位					
		(n)	経営者・自営・家族従業	正規従業員	契約社員	パート・アルバイト・非常勤	派遣社員	無回答
男性		計	(1,317)	4.1%	77.6%	2.9%	12.7%	0.8%	2.0%
	Ⅰ 1961-65年生	(304)	3.6%	84.2%	1.6%	8.6%	−	2.0%
	Ⅱ 1966-70年生	(276)	5.8%	84.4%	1.8%	6.5%	−	1.4%
	Ⅲ 1971-75年生	(297)	3.4%	78.1%	2.4%	12.8%	0.3%	3.0%
	Ⅳ 1976-80年生	(243)	3.3%	71.2%	5.3%	18.9%	−	1.2%
	Ⅴ 1981-85年生	(197)	4.6%	65.0%	4.1%	19.8%	4.6%	2.0%
女性		計	(1,324)	1.4%	77.2%	4.2%	15.4%	0.7%	1.2%
	Ⅰ 1961-65年生	(355)	2.5%	83.7%	2.0%	10.1%	−	1.7%
	Ⅱ 1966-70年生	(277)	1.8%	84.5%	2.9%	9.4%	−	1.4%
	Ⅲ 1971-75年生	(271)	0.7%	79.3%	4.8%	12.9%	1.5%	0.7%
	Ⅳ 1976-80年生	(219)	0.5%	72.6%	5.0%	20.5%	0.5%	0.9%
	Ⅴ 1981-85年生	(202)	0.5%	57.9%	7.9%	30.7%	2.0%	1.0%

注：この表では「無回答」を含めたが、以下の図表では「無回答」を除いた結果を表示している。

図表1-6は、従来初職としては「安定した職」とされてきた、「経営者・自営・家族従業」などの雇用以外の形態（以下、「自営等」と略す）と「正規」雇用を合わせた割合（%）を、男女別・コーホート別・移行期間の間断の有無[4]別にグラフに表したものである。

グラフには表示していない部分、100％から「正規・自営等」の％を引いた残りの％が非正規（契約社員、パート・アルバイト、派遣社員）の割合となる。

　一見してわかるように、「間断なし」のほうが「間断あり」より初職「自営等・正規」の割合が 10 ポイント近くかあるいはそれ以上高い傾向が男女ともみられる上に、特に男性のコーホートⅢ以降、女性のコーホートⅡ以降で「間断なし」と「間断あり」の差が大きく開いている。また、男女を比較すると女性のほうが女性のコーホートⅡ以降で「間断あり」で、初職で自営・正規雇用につけていない、つまり非正規雇用（パート・アルバイト、派遣）についている割合が高い。

　典型的な移行パターンである「間断なし」移行から外れ、新卒一括採用から排除され、非正規雇用の市場で初職を探さざるを得なくなってしまっている層が男女ともあるが、相対的に女性にその影響が大きかったと考えられる。

　このように、コーホートⅢ以降の就職氷河期の初職への移行への影響は、男女ともまず「間断あり」が非正規雇用へ、男女間では女性がより非正規雇用へと、従来安定的とされてきた「自営等・正規」市場からの排除という形で進行した様子がうかがえる。

4　間断の有無は、図表1-4の表頭「卒業前・卒業後すぐ」を「間断なし」、「1年未満」〜「2年以上」を「間断あり」とし、「不明」「就業経験なし」は除外している。

30

第1章 女性の初期キャリア：男女別コーホート間比較から

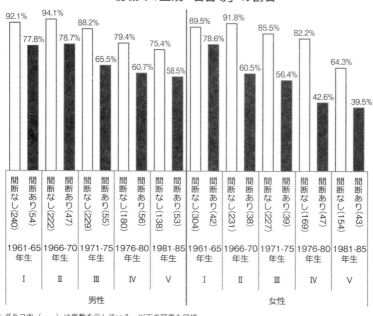

図表1-6 性別・コーホート別・移行期間の間断有無別（2区分）・初職の「正規・自営等」の割合

注：グラフ内（ ）は度数を示している。以下の図表も同様。

　次に、初職の従業上の地位の影響を見ていく。初職は後の職業および家族形成のキャリアに大きな影響を及ぼす。そこで、初職（正規・自営等／非正規）の後への影響について、30歳の時点での離転職有無、就業有無・従業上の地位、結婚有無について検討する。
　30歳までの離転職経験の有無について、男女別・コーホート別・初職従業上の地位別（「正規・自営等」と「非正規」）にみると（図表1-7）、男女とも、どのコーホートでも初職「非正規」のほうがより離転職を経験している傾向がある。また、男女とも若いコーホートⅣ・Ⅴでは「非正規」で30歳まで転職する割合も約7～8割とかなり高い。

31

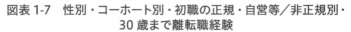

図表1-7　性別・コーホート別・初職の正規・自営等／非正規別・30歳まで離転職経験

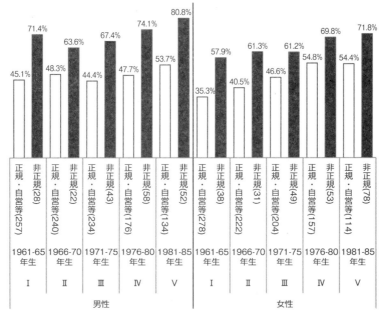

　30歳時の就業有無・従業上の地位については、「正規・自営等」、「非正規」、「無職」の3つのカテゴリーに分けて割合をみると（図表1-8）、男女とも初職「正規・自営等」であれば初職「非正規」よりも、30歳時に「正規・自営等」である傾向がある。ただその水準は男女で大きく異なる。男性では90％台かそれに近い値だが、女性では40〜50％台である。

　他方、初職「非正規」で30歳時に「正規・自営等」に転職しているケースは一定数みられるものの、初職「非正規」は初職「正規」よりも、30歳時も「非正規」の割合が高い傾向がみられるが、やはりその水準は男女で大きく異なる。男性は初職「非正規」であれば30歳時も「非正規」の割合はどのコーホートもおおむね30％台前後であるが、初職「非正規」の女性は、どのコーホートも30歳時「非正規」の割合が高く、より若いⅢ・Ⅳ・Ⅴのコーホートでは60％前後と非常に高い割合である。

　また、女性の場合「無職」という回答が一定数存在している。これは先の

第1章 女性の初期キャリア：男女別コーホート間比較から

家族形成の平均年齢からみて、おそらく第1子出産後に無職になっているケースと考えられるが、女性のどのコーホートでも初職「正規・自営等」のほうが初職「非正規」よりも、30歳時「無職」の割合が同じ位（コーホートⅣ・Ⅴ）か少し高くなって（コーホートⅠ・Ⅱ・Ⅲ）いる。

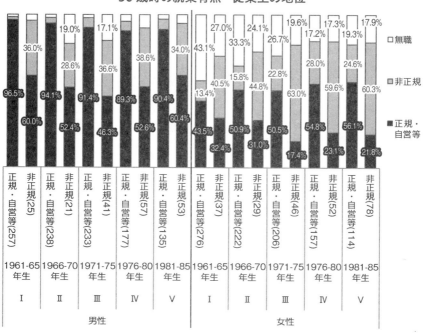

図表1-8　性別・コーホート別・初職の正規・自営等／非正規別・30歳時の就業有無・従業上の地位

30歳時の未婚率については（図表1-9）、男性の初職「正規・自営等」ではどのコーホートも53～54％とほぼ同じであるが、初職「非正規」ではコーホートⅡ以降で「正規・自営等」に比べて10ポイント以上未婚率が高い。女性の初職「正規・自営等」では、コーホートⅠで34％と他のコーホートと比べて低いほかは50％前後であるのに対して、初職「非正規」ではコーホートⅢ以降で60％台と未婚率が高い。

つまり、男性ではコーホートⅡ以降で、女性ではコーホートⅢ以降で、初

職「非正規」のほうが初職「正規・自営等」よりも未婚率が高い傾向がより強く見られ、初職の影響が家族形成にまで及んでいる層が存在することを示唆する結果となっている。

また、男女間の比較では、コーホートⅡ以降の初職「非正規」の未婚率は、常に男性の「非正規」のほうが女性の「非正規」よりも高い。日本のように性別役割分業意識とそれに基づく男性の稼ぎ手役割意識が強ければ、男性は経済的に安定しなければ家族形成（結婚して子をもつ）に向かいにくいことから、初職「非正規」の影響が、男性の家族形成によりに出やすいものと考えられる。

図表1-9　性別・コーホート別・初職正規・自営等／非正規別・30歳時未婚率

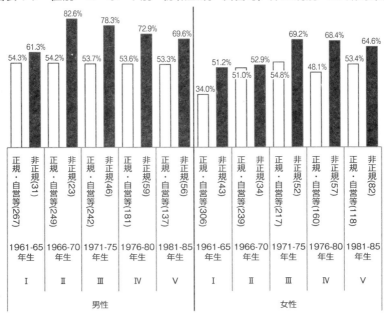

第4節　家族形成と職業キャリア

次に、結婚（初婚）と初子誕生1年後の継続状況や従業上の地位で、人び

第 1 章　女性の初期キャリア：男女別コーホート間比較から

とのライフ・イベントと職業キャリアの関係について順を追ってみていく。
なお、これまでの集計と同様、それらのライフ・イベントを経験した人のみ
を対象とした結果となっていることに注意されたい。

1　初婚後、第 1 子誕生後の就業状況および従業上の地位

　初婚年の初職の継続状況を性別・コーホート別に集計したものが図表 1-10
左側である。表頭の左から順にみると、初婚年まで初職を継続して働いてい
る人が「有業・初職継続者」、初職を離転職したが初婚年に働いている人が「有
業・初職転職者」、退職して初婚年に無業になっている人が「無業・退職者」、
初婚年まで働いたことがない人が「無業・就業未経験者」と 4 つに分けて集
計している。

　初婚年の「有業・初職継続者」は、「男性・計」約 54％と、「女性・計」
約 46％であり、「有業・転職者」は、「男性・計」約 44％、「女性・計」約
40％である。両方を合計した初婚年の有業者は、「男性・計」でほぼ 100％、
「女性・計」で約 86％であり、有業者の割合はどのコーホートでもほぼ「計」
と同じ割合であり、かつ常に男性のほうが女性より有業率が高い。

　また、男女とも有業率にコーホート間で変化はないが、女性では若いコー
ホートほど「有業・転職者」の割合が高い傾向がみられる。男性では女性ほ
どはっきりとした傾向はみられないが、男女ともコーホートⅤでは 50％台
と半数以上が転職して働いている。

　他方、女性で初婚年に「無業・退職者」の割合は、「女性・計」では約 12％で、
コーホート間の差は大きくはない。1960 年代以降の出生者では、結婚まで
に仕事をやめる女性は約 1 割となっている。

35

図表 1-10　性別・コーホート別・初婚年の就業状況／従業上の地位

				就業状況				従業上の地位			
			合計	有業・初職継続者	有業・初職転職者	無業・退職者	無業・就業未経験者	合計	自営等	正規	非正規
		計	(888)	53.8%	43.8%	1.5%	0.9%	(853)	9.6%	83.9%	6.4%
男性	Ⅰ	1961-65年生	(236)	59.7%	38.1%	1.3%	0.8%	(228)	7.9%	88.2%	3.9%
	Ⅱ	1966-70年生	(207)	49.8%	47.8%	1.4%	1.0%	(197)	14.7%	80.2%	5.1%
	Ⅲ	1971-75年生	(194)	57.2%	40.2%	2.1%	0.5%	(186)	8.1%	86.0%	5.9%
	Ⅳ	1976-80年生	(154)	53.2%	44.2%	1.9%	0.6%	(148)	7.4%	82.4%	10.1%
	Ⅴ	1981-85年生	(97)	42.3%	55.7%	-	2.1%	(94)	9.6%	79.8%	10.6%
		計	(949)	46.4%	39.8%	12.2%	1.6%	(805)	4.3%	68.4%	27.2%
女性	Ⅰ	1961-65年生	(296)	52.0%	34.1%	12.8%	1.0%	(249)	4.8%	75.5%	19.7%
	Ⅱ	1966-70年生	(214)	48.6%	36.9%	14.0%	0.5%	(180)	5.0%	72.8%	22.2%
	Ⅲ	1971-75年生	(179)	46.4%	39.7%	11.7%	2.2%	(152)	4.6%	62.5%	32.9%
	Ⅳ	1976-80年生	(148)	41.2%	46.6%	9.5%	2.7%	(129)	3.9%	67.4%	28.7%
	Ⅴ	1981-85年生	(112)	33.9%	51.8%	11.6%	2.7%	(95)	2.1%	52.6%	45.3%

注：集計対象は結婚した人のみ。従業上の地位は、有業者のみの集計

　初婚年における有業者の従業上の地位をみると（図表1-10右側）、男性では各コーホートとも「正規従業員」が約80％台であるが、女性では「正規従業員」が約70～50％台とコーホート間の差が大きい。女性のコーホートⅠ・Ⅱでは70％台だが、Ⅲ・Ⅳでは60％台、Ⅴでは約53％とコーホートが若いほど正規雇用率が低い傾向が見られる。

　続いて、第1子誕生1年後[5]の状況についてみていこう。図表1-11は初婚年と同様の方法で、第1子誕生1年後の初職の継続状況を集計したものである。むろん、育児休業取得者は無業でなく有業に含まれている。

　「有業・初職継続者」に着目すると、初子誕生年までの初職継続者は、「男性・計」では約50％であるが、「女性・計」では約19％、「有業・初職転職者」は、「男性・計」約48％、「女性・計」約22％と、両者とも男女間の差が大きい。両者を合計した有業率は、「男性・計」はほぼ100％、「女性・計」で約42％と、女性は男性の半分以下である。

5　本章での分析では、本人の該当年齢の「1年間の間」働いていたかどうか（1ヶ月でも働いた期間があればその1年間は働いたと判定）を集計しているため、第1子誕生年であると、出産前に仕事をしていれば、第1子誕生年は「有業」と判定されるケースが多くなる。よって、第1子誕生年1年後とすることで、この問題を回避している。

その分女性は「女性・計」で約57％が退職して無業となっている。だが、男性ではコーホート間の差はないものの、女性では、若いコーホートのほうが有業率が高く、無業率が低い傾向があり、コーホートⅠ・Ⅱの有業率は30％台、無業率は60％台なのに対し、コーホートⅢ以降では有業率は40〜50％台、無業率は50〜40％台である。

ただ、コーホートⅤでは、前のコーホートⅣに比べて有業率が低く、無業率が高くなっており、就職氷河期の影響が表れているのかもしれない。

図表1-11　性別・コーホート別・第1子誕生年1年後の
従業状況／従業上の地位

			就業状況				従業上の地位			
		合計	有業・初職継続者	有業・初職転職者	無業・退職者	無業・就業未経験者	合計	自営等	正規従業員	非正規
男性	計	(767)	49.9%	48.2%	1.3%	0.5%	(741)	12.8%	82.5%	4.7%
	Ⅰ 1961-65年生	(209)	54.5%	42.6%	1.9%	1.0%	(200)	11.5%	85.0%	3.5%
	Ⅱ 1966-70年生	(180)	48.9%	49.4%	1.7%	−	(171)	17.5%	79.5%	2.9%
	Ⅲ 1971-75年生	(165)	53.3%	44.2%	1.8%	0.6%	(158)	10.1%	86.1%	3.8%
	Ⅳ 1976-80年生	(137)	47.4%	52.6%	−	−	(137)	10.2%	81.0%	8.8%
	Ⅴ 1981-85年生	(76)	36.8%	61.8%	−	1.3%	(75)	16.0%	77.3%	6.7%
女性	計	(802)	19.1%	22.4%	56.7%	1.7%	(328)	11.9%	62.5%	25.6%
	Ⅰ 1961-65年生	(256)	17.6%	18.8%	62.5%	1.2%	(92)	19.6%	60.9%	19.6%
	Ⅱ 1966-70年生	(176)	16.5%	17.6%	65.3%	0.6%	(58)	13.8%	67.2%	19.0%
	Ⅲ 1971-75年生	(153)	20.3%	21.6%	55.6%	2.6%	(62)	6.5%	67.7%	25.8%
	Ⅳ 1976-80年生	(132)	25.0%	32.6%	39.4%	3.0%	(76)	6.6%	61.8%	31.6%
	Ⅴ 1981-85年生	(85)	17.6%	29.4%	50.6%	2.4%	(40)	10.0%	52.5%	37.5%

注：集計対象は第1子誕生した人のみ。従業上の地位は、有業者のみの集計

第1子誕生年1年後における有業者の従業上の地位をみると（図表1-11右側）、男性ではコーホートⅤを除いて「正規従業員」が約80％台であるが、女性ではコーホートⅤを除いて「正規従業員」が約60％台と初婚年における従業上の地位と比べるとコーホート間の差はそれほど大きくない。コーホートⅤは男女とも正規雇用の割合は低く、代わって非正規雇用の割合が高い。特に女性ではコーホートが若いほど、非正規雇用の割合が高い傾向がみられる。Ⅰ・ⅡとⅢ以降では非正規雇用の割合は大きく異なり、Ⅳ・Ⅴでは

非正規雇用は 30％台である。

　また、この時期になると、男女とも「自営等」の割合が 6 ～ 10％台ほどあり、女性のコーホート I では約 20％とかなり高い割合を示しているが、これは夫や父の家族従業によるものと考えられる。

2　初職、初婚年、第 1 子誕生後の就業状況および従業上の地位の変化

　就業状況を初婚年と第 1 子誕生年 1 年後とで比べてみると、男性は（図表1-12）初婚年と初子誕生 1 年後とでは、「有業・初職転職者」の割合が少し高くなっているものの、ほとんどが有業でありこの間の変化はあまり見られない。

　女性は（図表1-13）、初婚年と第 1 子誕生 1 年後の間に大きな変化が見られる。「無業・退職者」の割合が 10％台から 40 ～ 60％前後へと大幅に高くなっており、依然として多くの女性が出産を機に仕事をやめていることがわかる。ただし、コーホート IV・V では「無業・退職者」が約 40 ～ 50％前後で、その前の I・II・III の世代の 50％台後半～ 60％台の値よりも低くなっており、この間の均等法や育児・介護休業法等による制度の整備が一定の効果をあげているといえるのかもしれない。

図表 1-12　男性・コーホート別・就業状況の変化（初婚年→第 1 子誕生 1 年後）

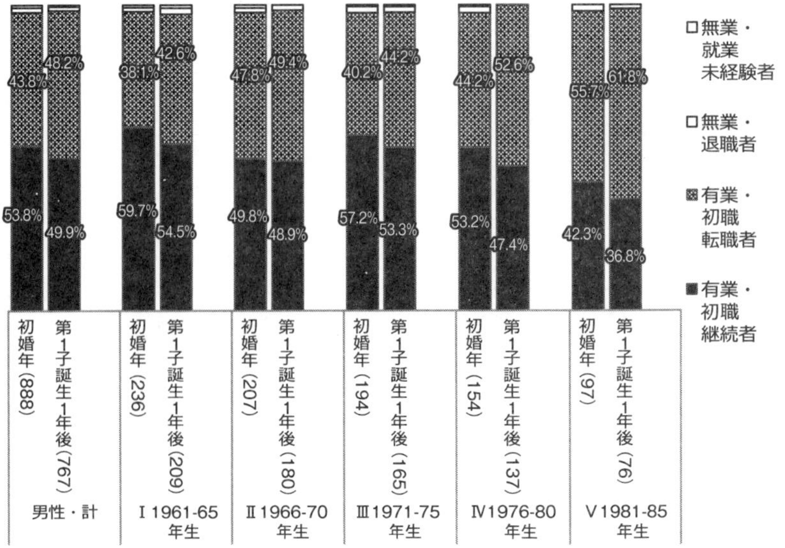

第1章 女性の初期キャリア：男女別コーホート間比較から

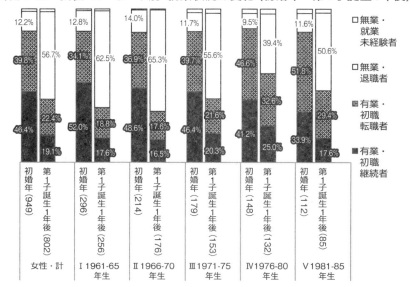

図表1-13 女性・コーホート別・就業状況の変化（初婚年→第1子誕生1年後）

　続いて、従業上の地位の状況のうち「正規・自営等」の割合を、初職→初婚年→第1子誕生1年後の順に追って見たものをグラフにまとめたものが、図表1-14（男性有業者）と図表1-15（女性有業者）である。なお、集計対象は有業者のみで無業者は含まれない。

　まず、男性であるが、どのコーホートでも、初職→初婚年→第1子誕生1年後と時間が経過するほど「正規・自営等」の割合が高くなり、雇用がより安定した方向に向かう傾向がみられる。若いコーホートほど初職「正規・自営等」の割合は低いのだが、第1子誕生1年後までには90％台となる。だが、注意しなければいけないのは、結婚時、第1子誕生時それぞれ集計の対象が結婚、第1子誕生を経験した人のみ集計対象となっているので、より安定する方向に向かうというよりも、最初からより安定した人だけが家族形成に向かっているという面も大きいと考えられる。つまり、男性の場合、雇用が安定しないと家族形成からも排除される傾向があるということを示す結果となっているといえる。

39

図表1-14 男性有業者 コーホート別・「正規・自営等」の割合の変化
(初職→初婚年→第1子誕生1年後)

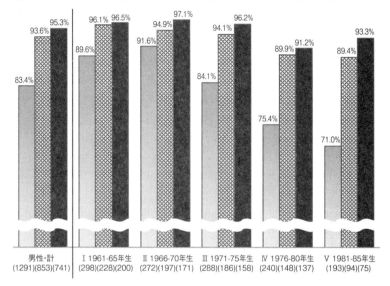

他方、女性では、男性とは全く異なるパターンを示している（図表1-15）。男性と異なり特定の傾向を見いだしにくいが、コーホートⅤを除けば、初職で「正規・自営等」の割合が最も高く、初婚年や第1子誕生年1年後では、初職よりも割合が低くなっているという点では共通している。その例外であるコーホートⅤも、第1子誕生年1年後のほうが初職より高いとはいえ約4％高いに過ぎずほぼ同水準とみてよい。

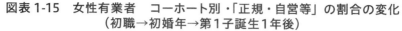

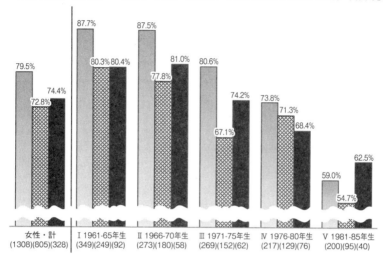

図表1-15　女性有業者　コーホート別・「正規・自営等」の割合の変化
（初職→初婚年→第1子誕生1年後）

　グラフに表示されていない部分が非正規雇用であるので（100%－「正規・自営等」の%）、既にみてきたように、女性の非正規雇用化は、コーホート間でも進んでいるし、コーホートⅤを除けば、初職より初婚年、第1子誕生年1年後のほうが非正規雇用の割合が高いことから、コーホート内部の時間的な変化でも進んでいることが確認できる。

第5節　初職・正規雇用者の30歳時の職業キャリア

　本章の最後に、初職・正規雇用者の30歳時の職業キャリアについて見ていく。第2節でも指摘したように、ライフコースの多様化が進み、個人によってその状況は大きく異なるものの、対象者は平均して30歳までに結婚、第1子誕生といった家族形成のイベントを終えている。また、30歳という年齢は、新卒で間断なき典型移行した場合、高卒であればおおよそ12年目、大卒であれば8年目となり、職業キャリアとしては前半の安定期にさしかかっ

ており、管理職への昇進などの準備段階の時期でもある。さらに、当調査の対象年代の設計上、30歳時であればすべての対象者についてデータが存在することもあり、30歳時を一つの区切りとして見ていきたい。

　図表1-16は、性別・コーホート別に初職正規雇用者の30歳時の就業有無・従業上の地位を表したグラフである。

　男性では、コーホートⅠでは約92％が「正規」、コーホートⅡ以降は80％台が「正規」であり、どのコーホートも約1割前後が「自営等」と「非正規」で30歳時に働いている。

　女性ではコーホート間の差が大きいが、「女性・計」では約46％が「正規」、約2割が「自営等」と「非正規」で働いており、約30％が退職して「無職」となっている。女性では、コーホートが若いほど「無職」の割合は低く、その分「正規」や「非正規」で働く人の割合は高い。コーホートⅡ以降の「正規」の割合の増加はゆるやかだが、間近のⅣ・Ⅴでは50％を超えている。女性が正規雇用の市場から退出して、非正規雇用や無職となっているというパターンは、時代を追うにつれ減ってきているといえるが、女性は初職正規雇用でも30歳時点で約半数しか正規雇用として働いていない。女性で最も「正規」の割合の高いコーホートⅤでも（54.0％）、男性のそれの約2/3弱に過ぎない。

第1章 女性の初期キャリア：男女別コーホート間比較から

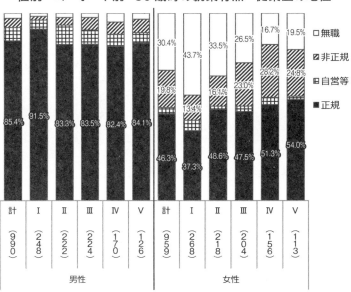

図表1-16 （初職・正規雇用のみ）
性別・コーホート別・30歳時の就業有無・従業上の地位

続いて、初職での職業（職種）によって、正規雇用の市場から退出に違いはあるのかを検討してみる。図表1-17は性別・初職の職業別に初職正規雇用者の30歳時の就業有無・従業上の地位を表したグラフである[6]。職業（職種）のカテゴリーは、女性の伝統的な専門職である「教師・保育士・看護師」とそれら以外の「専門・技術職」を区別して取り出したほかは、通常の職業大分類に基づき「事務職」、「営業・販売職」、「介護・サービス職」、「技能・労務職」の6つのカテゴリーでみている。

男性では、初職正規雇用の「介護・サービス職」は、30歳時に「非正規」・「自営等」への移動率が高い職業となっているが、それ以外の職業はあまり大きな違いはなく30歳時も正規雇用の割合は80～90％台である。

---

6 標本サイズが十分でないことから、本章ではこのグラフだけコーホート別の集計ではない。

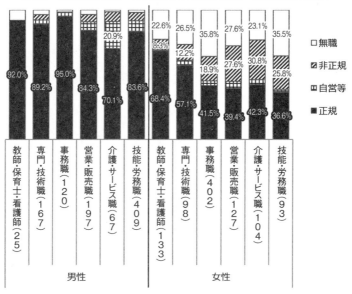

図表1-17 （初職・正規雇用のみ）
性別・初職職業別・30歳時の就業有無・従業上の地位

　女性では、女性の伝統的な専門職である「教師・保育士・看護師」で30歳時に「正規」である率は約68％と、初職の職業間で最も高く、「専門・技術職」が約57％と次に高い。この2つ以外の職業では、30歳時に「正規」である率は37～42％くらいの間であり、「非正規」と「無職」を足した値のほうが高い。

　少し詳しくみると、初職「事務職」と「技能・労務」は30歳時には「無職」が約35％と、無職になる率が高い2職業であるといえる。一方、初職「介護・サービス職」は30歳時に「非正規」雇用が約31％と最も高く、男性と同様転職率が高い職種であるといえる。他方、「営業・販売」は、「非正規」も「無職」も約28％と両方とも同じくらいの水準の職業となっている。以上のように、女性では、従来から指摘されているように「教師・保育士・看護師」を含めた専門・技術職で、30歳まで正規雇用としての継続率が高いことが確認できるとともに、それ以外の職種では正規雇用にとどまっている率は半分にも満たない。

第6節　まとめ

　女性の高学歴化がすすむ中で、男女とも就業経験者はほぼ100%であり、かつてのように女性の生涯就業未経験者はほぼおらず、女性も男性と同様に、学卒後すぐ就業している。これらの点では、男女平等化が進展しているといえる。

　他方、学校から初職への移行については、「就職氷河期」にあたるコーホートⅢ・Ⅳ・Ⅴでは、男女とも移行困難層がいたことが読み取れ、そうした層はその後のキャリア形成で大きな影響を受けたといえる。特に、統計的には、女性は職業キャリア（正規より非正規）に、男性は家族形成（既婚より未婚）により影響が顕著に表れている。それらは、性別役割分業観に基づく男女差が、ふだんは直接的には表れないが、学卒時の就職難といった通常とは違う困難に直面したときに、相対的にリスクの高い層に表面化してくることを示唆する結果であるといえる（酒井 2015）。またこの時期を境にして、雇用の非正規化という形で若年期のキャリアが多様化したといえる。

　初職開始後は男女の職業キャリアは明確に分岐している。この違いは、結婚・出産などの家族形成に関わるライフ・イベントによってもたらされている。大きくみると、どのコーホートでも、女性は出産までに退職する方向に、男性は出産までに職業キャリアが安定する方向に向かう傾向があり、この間劇的な変化はないように見える。均等法施行以後も女性の労働市場への定着はあまり進まず、若いコーホートでも多くの女性は出産したら仕事をやめている。

　それでも、結婚（初婚）までに退職して無職になる女性は1割程度であり、第1子誕生後の女性の就業率は、コーホートが若くなるほど正規・非正規雇用とも上昇してきている。当調査の女性対象者は、均等法施行以後に初職を開始し、育児休業制度や保育サービスなどの両立支援策拡大が図られる中で出産・育児期をむかえており、それらの効果が一定程度表れていることを示唆する結果である。

　しかし、新卒就職時の新卒労働市場の縮小、雇用の非正規化の進行といった労働市場の変化が、これまで拡大してきた両立支援策の効果を相殺するほ

ど、女性の就業継続やキャリア形成を難しくする要因となる可能性が懸念されるとともに、女性の就業継続という課題によりいっそうの不透明感、不確実性をもたらしている。

　他方、男女とも未婚化および晩婚化と子の誕生（出産）年齢の上昇は進んでいる。未婚期が長くなることで、結婚・出産せずに仕事を続けてキャリアを継続していくか、仕事を辞めるかの二者択一的状況に置かれている女性は今日でも大きくは減ってはいないように見える[7]。

　また、初職正規雇用だった女性が、30歳時に正規雇用にとどまっている率は、コーホートが若いほど高い傾向があったが、それでも約半数がキャリアの節目である30歳時点で正規雇用市場より退出している。女性の正規雇用での就業継続が増えないと、女性の職域拡大、女性の管理職登用などの候補者のパイは増えない。出産後の正規雇用への再雇用を含め、両立支援施策は依然として重要であるといえる。

　初職の職業（職種）別で30歳時に正規雇用にとどまっている率をみると、女性は職種間での差が大きく、女性の伝統的な専門職である教師・保育士・看護師を含めた専門・技術職以外では、非正規雇用への転職や無業になるなど、正規雇用市場から退出しており、これらの職種ではポジティブ・アクションをはじめとした職場での均等施策への取組みがよりいっそう求められる。

　今後とも、雇用の非正規化といった労働市場の側と未婚化・少産化・晩婚化といった家族形成の側の両面から、女性のライフコースの多様化はよりいっそう進展すると考えられる。また、本稿では扱わなかったが男性のライフコースも少しずつ多様化していくだろう（特に、未婚化）。こうした多様化によって発生する労働者の課題やニーズを考慮した政策が今後もますます必要となっていくだろう。

備考）本稿は、拙稿（（独）労働政策研究・研修機構, 2017a: 15-35）を元に加筆・修正したものである。

7　未婚女性労働者のキャリアと就業継続の問題は本書の8章を参照。

第2章 育休取得は管理職登用の妨げとなっているか

周　燕飛

第1節　育休と女性の管理職登用−政策目標間の整合性に懸念も

　現在、育児休業（以下「育休」）の取得促進や、女性管理職の登用促進が、重要な政策目標と位置付けられている。2013年4月に安倍首相が行った成長戦略スピーチでは「女性の活躍が成長戦略の中核」と謳われ、育休の3年取得や、全上場企業に女性役員を1人以上登用するといった政策案が公表された。また、翌年同年6月に閣議決定された「日本再興戦略改訂2014−未来への挑戦−」においても、2020年までに指導的な地位に占める女性の割合を30％にする等の具体的数値目標が設定された。しかしながら、現実に各日本企業の人事労務管理を考えた場合、育休の長期取得自体が、女性の管理職登用の阻害要因となっている可能性があり、政策目標間の整合性が懸念される。

　そもそも育休制度とは、幼い子どもを持つ女性の就業を支えるために、1992年に施行された「育児休業等に関する法律」（現在の「育児・介護休業法」）によってその付与が義務化された制度である。その後、育休の利用者は年々増え続け、現在、女性従業員の83.0％がこの制度を利用している（厚生労働省「雇用均等基本調査2014」）。また、実際にも、育休制度の利用は、仕事と育児を両立しやすくすることにより、子育て女性の就業継続確率を高める効果があることが知られている（森田・金子1998、永瀬2003、周2003等）。

　しかしながら、一方で、育休の取得、とくに法定期間を超える長期間の育休が、女性の管理職登用を阻害しているとの見方もある（伊岐2012）。実際、

1　例えば、永瀬・山谷（2011）が行った大企業の女性従業員20人に対するヒアリング調査では、出産後に育休を取得せずに復職したり、育休をためらったりする女性管理職の事例が複数報告されている。

そのような声はヒアリング調査等で広く聞かれるところであるが[1]、このテーマについて、事例研究ではなく、信頼性の高い統計データに基づいた実証分析が行われた例は、筆者の知っている限り皆無に等しい。そこで本稿は、筆者自身が企画段階から携わった企業と従業員に対する大規模アンケート調査（個票データ）を用いて、育休の取得と女性正社員の管理職登用との関連性を探ることにする。特に、以下の2つの問いに焦点を当てた分析を行う。

(1) 正社員女性のうち、育休を取得した者としなかった者の間で、管理職の登用率に違いがみられるか。

(2) 両者に違いがみられる場合、それはどのような理由によってもたらされているのか。元々あったグループ間の属性（学歴、経験年数等）の違いによるものなのか、育休の取得によって生じた何らかの変化によるものなのか。

第2節　先行研究

これまで女性の昇進を研究した研究の多くは、夫婦間の家事分担や家庭環境、企業の組織文化や人事労務管理の影響を調べるものであり（Schneer and Reitman 1997、大塚 2009）、育休取得と女性の管理職登用の関係を調べた研究は意外にも非常に少ない。この理由の一つは、育休取得経験のある女性管理職に関する調査データが乏しいことにあると思われる。男女間雇用格差の大きい日本では、課長以上の管理職に占める女性の比率（10人以上企業）は、2016年度においてわずか12.1%（厚生労働省「雇用均等基本調査 2016」）である。その上、さらに出産、育休の取得経験がある女性管理職に限定すると、通常の調査ではわずかなサンプルしか抽出できなくなってしまう。

そのせいもあってか、育休制度の影響については、人数が多く調査データが比較的入手しやすい一般女性労働者を対象とした研究が盛んに行われてきた。例えば、育休制度の取得有無が、子育て女性の就業継続の確率を高めているかどうかという研究（樋口 1994、森田・金子 1998、滋野・松浦 2003、永瀬 2003、周 2003）や、育休を取得した女性従業員に賃金水準の低下が見

48

られているかどうかという研究（Wood *et al.* 1993、Albrecht *at al.* 1999、Waldfogel 1998）に、問題の関心が集まっている。これらの先行研究では、育休による就業継続については、おおむね正の効果があるという結果で一致しているものの、育休取得が賃金を低下させているか（賃金ペナルティ効果）については、見解が分かれている。

　例えば、育休の賃金ペナルティ効果を認めた代表的研究として、Albrecht *et al.*（1999）がある。彼らは、スウェーデンのパネルデータ[2]を用いて、育休の取得が男女の賃金に与えている影響を調べたが、その結果は男女ともに育休取得が賃金を引き下げているというものであった。もっとも、育休取得による賃金ペナルティの大きさは、男女間でかなりの差異が生じており、男性の方が女性の約4倍も大きい（Albrecht *et al.*1999：Table5）。その理由として、彼らが指摘しているのは、育休の賃金ペナルティが生じるメカニズムに、男女間の差異があるという点である。スウェーデンでは、仕事への熱心さ、やる気等に関係なく、ほぼ全ての女性労働者が育休を取得している。一方、男性の育休取得はまだ一般的とは言えず、男性が育休を取得した場合には、その行動を使用者側が「仕事へのコミットメントが低い」とみなす可能性がある。すなわち、男性の育休取得は、やる気や忠誠心に対する負のシグナルとなっていると指摘している。その結果、女性の場合、育休の賃金ペナルティ効果の原因は、育休期間中の人的資本減少に求められるのに対して、男性の場合は負のシグナリング効果が加わって大きな影響となるとされる。

　一方、育休の賃金ペナルティ効果が確認できないとした代表的研究は、Waldfogel（1998）である。Waldfogel（1998）は米国の女性労働者における8年間のパネルデータを分析した結果、育休制度を実際に利用して元の職場に復帰した女性は、利用しなかった女性よりもその後の賃金上昇が顕著であるとした。この育休取得の賃金プレミアムは、最終的に、子ども1人分の賃金ペナルティに相当する程度の大きさであると評価される。その理由として

2　育休取得の賃金効果に関する実証研究は近年、パネルデータを用いることが主流となっている。パネルデータであれば、賃金と育休取得の両方に影響を及ぼしながらも調査データからは観察されない個人間の固定的な異質性（例えば、IQ、能力の違い等）の影響を、ある程度排除することが可能である。

Waldfogel（1998）は「育休の取得により、子どものいる女性は、同じ企業での連続した勤続経験を積み、良好なジョブマッチを維持し、順調にキャリアラダーに登るから」と説明している。

Albrht *et al.*（1999）と Waldfogel（1998）の結果が対立している背景には、それぞれの分析対象国において、育休の取得慣行が大きく異なることが影響しているものと思われる。スウェーデンでは、所得補償付きの育休取得は、言わば女性就業者の当然の権利と受け止められており、育休取得は従業員の資質や仕事へのコミットメントのシグナルとはならない。しかし、米国（少なくとも 1993 年以前）では、使用者側が個別の従業員に育休（所得補償なし）の権利を選別的に与えることが一般的である。育休期間中は原則無給のため、育休制度が存在していても経済的な理由で育休を取得しない女性が多い。また、米国では育休を取得した女性は、使用者側がその会社に残したい人材であり、その後、急な賃金カーブとなるケースが多い。Waldfogel（1998）はパネルデータの一階差分モデルを用いているが、観察できない能力差による効果と、育休取得の効果を、一階差分モデルでは十分に分離できなかった可能性がある。

一方、日本では育休取得の賃金ペナルティ効果は観察されるのであろうか。武内・大谷（2008）は、日本における女性労働者のパネルデータ（1993-2001年）を用いて、出産が賃金に及ぼす効果を計測しているが、賃金ペナルティ効果には否定的である。彼女らは、子供のいない有業女性と比較して、育休を取得した有業女性の出産後の賃金が特に低下していないことをその根拠としている。しかしながら、同じ論文中で、出産前（最大 6 年前）のデータを遡ると、育休取得女性の賃金の方が高いことも同時に示されている。これは、賃金ペナルティー効果の存在を肯定する結果であるとも解釈可能である。つまり、育休取得者がエリート社員に偏在していることから、その個人属性による賃金のプレミアム効果があり、育休の賃金ペナルティ効果を相殺してしまっている可能性が指摘できる。

第3節 「人的資本減少仮説」と「シグナリング仮説」

　管理職登用は、広い意味で賃金と同じく労働の報酬（Reward）としてみることができる。そのため、育休の管理職登用ペナルティに関する理論的説明は、おおむね賃金ペナルティの説明と同じである。つまり、育休取得が、女性の管理職登用を阻害する理由として、以下の「人的資本減少仮説」と「シグナリング仮説」が考えられる。

（人的資本減少仮説）
　人的資本理論によると、育休は、労働者の職業技能、知識とネットワークの低下や陳腐化をもたらし、人的資本の価値を低下させる（Mincer and Offek 1982）。人的資本減少の度合は、職種、産業等によって異なるものの、総じて休業期間が長ければ長いほど、減少が大きくなる。

（シグナリング仮説）
　企業側は、同等な能力を持つ社員の中から、やる気があってキャリア志向の高い従業員を早期段階で選び出して、中核的業務に従事させたり、管理職候補として育てたりする必要がある。育休取得が一般的ではない職場環境で育休を取得したり、標準的な期間よりも長めの育休を取得したりすると、労働者のキャリア志向（やる気、仕事へのコミットメント等）に対する負のシグナルとして経営者側が受け取る可能性があり、それは管理職登用率を低下させる可能性がある（Judiesch and Lyness1999）。

　上記の仮説を検証する方法として、本稿は第(1)式の実証モデルを用いる。具体的には、女性ホワイトカラーの個人属性と家庭・職場環境属性（X）などの諸条件を一定として、育休の取得状況（M）が、管理職登用の確率（Y）に与える影響を検証する。

$$Y = g\,(M, X) \qquad (1)$$

そのうち、M は育休の取得状況を表すカテゴリー変数（育休を取得したことがない場合に１、育休期間が 12 ヶ月以内の場合に２、育休期間が 13 ヶ月以上の場合に３とする）である。ただし、複数回にわたって育休を取得した場合、M は１回目の取得期間についてのカテゴリー変数である。

X は、個人属性（年齢、学歴等）、家庭環境（子ども数、配偶者の有無・年収）および職場環境（企業規模、女性管理職のロールモデルの有無等）を表す一連の変数である。

「人的資本減少仮説」と「シグナリング仮説」のいずれも、育休取得（M）は管理職登用の確率（Y）に負の影響を与えることが予想される。さらに、「シグナリング仮説」では、育休の取得期間が法定育休期間（12 ヶ月）を超えている場合に、育休取得（M）による負の影響がより大きくなるものと考えられる。もっとも、一時点のクロスセクションデータを用いる第 (1) 式の推定では、キー変数である M の影響が過小評価（絶対値ベース）されている可能性がある。育休を取得した女性が、そもそもエリート社員のグループに偏っている場合には、育休の管理職登用ペナルティ効果は、個人属性のプレミアム効果によって相殺される可能性があるからである。

もちろん、学歴、転職の有無、正社員経験年数等の説明変数をモデルに加えることで、ある程度、この属性プレミアムの影響を除去することが可能であるが、それ以外の観察できない個人属性の影響は依然として残るであろう。例えば、労働者の職業能力や、キャリア志向、仕事へのコミットメント、仕事・管理能力における経営（人事）側の評価等は、アンケート調査から汲み取ることができない。こうした観察されない個人間の異質性の影響は、例えパネルデータを利用しても完全に除去することは困難である。なぜならば、パネルデータの固定効果モデルまたは一階差分モデルで除去できるのは、時間とともに変化しない固定要因（例えば、IQ、能力等）の影響のみである。しかし、例えば、労働者のキャリア志向等は家庭環境や社会情勢の変化とともに変化するため、その影響はパネルデータを使っても完全に除去することができない。

本研究は Albrecht *et al.*（1999）にならって、一時点のクロスセクションデータを用いて、可能な限り Omitted（脱落）変数の問題に対処するアプロー

チをとった。Albrecht *et al.*（1999）の研究によると、育休の取得率の高い
スウェーデン女性の場合、観察されない属性プレミアムの影響は小さく、ク
ロスセクション（OLS）推定における仕事経験年数の推定値と、固定効果モ
デルの推定値は非常に近い値となっている。これは、OLS において、観察
されない属性プレミアムによるバイアスが殆ど生じていないことを意味す
る。本研究においても、管理職登用率の推定に当たっては、コーホート全体
の推定結果を示すとともに、コーホート別（育休取得率の低い年長コーホー
トと育休取得率の高い若年コーホート）推定結果も一緒に提示することにす
る。

第4節　データ

本研究が用いる主なデータは、（独）労働政策研究・研修機構（JILPT）
が 2012 年 10 月に行った「男女正社員のキャリアと両立支援に関する調査
2012」（以下、「JILPT 調査 2012」）の個票データである。該当調査は、「企
業調査」、「管理職調査」および「一般従業員調査」の 3 つによって構成される。
　そのうち、「企業調査」の対象となるのは、層化無作為抽出法によって業
種別に選ばれた全国の中小企業（従業員 100 ～ 299 人）6,000 社と大企業[3]
（従業員 300 人以上）6,000 社の計 12,000 社である。一方、「管理職調査」の
対象となるのは、「企業調査」の対象企業で働く課長相当職以上の管理職
48,000 人である。管理職の抽出方法は企業に任されており、大企業は 1 社あ
たり 5 名（できれば女性 3 名を優先）、中小企業は 1 社あたり 3 名（できれ
ば女性 2 名を優先）の管理職に調査を依頼している。「一般従業員調査」は
同じく「企業調査」の対象企業で働く 25 ～ 54 歳のホワイトカラー[4]職（主任・
係長まで）96,000 人である。これも抽出方法は企業ごとに任せており、大企
業は 1 社あたり 10 名（男女各 5 名）、中小企業は 1 社あたり 6 名（男女各 3

3　以下特別に言及しない限り、「大企業」と「中小企業」はそれぞれ従業員 300 人以上規模の企業
　と従業員 100 ～ 299 人規模の企業を示す。
4　ホワイトカラー職とは、(1)専門・技術職、(2)事務職、(3)販売・営業職（「日本標準職業分類
　2009」の大分類「B 専門・技術」・C「事務」・D「販売」に準拠）である。サービス職や生産現
　場は含まない。

53

名）の一般従業員を調査対象とした。

　調査は郵送法によって行われ、大企業 1,036 社（有効回収率 17.3%）、中小企業 934 社（有効回収率 15.6%）、管理職 5,580 人（有効回収率 11.6%）、一般従業員 10,218 人（有効回収率 10.6%）から有効回答が得られた。該当調査の有効回収率は、同種の企業調査としては高い方といえる。詳細は、（独）労働政策研究・研修機構（2013a）を参照されたい。

　この「JILPT 調査 2012」が、本研究の分析テーマに適している理由は主に 2 つある。第一に、女性管理職の回答が 947 人（うち育休経験者 155 人）と、同種の調査としてはかなり多くのサンプル数となっていることである。統計的に信頼できる分析結果を得るためには、育休を取得した経験のある女性管理職サンプルを一定数確保する必要がある。しかし、こうしたサンプルの出現率は非常に低いため、一般的な労働者アンケートではわずかなサンプルしか得ることができない[5]。

　第二に、企業の人事・労務担当者によって記入されている企業調査票と労働者調査をマッチングできる利点がある。女性の管理職登用の決定要因としては、個人属性や育休取得の有無のみではなく、企業属性や職場環境が大きく影響しているものと考えられる。そのため、企業調査から得られる様々な企業・職場情報を利用できることは分析上、大きなメリットといえる。もちろん、通常の労働者アンケートにおいても、勤め先の企業属性程度の情報は存在しているものが多いが、このデータのように、企業ごとの育児支援・両立支援制度の詳細やその実施状況といった情報が詳しく得られる調査は少ない。また、こうした職場環境・制度の情報を、間違いが生じやすい労働者調査から得るのではなく、正確な情報が得られる企業調査で把握している点もメリットといえる。

　なお、「JILPT 調査 2012」と、さらに大規模な調査である厚生労働省調査 2011 の標本構成を比較したところ（図表 2-1）、育休取得率や課長級女性管理職の平均年齢は、似通った値となっていた。もっとも、「JILPT 調査

5　例えば、JILPT「日本人の就業実態に関する総合調査 2009」（JILPT 調査シリーズ No.89）では、住民基本台帳から層化多段無作為抽出法で選ばれた 20 - 65 歳男女 5,092 人に調査をしているが、女性管理職（課長・部長クラス）サンプルはわずか 13 人（正規従業員サンプルの 0.7% 相当）であった。

第 2 章 育休取得は管理職登用の妨げとなっているか

2012」の女性管理職（部長級と課長級のいずれも）の大学・大学院卒者の割
合はやや高めであり、部長級女性の平均年齢も 2 歳ほど若くなっていた。

図表 2-1 標本構成の比較

	JILPT 調査 2012	厚生労働省調査 2011
管理職の女性比率（100 人以上企業）	17.0%	7.2%
育児休業取得率（1980 年以降生まれの有子女性）	88.7%	87.7%
女性管理職の大卒比率（100 人以上企業、部長級）	47.1%	42.4%
女性管理職の大卒比率（100 人以上企業、課長級）	43.1%	37.2%
女性管理職の平均年齢（100 人以上企業、部長級）	49.7	52.0
女性管理職の平均年齢（100 人以上企業、課長級）	46.6	47.4

出所：JILPT「男女正社員のキャリアと両立支援に関する調査 2012」、厚生労働省「雇用均等基本調査 2011」「賃金構造
　　　基本統計調査 2011」

第 5 節　単純集計結果

1　育休取得の標準コース

　まずはじめに、調査の単純集計結果から、特徴的な点をピックアップして
ゆこう。

　図表 2-2 をみると、育休取得の「標準コース」が、出生コーホートごとに
大きく変わっていることがわかる。「1964 年生まれ以前」のコーホートでは、
有子女性の大多数（81.5%）は「育休未取得者」である。「1965 − 1969 年生
まれ」のコーホートでは、「育休未取得者」の割合は 52.3% まで下がってい
るが、それでも過半数を保っている。一方、「1970 年生まれ以降」のコーホー
トとなると、「育休取得者」（そのほとんどは「12 ヶ月以内の育休取得」）が
全体の 7 割以上を占めるようになっている。つまり、1969 年以前に生まれ
たコーホートと、1970 年以降に生まれたコーホートの間に、やや大きな「標
準コースの転換」が見て取れる。また、育休取得月数の分布を見ると、いず
れのコーホートについても、「6 ヶ月」、「10 ヶ月」のところに低い山、「12 ヶ
月」のところに高い山が見られる。

図表 2-2　出生コーホート別有子女性正社員の育休の取得状況

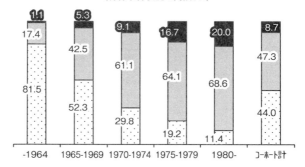

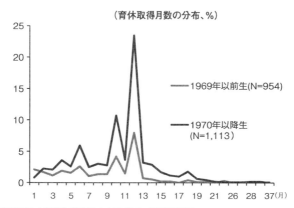

出所:「JILPT 調査 2012」より筆者が集計したものである。以下の図表同。
注:下部の分布図には、「育休取得なし」に関する数値が省略されている。

2　育休取得女性の属性

　阿部（2005）によれば、日本の育休取得女性には、学校教育や企業内教育訓練でより多くの人的資本を蓄積されていたり、賃金水準が高いといった特徴があるとされる。エリート社員のグループに育休取得者が偏っているという傾向は、現在も確認されるのであろうか。

　図表 2-3 は、「JILPT 調査 2012」を用いて、女性正社員のうち、育休取得

第 2 章　育休取得は管理職登用の妨げとなっているか

者と未取得者の学歴分布、正社員経験年数、キャリアブランク（最終学校卒
業してから現在まで正社員ではない期間）を比較したものである。このよう
な単純比較を見る限り、確かに育休取得者が高学歴で正社員経験年数が長い
といった特徴が確認できる。例えば、大学（院）卒者の割合をみると、育休
取得女性は 32.4% ～ 55.4% であり、各コーホート別の育休未取得女性（15.4
～ 23.8%）より 15 ～ 30 ポイントほど高い。正社員経験年数についても、育
休取得女性が平均して 3 ～ 6 年長い。また、図表2-3下半分の報酬面を見ると、
いずれの出生コーホートにおいても、育休取得女性の平均年収は高く、課長
以上の管理職に登用された者の割合も高いことがわかる。こうした報酬面の
差には、学歴等から生じる「属性プレミアム」が影響していることが想像さ
れる。

図表 2-3　育休取得の有無・出生コーホート別属性比較（有子女性正社員）

	-1964		1965-1969		1970-1974		1975-1979		1980-		コーホート計		取得者のうち、	
	未取	取得	未取	取得	未取	取得	未取	取得	未取	取得	未取	取得	12ヶ月以内	13ヶ月以上
（人的資本量）														
高校・中学校卒 (%)	52.1	26.5	54.2	27.7	48.4	31.6	37.0	21.2	38.1	22.3	50.3	26.3	27.7	17.8
短大・高専・専門学校 (%)	32.5	36.3	29.1	37.4	34.4	36.0	39.7	35.4	38.1	22.3	32.8	34.2	33.8	35.1
大学（院）卒 (%)	15.4	37.2	16.7	34.9	17.2	32.4	23.3	43.4	23.8	55.4	16.9	39.5	38.5	47.1
正社員経験（年）	24.8	29.0	17.5	23.3	14.1	18.5	10.4	13.4	5.4	8.5	19.5	17.4	17.8	15.0
キャリアブランク（年）	8.6	2.2	8.3	1.5	6.8	1.6	5.5	1.5	4.1	1.0	7.8	1.5	1.5	1.6
（報酬）														
平均年収（万円）	478.7	618.6	353.0	515.3	315.0	418.0	285.1	340.3	266.7	258.5	398.1	409.2	422.4	334.2
昇進の遅れを感じる者の割合 (%)	27.2	32.7	23.1	28.6	24.8	30.5	24.3	34.5	45.0	29.9	26.0	31.4	30.6	37.3
課長以上管理職の割合 (%)	39.6	50.0	13.4	26.0	6.6	8.0	2.7	4.1	0.0	2.5	23.4	13.1	14.0	5.2
N（標本サイズ）	409	102	209	196	151	361	74	316	21	157	864	1,132	944	174

　また、生まれ年の遅いコーホートほど、育休取得者と非取得者間の年収格
差や、管理職登用の格差が小さくなっていることがわかる。すなわち、「育
休取得者／育休未取得者」の年収格差は、「1964 年生まれ以前」1.29 倍、「1965
～ 1969 年生まれ」1.46 倍、「1970 ～ 1974 年生まれ」1.33 倍と、生まれ年が
早いコーホート内で大きく、「1975 ～ 1979 年生まれ」1.19 倍、「1980 年生ま
れ以降」0.97 倍と、生まれ年の遅い若いコーホート内で小さい。管理職登用
割合についても、「1964 年生まれ以前」と「1965 ～ 1969 年生まれ」のコーホー

トでは10ポイント差以上あるものの、1970年以降生まれのコーホートでは1.4〜2.5ポイント差に止まっている。

　最後に、育休期間が「12ヶ月以内」の取得者に比べて、「13ヶ月以上」の取得者は、平均年収が低く（334.2万円 vs.422.4万円）、昇進の遅れを感じる者の割合が高く（37.3%vs.30.6%）、管理職登用割合が低くなっている（5.2%vs.14.0%）。これは、前述の「シグナリング仮説」と一致した結果である。

3 育休取得と昇進に関する意識

　この調査では、企業の人事・労務担当者に対して、「育休取得と昇進との関係」を尋ねるユニークな質問が行われている。図表2-4はその回答状況であるが、「育休を取得しても昇進が遅れない」と答えた企業は、大企業の48.2%、中小企業の64.1%にとどまっている。つまり、約半数の大企業と3分の1の中小企業は、多かれ少なかれ、育休が昇進スピードに影響することを認めているのである。もっとも、影響があると回答した企業のうち、「育休期間と同程度の期間、昇進が遅れる」との回答が圧倒的に多く（36.5%）、「育休期間より長い期間、昇進が遅れる」との回答は5.8%と少数である。

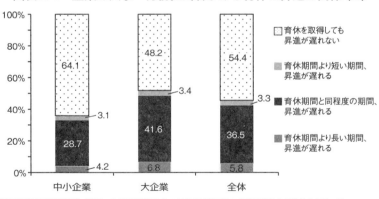

図表2-4　企業の人事・労務担当者がみる育休と昇進の関係（%）

注：育休取得後に直近の役職（係長・主任相当職以上）への昇進事例がない企業は集計から除外されている。

第2章　育休取得は管理職登用の妨げとなっているか

図表2-5　自身の昇進は「遅い方」だと感じる労働者の割合（%）

	出生年コーホート					
	-1964	1965-1969	1970-1974	1975-1979	1980-	コーホート計
（一般従業員）						
育休取得あり女性	48.2	37.4	32.6	34.9	29.9	34.4
うち、13ヶ月以上育休取得者	66.7	47.1	42.6	34.9	25.0	36.8
育休取得なし女性（有子）	33.1	25.4	25.9	25.3	45.0	29.0
育休取得なし女性（無子）	37.8	36.3	30.7	21.6	15.4	22.7
男性	43.2	38.3	28.1	20.8	14.8	24.2
一般従業員全体	39.6	35.8	29.4	22.9	16.0	25.0

注：標本数10未満のカテゴリーについての集計値が斜字体となっている。

　一方、労働者側自身は、自分の昇進スピードをどのように感じているのであろうか。図表2-5をみると、同じ雇用管理区分の会社同僚と比較して、「自分の昇進が遅れている」と感じる者の割合は、育休取得女性の方が高くなっていることがわかる。例えば、管理職登用に差し掛かっている年齢段階にいる1975〜1979年生コーホート（調査時点で33〜37歳）についてみると、昇進が遅れていると感じる割合は、育休取得女性で34.9%、育休未取得女性（有子）で25.3%となっており、前者の方が10ポイントも高い。1974年生まれ以前のコーホートに関しても、育休取得女性の「昇進の遅れ感」は比較的強いことが見て取れる。

　なお、カテゴリー別に、昇進の遅れ感の強い順に並べると、「育休取得女性」、「育休未取得有子女性」、「男性または子どものいない女性」となっており、育休の取得だけではなく、育児中であることも、昇進の遅れを感じさせる原因になっていることが示唆される。

第6節　推定結果

1　13ヶ月以上の長期育休は管理職登用の確率を下げている

　前節の単純集計からは、学歴が高く、正社員経験年数の長い者ほど育休を取得し、賃金プレミアムが高いことが示唆された。それでは、これらの人的資本要因をコントロールした上でも、育休取得者が管理職になりやすい傾向は維持されるのであろうか。第(1)式に基づき、人的資本（観察可能な変数のみ）を初め、子どもの数等の家庭環境の要因、企業規模、管理職女性のロー

59

ルモデルの有無、勤続部署、職場環境要因の影響を説明変数に加え、育休取得が管理職登用率に与える影響を推定した（図表 2-6）。

　なお、ここでの被説明変数（管理職の登用有無）は、0 あるいは 1 の二値選択（非連続）変数であるため、Probit モデルが用いられている[6]。

図表 2-6　管理職登用の推定結果
（Probit モデル、推定対象＝有子女性正社員）

		(1)全コーホート		(2)1969 年以前生まれ		(3)1970 年以降生まれ	
		dy/dx	S.E.	dy/dx	S.E.	dy/dx	S.E.
育休取得状況[a]	12 ヶ月以内	-0.003	0.024	0.006	0.041	-0.026	0.036
	13 ヶ月以上	-0.085	0.034 ***	-0.135	0.080 *	-0.080	0.036 **
個人属性・家庭環境（初産年齢、本人の年齢、学歴、正社員経験、転職経験、子どもの有無、配偶者の有無、配偶者年収）		Yes		Yes		Yes	
企業環境（企業規模、業種、組合の有無、社内育休制度、ポジティブ・アクションの実施有無、両立支援制度の実施数、ロールモデルの有無、勤続部署）		Yes		Yes		Yes	
標本サイズ		1,416		609		706	
対数尤度		-366.2		-214.0		-114.1	

注：(1) dy/dx は、各個人の限界効果の平均値、S.E. は標準誤差である。
　　(2) a　対照群　育休取得なし
　　(3) *** P 値 <0.01、** P 値 <0.05、* P 値 <0.1（両側検定）

　全ての出生コーホートを分析対象とした結果（図表 2-6 推定(1)）では、法定の育休期間（12 ヶ月）以内の育休取得は、女性ホワイトカラーの管理職登用に有意な影響を与えていないことが分かった。しかし、13 ヶ月以上の長期育休を取った女性は、休暇を取らなかった女性に比べて管理職登用の確率が 8.5% ポイント低下する。これは、「人的資本減少仮説」と「シグナリング仮説」の予測と整合的な結果である。年長コーホートと若年コーホートに限定した結果（図表 2-6 推定(2)と(3)）においても、長期育休取得者とその他の間で、管理職登用率に有意な差がみられる。

6　第 4 章と第 8 章のように、Logit モデル（ロジスティック回帰分析）を用いる場合もある。詳しく知りたい場合は、森田（2014）などの参考書を参照のこと。

第 2 章　育休取得は管理職登用の妨げとなっているか

2 推定結果は頑健である

(a) 育休取得変数の作成方法と推定方法の変更

　上記の推定結果の頑健性を様々な角度から確かめよう。まず、本研究における最も重要な変数である「育休取得」について、連続変数（育休の月数）にしたり、長期育休取得ダミー（1＝13 ヶ月以上の育休取得、0 ＝その他）を作成するなどして、モデルの頑健性をチェックした。

　育休月数を使った推定結果（図表 2-7 の上段、Probit）においては、育休の取得月数が 1 ヶ月長くなると、管理職登用率が 0.3% ポイント（コーホート計）〜 0.5% ポイント（若年コーホート）低下する。一方、長期育休ダミーを用いた推定結果（図表 2-7 の下段、Probit）においては、長期育休取得者は、それ以外の者に比べて管理職登用率が 8.7% ポイント（若年コーホート）〜 9.7% ポイント（コーホート計）低下する。

　次に、育休取得変数の内生性問題を考慮した操作変数法（IV Probit）と傾向スコアマッチング法（PSM）を使った推定を行った。ここで、操作変数として用いたのは、育児休業法施行後（1992 年）の出産有無の変数（Z）である。育児休業法の施行により、女性が（長期）育休を取りやすくなった一方（操作変数の適合条件 1）、育児休業法の施行と女性の管理職登用との間には直接的な関連づけはない（操作変数の適合条件 2）[7] と考えたからである。

　操作変数法を使った結果では、若年コーホートにおいては、長期育休の取得が統計的に有意である。一方、傾向スコアマッチング法の結果では、コーホート計においては、育休取得の効果が統計的に有意である。これは、Probit モデルともおおむね一致した結果である。

7　1990 年代以降、女性の管理職登用も以前より進んでいる。Z は操作変数の適合条件 2 を満たしていない可能性もあるため、IV Probit の推定結果は参考程度のものと考えたい。

図表 2-7　管理職登用の推定結果 II（Probit モデル）

	(1)コーホート計			(2)1969 年以前生まれ			(3)1970 年以降生まれ		
	Probit	IV Probit	PSM	Probit	IV Probit	PSM	Probit	IV Probit	PSM
（育休取得変数が連続変数）									
育休取得期間（月数）	-0.003*	-0.039		-0.002	-0.005		-0.005**	-0.114	
	(0.002)	(0.057)		(0.004)	(0.073)		(0.002)	(0.090)	
標本サイズ	1,416	1,414		609	608		706	705	
対数尤度	-368.0	-4412.6		-215.5	-1860.9		-114.6	-2160.8	
擬似決定係数	0.429			0.436			0.315		
（育休取得変数が長期育休ダミー）									
育休期間13ヶ月以上	-0.097**	-1.637	-0.078**	-0.154*	-0.24	0.000	-0.087**	-3.148***	-0.019
	(0.040)	(2.204)	(0.038)	(0.090)	(2.429)	(0.305)	(0.040)	(0.376)	(0.025)
標本サイズ	1,416	1,414	1,299	609	608	324	706	705	759
対数尤度	-366.2	-514.0	-336.8	-214.0	55.8	-22.4	-114.4	-324.5	-275.5

注：(1)その他の共変量は図表 2-6 と同じ。育休取得変数の限界効果とその標準誤差 (括弧の中の数値) が報告されており、その他の説明変数の推定結果は省略。
　　(2)PSM については、ATT（average treatment effect on the treated) の結果が報告されている。

(b) 被説明変数の変更

最後に、被説明変数を管理職登用の有無ではなく、昇進の遅れ感の有無に変えてみた結果が図表 2-8 の通りである。昇進の遅れ感という指標は、回答者個人の主観的認知バイアスが入り込んでいる可能性があり、その人の客観的昇進状況と必ずしも一致しないかもしれないという問題がある。一方で、この指標は自分と同じようなスタートラインに立っていた同僚間との比較であるため、観察されない属性プレミアムの影響を除くことができている可能性がある。また、管理職登用率という指標だけでは表せない微妙な昇進に関する差異が捉えられている可能性もある。

育休取得が昇進の遅れ感に影響を与えるのは、若年コーホートに限定した推定結果のみである。若年コーホートについては、12 ヶ月以内の育休取得は有意ではない一方、13 ヶ月以上の育休取得は、未取得者に比べて昇進の遅れを感じる確率が 11.9% ポイント高くなっている。

以上、総じて言えば、1970 年以降生まれの若年コーホートにおいては、育休取得変数の作成方法、推定方法および被説明変数を変更しても、主な推定結果は変わっておらず、育休取得の効果は頑健（Robust）といえる。一方、1969 年以前生まれの年長コーホートについては、主な推定結果が安定しておらず、育休取得の効果は頑健であるとは言い難い。

第 2 章　育休取得は管理職登用の妨げとなっているか

図表 2-8　昇進の遅れ感の推定結果
（Probit モデル、推定対象＝有子女性正社員）

		(1)コーホート計		(2)年長コーホート （1969 年以前生まれ）		(3)若年コーホート （1970 年以降生まれ）	
		dy/dx	S.E.	dy/dx	S.E.	dy/dx	S.E.
育休取 得状況[a]	12ヶ月以内	0.029	0.037	0.040	0.053	0.076	0.051
	13ヶ月以上	0.088	0.056	0.096	0.120	0.119	0.067　*
個人属性・家庭環境 （管理職ダミー、本人の年齢、学歴、正社員経験、転職経験、短時間勤務制度の利用経験、子の看護休暇制度の利用経験、子どもの有無、配偶者の有無、配偶者年収）		Yes		Yes		Yes	
企業環境 （企業規模、業種、組合の有無、社内育休制度、ポジティブ・アクションの実施有無、両立支援制度の実施数、コース別雇用管理制度の有無、ロールモデルの有無、勤続部署）		Yes		Yes		Yes	
標本サイズ		1,381		589		785	
対数尤度		-780.3		-293.8		-452.9	

注：(1) dy/dx は、各個人の限界効果の平均値、S.E. は標準誤差である。
　　(2) a　対照群　育休取得なし
　　(3) *** P 値 <0.01、** P 値 <0.05、* P 値 <0.1（両側検定）

第 7 節　結語

　現在、育休制度は女性労働者の間で広く利用されており、女性の就業継続を支える重要な制度と位置付けられている。しかしながら、キャリアップを目指す女性にとっては、育休取得が管理職登用の障害となっている可能性がある。すなわち、女性労働者は育休取得に伴って、日々進歩する仕事のやり方に復職後ついていけなくなってしまっているのではないか、出世コースから外れて補助的な業務に命じられるではないか等、就業と育児の両立はできても昇進が難しくなってしまうではないか等様々な懸念を抱いている。

　本研究は、こうした懸念の真偽を確かめるために、20 代～ 60 代の幅広い年代の女性ホワイトカラーの調査データ（JILPT2012 年調査）を用いて、女性の育休取得と管理職登用率の関係を、厳密な統計的手法によって検証した。

育休未取得者に比べると、育休取得者は全体として学歴が高く、正社員の経験年数が長い。このことによる属性プレミアムの影響があり、単純な統計比較においては、育休取得者の管理職登用率は高いという観察結果が得られてしまう。しかしながら、学歴、正社員経験年数等の個人属性、家庭環境や職場環境をきちんとコントロールした場合、育休取得月数の長い女性ほど、管理職登用率が低くなるという結果が得られた。さらに第6節でみたように、育休の取得月数をいくつかのカテゴリーに分けてみると、法定期間（12ヶ月）以内の育休取得は、管理職登用に有意な影響を与えていない一方、13ヶ月以上の育休取得は、女性ホワイトカラーの管理職登用率を8.5%ポイント低下させるということがわかった。このように育休取得が女性の管理職登用を妨げる理由として、休業に伴う人的資本の減少や、長期間育休が労働者の仕事へのコミットメントに対する負のシグナルとなっている可能性が指摘できる。

　さて、本稿の分析から、何らか政策的含意を導けるだろうか。第一に、標準的育休期間である12ヶ月を超える育休を取得する女性の中には、都市部での保育所不足によって育休延長を余儀なくされている者が少なくない。したがって、現在、政府が進めている保育所の待機児童対策は、キャリア女性の長期育休が不利にならないためにも、特に必要性が高いと言えるだろう。

　第二に、2年または3年といった長い期間の育休取得は、現状のままでは、女性の管理職登用機会を大きく損なうことが指摘できる。育休期間を大幅に伸ばさなくても済むように、短時間勤務制度、在宅勤務制度、テレワーク等、仕事と育児が両立できるような勤務環境を整備し、働き方改革を推進する施策は必要と思われる。

第 2 章　育休取得は管理職登用の妨げとなっているか

付表 2-1　主要な変数の基礎集計（有子女性正社員）

		(1)全コーホート		(2) 1969 年以前生		(3) 1970 年以降生	
		平均値 /割合	標準偏差	平均値 /割合	標準偏差	平均値 /割合	標準偏差
	管理職ダミー	17.2%		32.2%		6.5%	
	昇進の遅れ感ダミー	29.4%		26.8%		31.2%	
育休取得状況	取得しなかった	42.8%		68.6%		22.8%	
	12 ヶ月以内	48.4%		28.2%		63.8%	
	13 ヶ月以上	8.8%		3.2%		13.5%	
個人属性・家庭環境	初産の年齢	28.7	4.4	28.0	4.7	29.2	4.1
	年齢	42.0	7.4	48.9	4.5	36.6	3.8
	学歴：高校・中学校	36.2%		44.4%		28.9%	
	短大・高専・専門学校	33.8%		34.2%		34.7%	
	大学（院）	30.0%		21.4%		36.4%	
	正社員経験年数	18.2	7.9	23.5	7.9	14.2	4.9
	転職経験ダミー	49.1%		62.9%		37.5%	
	子どもが 2 人以上	59.3%		70.4%		50.7%	
	有配偶者ダミー	83.3%		79.1%		86.7%	
	配偶者年収（万円）	466.2	306.3	486.4	358.1	455.1	261.4
企業環境	大企業（従業員 300 人以上）	63.5%		59.4%		66.5%	
	社内育児休業制度＝なし	3.6%		3.8%		3.6%	
	法定どおり	75.0%		73.9%		76.8%	
	法定期間より長い	21.4%		22.3%		19.6%	
	ポジティブ・アクション（PA）実施	43.8%		42.0%		47.1%	
	PA の方針の明確化	15.6%		14.1%		17.6%	
	両立支援制度の実施数 (0-12)	5.5	2.0	5.4	2.1	5.6	1.9
	フレックスタイム制度	26.1%		23.1%		30.1%	
	ベビーシッター費用の援助措置	13.3%		14.7%		11.9%	
	管理職のロールモデルダミー	62.9%		67.0%		59.4%	
	勤務部署^c＝人事・総務・経理	49.6%		49.8%		48.9%	
	企画・調査・広報	4.7%		3.3%		5.6%	
	研究・開発・設計	5.9%		4.9%		7.1%	
	情報処理	2.3%		1.3%		3.3%	
	営業	8.9%		9.5%		8.6%	
	販売・サービス	6.4%		6.3%		6.8%	
	生産	5.9%		7.0%		5.0%	
	その他	16.3%		17.9%		14.7%	
	組合ダミー	47.2%		47.1%		45.8%	
標本サイズ		1,416		609		706	

備考）本章は、周（2014）を元に加筆・修正したものである。

65

第3章 「性別職務分離」の現在形[1]
―昇進意欲の男女差を手がかりに考える―

高見具広

第1節 昇進意欲の男女差が問いかけるもの

　わが国における女性管理職の比率は依然として低い。その要因には様々なものが考えられるが、そのひとつとして、女性には昇進を望む人が少ないという統計的事実をめぐって、議論がなされてきた[2]。しかし、女性管理職が少ない現状を、女性自身の希望・意欲を反映した結果と考えるのでは全く不十分である。数値に表れている「昇進意欲の男女差」は、「そういうもの」と受けとめて足りるものではなく、それ以上のものを問いかけてくるからだ。何よりも、この男女差は、そもそもの(生まれもった)性差というより、この社会で生きる中で、とりわけ企業社会で働く中で形作られる面があることを忘れてはならない。事実、既存研究でも、女性においてはキャリアの中で昇進意欲が低下することが指摘されている[3]。では、なぜ女性の昇進意欲が低くなってしまうのか。どうすれば女性の昇進意欲が高まるのだろうか。
　近年では、女性のキャリア形成のために、仕事と家庭生活とを両立しやすくする環境整備が唱えられ、政策的に推進されてきた[4]。また、女性社員の管理職への登用比率目標の設定、女性専用の相談窓口の設置など、企業レベルでの女性活躍施策(ポジティブ・アクション)も図られてきた[5]。こういった施策が重要であることは言うまでもない。ただ、それだけでは女性活躍の

---

1 本稿は、(独)労働政策研究・研修機構(2017a)第4章をもとに再構成したものである。
2 平均的にみて女性の昇進意欲が男性に比べて低いことを議論した研究は、川口(2012)など。
3 髙村(2017)では、社会人になった頃と調査時点(入社してから5～15年)とを比べて、男性は管理職への昇進意欲が高まるものの、女性は逆に昇進意欲が低下するという結果を示す。昇進意欲の男女差は、「組織社会化」の過程で形作られる側面があることの証左だろう。
4 女性の昇進意欲の規定要因を分析した武石(2014)では、育児休業制度など仕事と家庭の両立支援策を企業がどの程度導入しているかと、「女性が結婚・出産後も辞めることなく働ける環境にあると思う」といった勤め先企業の両立支援に関する従業員の認識の両者が、女性の昇進意欲を高めることを論じている。

取り組みとして不十分ではないか。本章ではそう考える。

　その理由は、昇進意欲を扱う議論が、「企業内で担っている職務に男女差が大きい」という現状に、十分向き合っていないと考えるためである。既存研究では、男女で担当する職務が異なることを「性別職務分離」として問題にしてきた[6]。具体的には、男性は企業のコアと言うべき仕事（職務）に就くことが多い一方で、女性は重要な仕事を経験させてもらえない状況が、男女平等の観点から問題視されてきた。そうした担当職務の男女差があるならば、女性はスキルが身につかないのはもちろんのこと、キャリアアップしたいという意欲も高まらないだろう。結果として管理職になる女性が少なくなるのは致し方ないとも言える。本章では、企業内における職務経験の男女差が、女性の昇進意欲を損ねている可能性について検討することで、女性管理職が少ない現状を読み解くカギを探ってみたい。

第2節　「性別職務分離」はどこにあるのか

　本節では、「性別職務分離」に関するこれまでの知見をふまえ、今日的な問題がどこにあるのか、分析の仮説を考えたい。

　「性別職務分離」は、企業において男女で担当する仕事（職務）が異なる状況を表す言葉であり、企業内で配分される機会や処遇が男女で不平等な実態を告発している[7]。法的には男女で均等な機会が保証されている現在、企業内の性別職務分離はどのような形をとりうるのか。よく知られるのは、「コース別雇用管理制度」のように、企業が、異なる配置・育成方針（転勤の有無など）や処遇体系をもつコースを設けて採用を行うことで、実質的に男女で担当職務が異なってくる例である。

5　川口（2012）は、ポジティブ・アクションを熱心に実施している企業では、男女とも課長相当職以上への昇進意欲が高いという結果を示す。武石（2014）も、女性活躍推進策が昇進意欲に与える効果を検証している。馬・乾（2016）も、個人属性や仕事要因のほか、企業のポジティブ・アクションやワーク・ライフ・バランスといった施策がある場合に、女性が管理職になりやすいと論じている。

6　「性別職域分離」という言葉で議論されることもある。

7　大槻（2015）、駒川（2014）など参照。駒川（2014）は、銀行事務職を例に、企業内の性別職務分離の生成と変遷を描いている。なお、中井（2008）も、男性職、女性職という職務類型をもって管理的地位へのアクセス機会を論じている点で参考になる。

本章で問題とするのは、そこまで明確な制度の形をとらないものである。例えば、同じ区分（総合職）で採用されながらも、細かな配属先、部門での日常業務の割当て、育成方法（異動も含む）において、男女差が観察されることが往々にしてある。既存研究でも、配属先の違いをはじめとした「扱いの男女差」が論じられてきたが[8]、そうした差は、特定の制度の形をとっているというより、いわば職場の慣例、上司の規範意識、あるいは「配慮」などとして存在するものも多いだろう。ただ、慣例や意識といえども、そうしたものの積み重ねは、能力形成・意欲形成の男女差をもたらし、管理的地位の男女比アンバランスという現状を追認・強化している可能性がある。本章はそこを問題にしたい。

　では、どうやってデータからそうした問題を浮かび上がらせるか。本章では、女性がキャリアを歩む中で、企業の主要な職務をどの程度経験できているかという観点から問題のありかを探る。職務分離の実態は、一時点的な職務の違いをみるだけでは把握しきれない部分がある。キャリアという時間軸の中で、職務経験（特定の職務の経験有無・経験のタイミング）の違いとして男女差が立ちあらわれてくる側面が大きいからだ。若手社員の段階（管理職になる前の段階）から、女性は男性に比べて、企業内で重要な職務を経験させてもらえないと言われる。そうした重要な仕事を経験することは、能力を高め、管理的地位に就くのに必要なステップであることは疑いない。それに加え、意欲形成の面でも、重要な職務を経験させてもらえない女性が、上を目指す気持ちを起こしにくいのは自然なことだろう。ここに、「昇進意欲の男女差」をそのまま受け取るわけにはいかない理由があり、掘り下げて検討する意義があるのである。

8　大槻（2015）では、総合職で採用されたシステムエンジニア（SE）を事例に、同じ総合職として男女同一待遇、同一職務で採用されても、初期配属の段階から男性と女性では職務の割当てが異なり、①ユーザーのシステム構築をする、②ユーザーのシステムを運用するといった職務に就いている女性SEは非常に少なく、女性SEは①狭い領域で専門に特化したデータ変換の職務、②サポート業務、③拡販デモの職務、④パソコンに代表されるような小さいマシンを使う職務、⑤メンテナンスの職務、⑥事務的な職務、⑦将来の見通しが立っていない先端知識にからむ職務、などに割り当てられていたことを示す。

第3章 「性別職務分離」の現在形 —昇進意欲の男女差を手がかりに考える—

第3節 昇進意欲の男女差をみる

ここからは、実際に分析を行いながら、検討を進めていこう。分析に用いるデータは、「企業の人材活用と男女正社員の働き方に関する調査」（（独）労働政策研究・研修機構、2016年実施）の従業員アンケート調査であり[9]、管理職に就いていない総合職の男女正社員を対象として分析を行う[10]。

まず管理職への昇進希望がどのくらいあるか、男女で比較することから始めよう。図表3-1は、現在の会社でどこまで昇進したいと考えているかを男女別にみたものである[11]。男性は女性に比べ、管理職への昇進希望、特に「部長相当職以上へ昇進希望」の割合が高く、これに対し、女性では「昇進希望なし」の割合が高い。

また、類似の指標であるが、今よりも高い地位・役職へ就く希望の有無を男女で比較すると[12]（図表3-2）、男性では「ある」「どちらかといえばある」の割合が高いのに対し、女性では「どちらかといえばない」「ない」の割合が相対的に高い。このように、同じ総合職の正社員であっても、女性は男性に比べて、昇進意欲が低いと言える。

---

9 本調査は、全国で従業員数100人以上の企業10,000社を対象にし、男女労働者の採用や配置・異動・昇進、両立支援施策の実施状況等を調査するとともに（企業調査）、その企業に勤務する大学卒ホワイトカラー職種（専門・技術的職業、管理職、事務職、営業職）で30～54歳の男女正社員6名ずつを対象にして、担当職務や働き方、異動経験や職業意識などを調査している（従業員調査）。調査結果の詳細については（独）労働政策研究・研修機構（2017b）を参照のこと。

10 雇用区分において「総合職の正社員・正職員（基幹的業務を担う雇用管理区分）」を選択した者を総合職として扱う。一般職の正社員のほか、勤務地限定の正社員、職種限定の正社員も含まれていない。また、非管理職は、現在の仕事内容（職種）において「管理職」以外であり、かつ役職について「部長相当職以上」「課長相当職（次長を含む）」に当たらないもの（「係長相当職」「役職についていない」者）とする。なお、本稿では管理職への昇進意欲を扱うことから、自身の雇用管理区分における昇進の上限に関する設問で、課長相当職以上へ昇進可能でないとした者も分析対象から除外している。

11 自身の雇用管理区分で課長相当職以上に昇進可能な者のうち、課長相当職以上に昇進したいとする割合を男女別に集計した。

12「今よりも高い地位・役職に就きたい」に対する回答を用いた。選択肢は「あてはまる」「ややあてはまる」「どちらかといえばあてはまらない」「あてはまらない」の4件法であるが、図表3-2ではそれぞれ「ある」「どちらかといえばある」「どちらかといえばない」「ない」に表記を変更した。

69

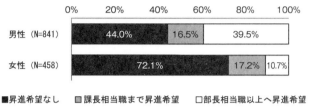

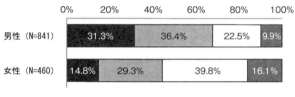

　ここで先ほどの仮説に立ち戻ってみたい。女性の昇進意欲が相対的に低いのは、本来的な性差というより、職業キャリアの中で形作られている可能性があるというものだ。より具体的には、女性が男性に比べて重要な仕事を経験できないことが、意欲を引き下げているのではないか。次節で、職務経験の男女差を分析することで考えてみたい。

第4節　男女による職務経験の違い

　ここでは、その企業で管理職になるステップといえる職務経験に男女差があるのか、調査データから検討する。

第3章 「性別職務分離」の現在形 ―昇進意欲の男女差を手がかりに考える―

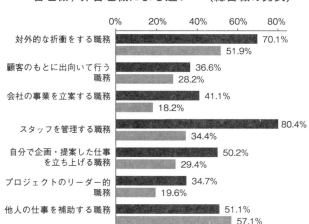

図表3-3 現在担当している職務
―管理職／非管理職による違い―（総合職の男女）

　まず、管理職的な「企業のコアな職務」を見極めるため、管理職・非管理職による職務の違いをみてみよう[13]（図表3-3）。マネジメント業務のほかに、企業の幹部人材が行っている職務にはどのような特徴があるのか。「対外的な折衝をする職務」「顧客のもとに出向いて行う職務」「会社の事業を立案する職務」「スタッフを管理する職務」「自分で企画・提案した仕事を立ち上げる職務」「プロジェクトのリーダー的職務[14]」については、管理職は非管理職に比べて現在担当している割合が高く、その企業において「基幹的な職務」と言うことができるだろう[15]。そして、こうした基幹的職務は、管理職になって初めて担当するものというより、そうした職務の経験を積む中で徐々に管理的地位に近づいていくのがキャリア形成の姿であることがうかがえる[16]。

---

13 「現在の会社に入ってから今まで、以下のような職務を担当した経験がありますか」という設問で、「これまで経験がない」「現在している」「現在はしていないが、過去にしていた」という3件法。ここでは、「現在している」の割合について役職との関係を検討している。
14 「プロジェクトのリーダー」もしくは「プロジェクトのサブ・リーダー」を担当している場合に、プロジェクトのリーダー的職務に就いているとして扱った。
15 逆に、「他人の仕事を補助する職務」は、基幹的な職務とは言いがたいことがわかる。

71

図表 3-4　各職務について担当した経験がある割合
―男女別―（総合職の男女）

	対外的な折衝を する職務	顧客のもとに 出向いて行う職務	会社の事業を 立案する職務	スタッフを 管理する職務	自分で企画・ 提案した仕事を 立ち上げる職務	プロジェクトの リーダー的職務
男性	76.2%	56.4%	28.9%	46.3%	38.4%	19.6%
女性	67.1%	43.6%	22.2%	40.5%	39.8%	17.0%

図表 3-5　各職務について最初に経験したタイミング
（入社何年目であるかの平均値）
―男女別―（総合職の男女）

	対外的な折衝を する職務	顧客のもとに 出向いて行う職務	会社の事業を 立案する職務	スタッフを 管理する職務	自分で企画・ 提案した仕事を 立ち上げる職務	プロジェクトの リーダー的職務
男性	3.17 年目	2.87 年目	6.06 年目	5.79 年目	5.24 年目	4.71 年目
女性	3.43 年目	3.77 年目	7.10 年目	7.35 年目	5.56 年目	4.98 年目

　では、管理職でない人に限った場合、管理職の仕事に通じる基幹的職務の「経験値」に男女差があるだろうか。図表 3-4 をみると [17]、「対外的な折衝をする職務」「顧客のもとに出向いて行う職務」「会社の事業を立案する職務」「スタッフを管理する職務」などを経験した割合は、女性は男性に比べて低いことがわかる [18]。

　さらに、各職務を経験した者のうちでも、最初に経験したタイミングには男女差がある。図表 3-5 をみると、特に「顧客のもとに出向いて行う職務」「会社の事業を立案する職務」「スタッフを管理する職務」については、女性は男性に比べて最初に経験したタイミングが遅いという特徴がある。このように、女性は、管理職の仕事につながるような基幹的な職務の経験が相対的に少なく、そうした職務経験のタイミングも遅いことがうかがえる。

16　図表は割愛するが、非管理職者を、係長相当職に就いている者と役職に就いていない者に分けると、こうした基幹的職務には、係長相当職の者ほど多く就いている。企業内でキャリアを積む中で少しずつ主要な職務を任されていき、その先に管理職がある様子がうかがえよう。

17　ここでは、それぞれの基幹的職務について、現在行っている場合のほか、過去に行っていた場合を含み、経験有無の男女差を分析している。また、図表 3-4 以降は、非管理職者のみを分析対象にしている。

18　結果は割愛したが、基幹的な職務とは言いがたい「他人の仕事を補助する職務」の経験割合について男女差はみられなかった。

第5節　職務経験が昇進意欲を高める道筋

　ここからは女性に対象をしぼって検討を進めよう。企業の基幹的職務を多く経験している女性と、経験が少ない女性とでは、昇進意欲が違ってくるのだろうか。この点の検証のためには、「経験値」を数値化することが有効だ。そこで、図表3-4でみたような基幹的職務をどの程度経験しているかの指標を作成し、職務経験が多い人、少ない人のカテゴリーを作成した[19]。

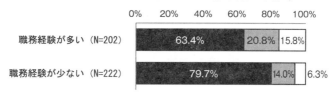

図表 3-6　管理職への昇進希望
—基幹的職務経験の程度別—（総合職の女性）

　基幹的職務の経験程度別に管理職への昇進希望をみると（図表3-6）、基幹的職務の経験が少ない女性では「昇進希望なし」が約8割を占めるのに対し、基幹的職務の経験が多い女性では「昇進希望なし」の割合が相対的に低く、管理職への昇進希望がやや多くみられることがわかる。

　では、なぜ職務経験を積むことが昇進意欲につながるのか。ひとつには、それがスキルアップになるからだろう。ただ、スキルのみでは意欲を十分に説明できない。この点、本稿では「自信」を重要な要素と考える。会社の重要な職務を任され、こなすことは、女性本人の自信につながるだろう。それが上を目指したいという意欲を育む土壌になるのではないか。なお、「自信」に加えて、会社からの「期待」も大事な要素かもしれない。期待されればこそ重要な職務を任されるのであり、期待を感じることは本人のモチベーショ

19　図表3-4の職務をどのくらい経験しているか、各職務に適切な重み付けをしつつ情報を集約するため、主成分分析を行い、抽出された成分を「職務経験の程度」を表す指標とした。そして、その主成分得点が、対象サンプルの中央値以上のケースを「職務経験が多い」、中央値未満のケースを「職務経験が少ない」とカテゴリー化した。

ンにつながると考えられるからだ[20]。

　データをみてみよう。まず、職務経験の程度と、会社からの期待との関係をみると（図表3-7）、基幹的職務の経験が多い女性ほど、「会社から経営幹部として期待されている」について「そう思う」「どちらかというとそう思う」の割合が高く、会社から期待されていると感じている割合が高い。これは、会社が期待しているからこそその人に重要な職務を任している側面と、当人にとって、重要な職務を任されていることが、会社からの期待を感じる契機となっていることの両方があろう。

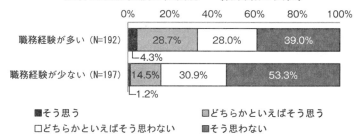

図表3-7　「会社から経営幹部として期待されている」への回答
―基幹的職務経験の程度別―（総合職の女性）

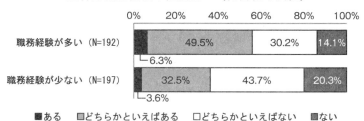

図表3-8　自分の能力に対する自信
―基幹的職務経験の程度別―（総合職の女性）

---

20 もちろん、「仕事能力」が全ての規定因になっているという見方もできる。能力が高い女性ほど、会社から期待を受け、重要な職務を任される。そうした女性は、意欲も（もともと）高いという見方だ。この見方にも一定の妥当性があるが、能力を測ることの困難など検証が難しい。そのため本稿では、能力とは別に、期待、自信といった要素を説明項として置いている。

次に、職務経験の程度と自分の能力に対する自信との関係をみてみよう[21]（図表3-8）。基幹的職務を多く経験している場合、自分の能力に対する自信が「ある」「どちらかといえばある」の割合が相対的に高く、職務経験が少ない場合は自信が「どちらかといえばない」「ない」の割合が高い。基幹的職務を経験するほど、自分の仕事能力に対する自信が高まるものと考えられる[22]。

そして、自分の能力に対する自信は、管理職への昇進希望を育む土壌となっている。図表3-9をみると、能力に自信がある女性ほど「部長相当職以上へ昇進希望」の割合が高く、自信がないほど「昇進希望なし」の割合が高い。

このように、総合職女性にとって、管理職の仕事につながるような基幹的職務の経験を多く積むことは、会社からの期待を感じるとともに、自分の能力に対する自信を深めることを通じて、昇進意欲を育む部分がある[23]。女性の昇進意欲は、このような職務経験によって形作られる側面があることから、意欲を下げるような配置・仕事配分・育成を行っていないか、職場の慣行や規範を含め、見つめ直す必要があるだろう。

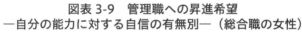

図表3-9　管理職への昇進希望
―自分の能力に対する自信の有無別―（総合職の女性）

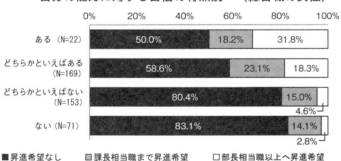

21　「職業をもって働くことについて、次のような考えは現在のあなたにありますか」という設問における「自分の能力に自信がある」への回答を用いた。「あてはまる」「どちらかといえばあてはまる」「どちらかといえばあてはまらない」「あてはまらない」「わからない」の５件法であったが、「わからない」ケースは分析対象から除いている。
22　もっとも、職務経験が仕事能力を高めるからこそ、自信にもつながるとも言える。ただ、先に述べたように、本稿では実体としての「能力」（スキルレベル）については議論を留保するものである。
23　この点は、関連する変数をコントロールした計量分析でも検証している。詳細は、（独）労働政策研究・研修機構（2017a）第４章を参照のこと。

第6節　労働時間の男女差が指し示すもの

前節までの検討では、管理職の仕事に通じるような基幹的職務の経験に男女差があり、職務経験の少なさが女性の昇進意欲を損ねている可能性があることをみた。

女性活躍のためには、こうした男女差をもたらす職場の仕事配分を見直すことが課題となる。しかし、その実行が容易でないことも、あらためて認識する必要があるだろう。仕事配分はその会社の働き方と密接な関係があるからだ。

あらためて、なぜ若手社員のうちから、女性が男性に比べて重要な職務を経験できないのかを考えてみたい。その背景として、女性の平均勤続年数が男性より短いことが関係するなどと論じられるが[24]、働き方に関わる問題は十分省みられてこなかった。しかし、その企業でどのような働き方が「標準」とされるかは、性別職務分離とも大いに関わる可能性がある。例えば、対外折衝や事業企画など主要な業務を担当する部署の労働時間がきわだって長い企業では、その部署へ女性が配置されにくいことが考えられる[25]。逆に、部署を問わず労働時間の短い企業の場合には、女性活躍の環境面でプラスかもしれない[26]。女性個人の視点からは、長時間労働が標準・規範となっている現状の日本企業を舞台とするならば、そこで活躍する（主要な職務に就く）には、往々にして長い時間働く必要があるとも言える[27]。

---

24 女性の平均勤続年数が男性に比べて短いという理由から、教育訓練投資の費用対効果を気にする企業が女性の育成に消極的になることは、「統計的差別の理論」として知られる。ほかにも、企業経営者の男女差別的考え方や、労働者側の要因も指摘される。
25 大槻（2015）でも、システムエンジニアの職務について、フィールド部門や開発は残業が多く、システム導入時は徹夜になるなど勤務が厳しいこと、また、フィールドはユーザー先への常駐、長期出張が多いことから、そうした部門では男性を希望することが多く、女性は配置されにくいことを述べている。そうした配置の男女差は、企業・職場の慣例的なもの、現場のニーズ、顧客の希望などが絡み合って成立している。
26 山本（2014）は、人事課長の労働時間と管理職女性比率との関係を検討し、人事課長の労働時間が短い企業ほど管理職女性比率が高いという結果を得ている。これは、企業・職場の労働時間が短いほど女性活躍が進むことを示唆しよう。
27 個人レベルの働き方と昇進との関係に着目した既存研究は、労働時間の長い女性ほど管理職になる確率が高いという結果を得ている（Kato at al. 2013、山口 2014）。そして、その解釈として、Kato et al.（2013）は、女性がキャリアを高める上で長時間労働が仕事へのコミットメントを示すシグナルになっていると論じる。

第 3 章　「性別職務分離」の現在形 ―昇進意欲の男女差を手がかりに考える―

　このように、職場の長時間労働規範が、仕事配分の男女差を通じて、女性が管理職を目指しにくい遠因になっている可能性がある。本節では、この点をデータから探ってみたい。

　まず、調査全体でみて、男女で労働時間がどう異なるのかをみよう。残業を含む週あたりの労働時間（週実労働時間）を男女別にみると[28]（図表3-10）、女性では「40時間以下」の割合が男性に比べて高く、男性では特に「50～59時間」「60時間以上」の割合が女性より高いことがわかる。

　実労働時間の差は、残業頻度の男女差としてもあらわれている。週あたりの残業の頻度を男女で比較すると（図表3-11）、女性では「0日」（残業なし）のほか「1～2日」が多いのに対し、男性では「3～4日」「5日（以上)」の割合が高い。

　このように、同じ総合職であるにも関わらず、女性は男性に比べて実労働時間が短く、残業頻度も少ない。これはどのような状況を指し示しているのだろうか。2つの可能性が考えられる。ひとつは、残業の多い企業に男性、残業の少ない企業に女性が固まっている可能性である[29]。もうひとつは、同じ企業内でも残業時間に男女差がある可能性である。後者ならば、企業内で男女差が生じる理由を注意深く探る必要があろう。仕事配分とも密接に関わると考えられるからだ。もちろん、家庭責任などから女性はより時間制約が強く、残業しない（残業できない）人が多いという見方も可能である。ただ、入社直後の段階から残業に男女差があるという知見もあり[30]、家庭責任だけでは必ずしも説明がつかない。男女で扱いを分けている企業・職場の慣行や規範を想定しなければならないだろう。次節でその点を検討したい。

---

[28] 週実労働時間は、35時間未満と100時間以上は外れ値として欠損値扱いとした。

[29] こうした面があることは、データからもうかがえる。男女で就いている業種・職種の違いが大きいからだ。男性は製造業、運輸業や営業職の占める割合が相対的に高く、女性では、教育学習支援業や専門職の占める割合が相対的に高い。これは、同一企業内の職務分離というより、業種等によって、男性の多い企業・女性の多い企業があるということを示唆していよう。

[30] 高見（2017）は、入社1年目の総合職男女の働き方を比較し、女性は男性に比べて残業頻度が少ないという結果を示している。

77

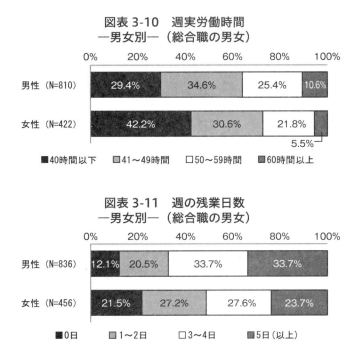

第7節　女性活躍を阻む「残業の壁」

　総合職女性が基幹的職務を担えるかどうかに、残業はどう関わるのか。まず、調査からは、基幹的職務に就いている女性ほど残業の多い働き方になっていることがうかがえた[31]。長時間労働が標準・規範となっている企業社会において、女性が企業の基幹的職務を担うためには、往々にして残業のある働き方をせざるを得ないという状況を示している。裏を返せば、日本企業においては、女性活躍を阻む「残業の壁」があることが浮かび上がってこよう。これは、残業のある働き方が企業・職場の規範となっていることで、女性が能力発揮できる環境にない職場の問題である。
　具体的には、「残業するのが当たり前」の企業と、そうでない企業とでは、女性が重要な職務を担える度合いが異なるのではないか。こうした関心から、

---

31 図表は省略した。(独)労働政策研究・研修機構（2017）第4章の第4-4-4図表を参照のこと。

同一企業における男性社員の残業頻度を「残業規範」の指標と考え、女性活躍との関係を検討してみたい。

図表 3-12 は、男性正社員の平均残業頻度別に、同一企業の女性における基幹的職務経験(程度)の違いをみたものである[32]。男性の平均残業頻度が「週 0 ～ 1 日程度」である場合に、同じ企業の女性が基幹的職務を多く経験している割合が高く、「週 4 日程度以上」の場合に、女性の職務経験割合が最も低い[33]。つまり、男性の残業が少ない企業では女性も(男性同等に)基幹的職務の経験を積みやすいが、男性に恒常的な残業がある企業では、その企業の女性は基幹的職務の経験から排除されやすいことがうかがえる。

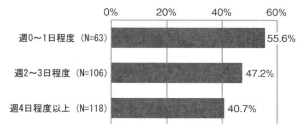

図表 3-12　女性が基幹的職務を多く経験している割合
―同一企業の男性における残業頻度別―（総合職の女性）

以上の検討から、基幹的職務（経験）と企業の働き方の関係について次のことが示唆される。男性社員に日常的な残業がある企業は、「性別職務分離」の状況を伴いやすい。これは、残業のある部署の偏りや残業規範などが関係すると考えられる。逆に、男性の残業が少ない企業は、女性も基幹的職務を担いやすい環境にあると言える。

先に述べたように、女性においては、基幹的職務を経験するほど自信につながり、管理職への昇進意欲も高まりやすい。このことをふまえるならば、企業における女性活躍を進める上で、男性も含めた働き方は無視できない要素と言えるだろう。

---

32 ここでは、週当たり残業頻度の男性平均が、1.5 日以下の場合に「0 ～ 1 日程度」、1.5 日を超え 3.5 日以下の場合に「2 ～ 3 日程度」、3.5 日を超える場合に「4 日程度以上」として検討した。
33 サンプルサイズの関係から、これ以上の詳細な区分に基づく結果は割愛するが、男性の残業が「週 0 日」の企業では、女性が基幹的職務を多く経験している割合が特に高い傾向がみられた。

第8節　結論

　本章では、企業内で男女によって担当する職務が異なる「性別職務分離」の問題を考察した。特に、同じ区分（総合職）に就いていながら、キャリアの中で職務経験の男女差として立ちあらわれてくる職務分離の状況があり、それが女性の昇進意欲を損ねている可能性を検討した。本章の分析結果は以下のように要約することができる。

① 対外的な折衝や会社の事業の立ち上げ、スタッフの管理等、管理職の仕事に通じる基幹的職務を多く経験することは、総合職の女性において管理職への昇進希望を高める。そうした職務を多く経験するほど、女性が自分自身の能力に自信を深め、それが昇進希望を育む土壌となっている。

② 総合職の女性が男性と同等の職務経験を積めるかどうかには、その企業における男性の働き方が関係する。男性社員の残業が多い企業では、女性が基幹的職務に就きにくいが、逆に、男性の残業が少ない企業では、女性も基幹的職務に就きやすい。

　わが国における女性管理職比率を向上させるために、ポジティブ・アクションやワーク・ライフ・バランス等の人事施策が行われてきたが、女性自身の昇進意欲を高めていくにはなお不十分である。配置・職務割当て・育成の仕方などにおいて企業が男女で異なる扱いをしていることが、キャリアの中で積み上がって職務経験の男女差となり、女性の能力形成や意欲を阻害しているからだ。この考え方に立てば、現在の女性の意欲が低いこと、あるいは「能力が低い」ことをもって、管理職登用が少ない現状を到底容認できるものではない。

　本稿の分析でみたように、基幹的な職務を多く経験できれば、女性本人の自信につながり、意欲の向上につながる。その意味で、女性も男性同等の職務を経験できるよう、配置・職務割当て・育成を行うことが重要であると示された。ただ、現場での職務割当ての際にネックとなるのは「残業の壁」で

ある。残業を伴う働き方が日常になっている企業の場合、残業の多い部署に男性、残業の少ない部署に女性を割り当てるという配置につながりやすい。同じ部署内でも、残業を伴うようなタイトな期限の仕事を男性に頼んでしまいがちなど、細かな仕事割当ての男女差がみられるだろう。さらに、「成長につながる仕事」を、残業を伴う形でしか与えられないならば、育成機会の男女差が生じてしまうだろう。結果、女性の昇進意欲が損なわれ、女性管理職が育ちにくい状況をもたらしている可能性がある。

　女性の昇進意欲が低いことは、女性のキャリア形成の観点から問題であるのみならず、従業員の能力の最大発揮を願う企業経営にとっても大きな課題である。この点、男性も含め、企業全体で働き方の見直しを進めることが、女性活躍の観点から重要であることがあらためて示唆された。

第 II 部
主婦の貧困問題

第4章 貧困専業主婦がなぜ生まれたのか

周　燕飛

第1節　専業主婦の8人に1人は貧困

　専業主婦は、かつて裕福さの象徴と言われた。夫は一流の企業に勤めるサラリーマンで、十分な収入があるために、妻が経済的な理由で働く必要はないというイメージが一般的であった。しかしながら、1990年代後半以降、正社員で高収入の夫を持つ妻であっても、専業主婦を選択する傾向は弱まってきていることが、多くの実証研究によって確認されている（大竹2001、小原2001）。「夫の収入が高ければ妻は専業主婦になる」というダグラス・有沢法則は弱まり、夫の収入が高くても妻が働くとの傾向が強まっている。

　（独）労働政策研究・研修機構（JILPT）が2016年に行った調査結果によれば、専業主婦率がもっとも高いのは、収入のもっとも高い階層ではなく、収入のもっとも低い階層である。子どものいる世帯を収入の高い順に並べ、およそ10等分して10個のグループを作ってみた結果、下位10%の収入グループ（第1十分位層）は専業主婦率が43%に達している。一方、上位10%の収入グループ（第10十分位層）の専業主婦率は16%に止まっている。「専業主婦は裕福の象徴である」との印象とは裏腹に、「専業主婦は貧困の象徴である」とも読み取れる調査結果である[1]。

　専業主婦層の中には、「夫の収入が少ないのに働けずにいる専業主婦」、いわゆる貧困層の専業主婦が数多く存在している可能性がある。残念ながら、総務省の「家計調査」や「国勢調査」、厚生労働省「国民生活基礎調査」等を含むこれまでの主要な公式統計では、専業主婦世帯の収入分布に関する情報が公表されておらず、貧困専業主婦世帯の規模を量的に把握することが困

1　JILPT「子どものいる世帯の生活状況および保護者の就業に関する調査2016」（略称：第4回(2016)子育て世帯全国調査）の個票データを用いて筆者が算出。

難であった。

こうした中、JILPT は、2011 年に「第 1 回子育て世帯全国調査」を実施し、貧困専業主婦世帯の推定人数やその生活状況の公表を、わが国で初めて行った（（独）労働政策研究・研修機構 2012）。JILPT の調査結果によると、専業主婦世帯の 12% が、貧困線以下の収入で暮らしており、貧困層の専業主婦世帯の総数は 50 万世帯を超えると推計されている。

そこで本稿では、世帯収入が貧困ライン以下であるにもかかわらず、働きに出られない専業主婦の生活実態およびその要因について、独自のアンケート調査のデータを用いて統計的検証を行うことにする。

第 2 節　データ

分析に用いるデータは、JILPT「子育て世帯全国調査 2011」の個票データである。原則として、2011 年 11 月 1 日（調査基準日）時点の状況を回答してもらった。

調査対象となったのは、18 歳未満の子どもを育てている全国 4,000 世帯（ふたり親世帯とひとり親世帯 2,000 世帯ずつ）である。調査対象世帯が、層化二段無作為抽出法によって選ばれ、専門の調査員が戸別訪問して調査票の配付と回収を行った（訪問留置き法）。また、調査票の回答者は、原則として、母親（妻）となるよう調査員が口頭で依頼した。

実際に回収された有効標本数は 2,218 票（有効回収率 55.5%）である。そのうち、ふたり親世帯の有効標本数は、1,435 票である。本研究は、ふたり親世帯票のうち、父親回答の 79 票を除いた 1,356 世帯分の個票データを分析対象としている。なお、調査の方法および結果の詳細については労働政策研究・研修機構（2012）を参照されたい。

第 3 節　生活実態

1　専業主婦世帯の収入分布と貧困率

「JILPT 子育て世帯全国調査 2011」によると、専業主婦世帯の平均年収は

617.8万円となっている。妻が「パート・アルバイト」として働くパート主婦世帯と比べると、専業主婦世帯の平均年収は、60万円ほど高くなっている。しかし、その内部の年収分布をみると、年収800万円以上の高所得層が全体の2割程度を占めている一方、年収300万円未満の低所得層も1割弱ほど存在するなど、収入の二極化が見られる。

では、貧困線以下の収入で暮らしている専業主婦世帯はどのくらいであろうか。日本では、厚生労働省はOECDの基準に基づき、「国民生活基礎調査」から3年ごとに貧困線と貧困率を公表している。JILPT「子育て世帯全国調査2011」の直前にあたる2009年に公表されている等価可処分所得[2]の中央値の50%の額に当たる貧困線は、125万円（名目値）となっている。この等価可処分所得ベースの貧困線を用いれば、ふたり親世帯全体の貧困率は11.4%、専業主婦世帯の貧困率は12.1%である（図表4-1）。すなわち、日本の貧困専業主婦世帯の総数は、推定で54.3万世帯[3]である。

また、専業主婦世帯の貧困率は、有業主婦世帯より1.2ポイント高く、妻が「正社員」の世帯より3.3ポイント高い。貧困率という指標からみても、専業主婦は、裕福さのシンボルではなくなっていることが分かる。

図表 4-1　妻の就業形態別平均世帯年収と貧困率

	税込所得 （万円／年）	可処分所得 （万円／年）	相対的貧困率 （可処分所得ベース）	相対的貧困率 （税込所得ベース）
全体	626.0	532.2	11.4%	10.4%
専業主婦	617.8	519.2	12.1%	12.5%
有業主婦	631.1	540.2	10.9%	9.0%
就業形態＝正社員	797.7	672.6	8.1%	4.4%
就業形態＝パート・アルバイト	552.2	460.9	11.9%	8.9%
就業形態＝その他	572.4	488.2	13.7%	16.0%
標本サイズ（全体）	1,099	635	625	1,079

注：(1) 可処分所得についての統計値は、無回答または異常値（可処分所得が税込所得の半分未満または負の値）の世帯を集計対象外としたものである。
　　(2) 税込所得ベースでの貧困線は148.5万円[4]、可処分所得ベースの貧困線は125.0万円である。

2　等価可処分所得とは、世帯の可処分所得（収入から税金、社会保険料などを除いたいわゆる手取り収入）を世帯人員の平方根で割って調整した所得である。
3　2010年国勢調査によると、18歳未満の子どものいる世帯（1,003万世帯）のうち、44.7%が専業主婦世帯である。上記の数値から貧困専業主婦世帯の総数（＝1,003万×44.7%×12.1%）が推定されている。

第4章　貧困専業主婦がなぜ生まれたのか

2　貧困専業主婦世帯の生活困窮度

　世帯収入が貧困線以下である場合、専業主婦は自分の暮らしぶりをどのように感じているのであろうか。

　図表4-2をみると、「暮らし向きが大変苦しい」と回答した貧困層の専業主婦の割合は、15〜21％と意外に少ない。そのほか、「必要な食料を買えないことがよくあった」、「必要な衣料を買えないことがよくあった」と回答した者も、7〜12％程度とそれほど多くはない。

　しかし、貧困専業主婦世帯の半分弱（43〜54％）が「子どもの学習塾」の費用を「負担できない」と回答している。「負担するのは厳しい」と答えた者と合わせると、貧困専業主婦世帯の約4分の3は、子どもの学習塾の費用を負担するのが難しいと感じているようである。一方、世帯収入が中位所得以上の「ゆとり層」専業主婦において、学習塾の費用を「負担できない」と回答した割合は、全体の5〜6％に過ぎない。

　2009年に（株）ベネッセコーポレーションが行った「第2回子ども生活実態調査」によると、小学生（4〜6年）の23.1％、中学生の45.9％、高校生（1〜2年）の19.4％が学習塾に通っている。必ずしも全員が子どもを学習塾に通わせているわけではないが、貧困専業主婦世帯の中には、子どもにその希望とニーズがあるにもかかわらず、経済的な理由で子どもを通塾させられない家庭がかなり多いものと判断される。

　このように、専業主婦世帯の貧困は、食料や衣料等生活必需品の不満というよりも、「子どもの学習塾」など教育投資の不足として表れやすいようである。学習塾に通う子どもと通わない子どもとの学力差、およびそれが子どもの将来年収に少なからず影響を与えていることが懸念される。

4　税込所得ベースの貧困線は、厚生労働省「平成22（2010）年国民生活基礎調査」の公表値（児童のいる世帯の中位所得607万円、平均世帯人員数4.18人）を用いて、貧困線の定義（PL=607/（2×√4.2））に従い算出されている。

図表 4-2　専業主婦世帯の生活困窮度（貧困層 vs. ゆとり層）

	貧困層		ゆとり層	
	等価可処分所得 <125万円	等価税込所得 <148.5万円	等価可処分所得 ≧250万円	等価税込所得 ≧297万円
暮らし向きが大変苦しい	20.7%	15.4%	2.0%	5.9%
必要な食料を買えないことがよくあった	6.9%	11.5%	0.0%	0.0%
必要な衣料を買えないことがよくあった	6.9%	11.5%	1.0%	0.5%
子どもの学習塾が負担できない	53.6%	43.1%	6.1%	4.9%
子どもの習い事が負担できない	20.7%	17.3%	1.0%	0.5%
標本サイズ	29	52	99	186

3　望まれている働き方

　今後の働く希望について、貧困層の専業主婦のうち、86.2%は「今すぐに働きたい」（17.2%）、または「そのうち働きたい」（69.0%）と回答している[5]。

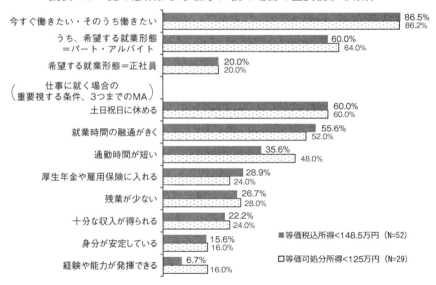

図表 4-3　働く意欲および仕事に就く場合の重要視する条件

5　そのほか、「働きたいと思わない」または「働くことができない」と回答した者は、全体の14%を占めている。

働くことを希望している貧困専業主婦のうち、6割がパート・アルバイト希望、2割が正社員希望である。また、仕事につく場合、「土・日・祝日に休める」、「就業時間の融通がきく」、「通勤時間が短い」、「残業が少ない」など、労働時間に関係する就業条件がもっとも重要視されていることが分かる（図表4-3）。一方、収入、仕事の安定性、経験や能力の発揮など通常の労働者が重視する要素の優先順位は低い。つまり、就業を希望している貧困層専業主婦の大半は、就業時間の自由が利くパート的な仕事を求めていることが分かる。

4 貧困専業主婦でいる理由—主観的認識

正社員就業を希望する場合、一定以上の学歴や社会経験、正社員経験、専門資格がないと採用されないケースが少なくないが、パートの仕事であれば、大抵の場合、これらの要件は問われない。それでは、なぜパート就業を希望している貧困層の専業主婦は、無職のままでいるのだろうか。

図表4-4　貧困層の専業主婦世帯の妻が働いていない主な理由（N=62）

	等価可処分所得 <125万円	等価税込所得 <148.5万円
子どもの保育の手だてがない	62.1%	51.9%
（うち、6歳未満児童のいる世帯に限定した場合）	76.5%	75.0%
時間について条件の合う仕事がない	41.4%	30.8%
家族の介護をしなければならない	6.9%	5.8%
自分の年齢に合う仕事がない	6.9%	7.7%
収入について条件の合う仕事がない	3.5%	7.7%
知識・経験を生かせる仕事がない	—	1.9%
家庭内の問題を抱えている	—	9.6%
標本サイズ	29	52

注：複数回答（主なもの2つまで）である。

貧困層の専業主婦に対し、働いていない主な理由をたずねたところ、過半数の者（51.9〜62.1%）が「子どもの保育の手だてがない」ことを挙げている。なお、「子どもの保育の手だてがない」という理由について、2通りの可能性がある。1つは、子どもを認可保育所に入れて働きたいものの、待機児童が多いため、入れてもらえなかったケースである。このようなケースは、待機児童の多い都市部では多く見受けられる。もう1つは、妻が保

育所の利用を考えておらず、子どもが３歳までは自宅保育、３〜５歳まで
は幼稚園という伝統的な子育てコースを選んだケースである。こうしたケー
スでは、「子どもの保育の手だてがない」ことと保育所不足との間には、直
接的な結びつきがない。

　その他、3-4 割程度の者が「時間について条件の合う仕事がない」ことを
主な理由としている。「自分の年齢に合う仕事がない」、「収入について条件
の合う仕事がない」と回答した者もそれぞれ 5% 程度いる。雇用ミスマッチ
に分類されるこの３つのカテゴリーのいずれかを無職の理由として挙げた貧
困専業主婦は、全体の約半数に上る。

5 貧困専業主婦の平均的属性

　図表4-5 では、ふたり親世帯のうち、夫の等価税込年収が貧困線（PL）以
下 [6] のグループ（「貧困層の専業主婦」）と、妻が無業でも世帯年収は中位値
以上（夫の年収≧ 2PL）のグループ（「ゆとり層の専業主婦」）、および妻が
有業のグループ（「有業主婦」）について、主な変数の平均値が示されている。
なお、本研究の主な対象は、貧困層の専業主婦世帯であるが、従来型の経済
的なゆとりのある専業主婦世帯との比較を行いながら以下の分析を進めてい
く。

　まず、妻の潜在的稼動能力を代理する一連の指標のうち、社会経験年数と
初職正社員の割合については、貧困層とゆとり層の専業主婦の間には大きな
傾向の違いはない。しかし、学歴、専門資格、うつ傾向については、ゆとり
層の専業主婦グループは、貧困層の専業主婦グループよりは明らかに優れて
おり、有業主婦グループに比べてもやや勝っている。

　次に、妻における家庭での時間的価値を大きく左右する末子の年齢と子ど
も数についてみると、予想通りの結果となっている。有業主婦と比較すると、
貧困層の専業主婦は、３歳未満の乳幼児または６歳未満の未就学児童を育て
ている割合が顕著に高く、その平均子ども数もやや多くなっている。一方、
ゆとり層の専業主婦は、未就学児を抱える割合（57.7%）は貧困層の専業主

6　夫の収入は、税込年収ベースでしか把握できないため、労働政策研究・研修機構（2012）　と同
　じく、等価税込所得ベースの貧困線（148.5 万円、名目値）を用いることにした。

婦と大きく変わらないが、末子が 3 歳未満の割合（34.2%）はやや低い。

　最後に、不本意ながら貧困専業主婦になる原因と考えられる居住地の保育所不足状況をみると、有業主婦に比べて、貧困層とゆとり層の専業主婦はいずれも待機児童数の多い（200 人〜 400 人未満または 400 人以上の）市区町村に住んでいる割合が高いことが分かる。また、大都市の待機児童問題が比較的深刻といわれている中、貧困層の専業主婦は、人口 20 万人以上の市（除く東京都区部と政令指定都市）に居住している割合（28.3%）がやや高くなっている。一方、ゆとり層の専業主婦は、東京都区部と政令指定都市に住んでいる割合が高い（36.9%）。

図表 4-5 平均属性の比較

	貧困層の専業主婦	ゆとり層の専業主婦	有業主婦	全体
最終学歴：中学校・高校	60.9%	30.2%	40.3%	39.8%
短大・高専など	32.6%	43.0%	41.0%	41.0%
大学・大学院	6.5%	26.8%	18.7%	19.2%
社会経験年数	10.8	10.9	21.3	17.3
年齢（歳）	35.6	38.9	40.8	39.5
年齢階級：20 ～ 29 歳	21.7%	4.7%	3.2%	5.8%
30 ～ 34 歳	19.6%	20.8%	14.8%	17.9%
35 ～ 39 歳	32.6%	26.8%	22.5%	25.5%
40 ～ 49 歳	21.7%	45.6%	51.9%	45.0%
50 ～ 64 歳	4.3%	2.0%	7.6%	5.7%
初職正社員	65.2%	81.2%	86.7%	83.1%
専門資格の保有：なし / 無回答	28.3%	16.1%	25.7%	22.9%
自動車免許のみ	39.1%	20.1%	18.7%	21.0%
その他の専門資格	13.0%	40.3%	25.9%	28.6%
医療福祉関係の資格	17.4%	19.5%	20.0%	19.9%
（准）看護師の資格	2.2%	4.0%	9.7%	7.6%
健康状態が（あまり）良くない	15.2%	8.7%	6.1%	7.8%
うつ傾向あり	13.0%	3.4%	7.2%	6.4%
末子の年齢：12 ～ 17 歳	6.5%	14.8%	37.5%	28.1%
6 ～ 11 歳	30.4%	27.5%	32.6%	30.4%
3 ～ 5 歳	13.0%	23.5%	15.5%	16.9%
0 ～ 2 歳	50.0%	34.2%	14.5%	24.6%
子ども数	2.3	1.9	2.1	2.1
親から世話的援助あり	41.3%	20.8%	34.8%	33.4%
夫の収入（万円、税込み）	210.8	871.5	461.3	511.7
持家に居住	63.0%	70.5%	79.5%	75.7%
居住市区町村の待機児童数：50 人未満	69.6%	54.4%	71.4%	68.3%
50 人～ 200 人未満	8.7%	18.1%	12.8%	13.7%
200 人～ 400 人未満	6.5%	9.4%	5.0%	5.4%
400 人以上	15.2%	18.1%	10.8%	12.6%
人口規模：東京都区部・政令指定都市	19.6%	36.9%	21.7%	24.4%
人口 20 万人以上の市	28.3%	23.5%	23.9%	23.9%
人口 10 万～ 20 万人未満の市	19.6%	19.5%	19.0%	19.4%
人口 10 万人未満の市	19.6%	12.8%	25.2%	22.2%
町村	13.0%	7.4%	10.3%	10.1%
N	46	149	595	944

注：待機児童数は、厚生労働省が公表した 2011 年 4 月 1 日現在の数値である。

第4章　貧困専業主婦がなぜ生まれたのか

第4節　貧困専業主婦でいる理由の統計的推定

　図表 4-6 は、妻の就業確率に関する回帰分析の結果である。他の条件が同じである場合に、ある特定の属性（例えば、学歴）が妻の就業確率に統計的に有意な影響を及ぼしているかどうかをみるためのものである。

1　低収入夫のグループ内における有業妻と無業妻の違い

　「低収入夫を持つ妻」を対象とした推定結果（Case 1）では、潜在的稼働能力の低い人や、幼い子どもがいる人ほど、就業確率が低くなっている。また、保育所の待機児童数が多い（200 人〜 400 人未満または 400 人以上の）市区町村に住んでいる者も、就業確率が低い。

　まず、妻の潜在的稼働能力を決める諸要因（学歴、社会経験年数、初職正社員、専門資格の保有）は、妻の就業確率に顕著な影響を与えていることが分かる。具体的には、中学校・高校卒に比べ、最終学歴が短大・高専または大学（院）の場合、妻の就業確率はそれぞれ 26.6％ポイント、49.6％ポイント高い。また、専門資格を持っていない者と比較して、（准）看護師の資格またはその他医療福祉関係の専門資格を持つ者の就業確率はそれぞれ 24.5％ポイント、9.9％ポイント高い。さらに、学校卒業後の初職が正社員である場合は、そうではない場合より、妻の就業確率が 12.9％ポイント高い。

　次に、妻の家庭での時間的価値を表す末子の年齢も予測通りの符号で、統計的に有意となっている。末子の年齢が 3 歳未満の場合、妻の就業確率は 43.0％ポイント低下し、末子の年齢が 6 〜 11 歳の場合、妻の就業確率が 47.6％ポイント低下することが分かる。そして、親から世話的援助を受けている場合、妻の就業確率が 18.3％ポイント高くなっている。

　最後に、居住地における保育所不足も、低収入夫を持つ妻の就業確率に有意な影響を与えているようである。具体的には、保育所不足が深刻ではない（待機児童数 50 人未満）市区町村に住んでいる者に比べて、待機児童数が 200 人〜 400 人未満の市区町村または待機児童が 400 人以上の市区町村に住む者は、就業率がそれぞれ 19.8％ポイント、19.0％ポイント低い。

　以上の結果をまとめると、夫が低収入にもかかわらず、無業状態でいる妻

93

の多くは、低学歴、社会経験の乏しさ、専門資格の欠如等の理由で、潜在的稼働能力が低いことが分かる。また、幼い子どもを育てていることや、認可保育所の不足も不本意ながらの貧困専業主婦状態を誘発していると考えられる。

2 低収入夫を持つ妻の就業行動はどこが違うのか

　Case2 は、低収入夫ダミーとその他の説明変数の交差項をモデルに投入したものである。交差項を用いた理由は、学歴、子どもの年齢、保育所の不足等の要因が就業確率に与える影響について、低収入夫の妻とそれ以外の妻との間の違いをみるためである。

　妻全体でも、学歴等潜在的稼働能力を決める諸要因は就業確率にプラスの影響を及ぼしているが、低収入夫の妻の場合、学歴、社会経験年数および専門資格の限界効果がより大きいことが分かる。例えば、「（准）看護師資格×低収入夫」の限界効果は 0.3363 となっており、（准）看護師資格の保有における就業確率を高める効果は、低収入夫の妻の場合に 33.6% ポイントも高いと解釈できる。一方、「健康不良」の限界効果は負で有意であるが、「健康不良×低収入夫」の限界効果は、0.4090 となっている。これは、妻全体では健康不良と感じている者ほど、就業する確率が低いが、低収入夫の妻の場合、健康不良でも働きに出る確率が 40.9% ポイント高いことを示唆する結果である。

　そして、妻全体においても末子の年齢が 3 歳未満であれば、就業確率は低くなっているが、低収入夫の妻の場合、乳幼児の存在による就業抑制効果が一層強い。「末子が 0 〜 2 歳×低収入夫」の限界効果は -0.5711 となっており、乳幼児がいることの就業抑制効果は、低収入夫の妻の場合に 57.1% ポイントも高いことが分かる。

　さらに、「親から世話的援助あり×低収入夫」の限界効果は、0.2717 となっている。（妻または夫の）親が月 2 回以上子どもの世話をしてくれることにおける妻の就業促進効果が、低収入夫の妻の場合は 27.2% ポイント高いと見られる。

　最後に、「居住地の待機児童数 200 人〜 400 人未満×低収入夫」と「居

住地の待機児童数 400 以上×低収入夫」の限界効果は、それぞれ -0.3318 と -0.2687 なっている。保育所の不足における妻の就業抑制効果は、低収入夫の妻の場合は 26.9% ～ 33.2% ポイント高いことが分かる。

　要約すると、夫が低収入ではない妻に比べて、低収入の夫を持つ妻の就業行動は、自分の潜在的稼働能力により敏感に反応している。また、乳幼児がいることや保育所不足の就業抑制効果も、低収入夫の妻の場合が高くなっている。

図表 4-6　妻の就業確率に関する推定結果（logit モデル）

説明変数		Case1) 低収入夫を持つ妻			Case2) 全体		
		限界効果	標準誤差		限界効果	標準誤差	
低収入夫（1 if 夫の収入が貧困線以下）					-1.054	0.538	**
最終学歴 [a]：短大・高専など		0.266	0.094	***	0.089	0.024	***
大学・大学院		0.495	0.152	***	0.269	0.031	***
社会経験年数		0.103	0.026	***	0.054	0.004	***
年齢階級 [b]：30 ～ 34 歳		-0.207	0.123	*	-0.203	0.043	***
35 ～ 39 歳		-0.762	0.229	***	-0.445	0.052	***
40 ～ 49 歳		-1.261	0.324	***	-0.715	0.067	***
50 ～ 64 歳		-2.598	0.679	***	-1.113	0.104	***
初職正社員		0.129	0.054	**	0.067	0.026	***
専門資格の保有 [c]：自動車免許のみ		0.050	0.059		-0.014	0.033	
その他の専門資格		0.417	0.116	***	-0.041	0.029	✝
医療福祉関係の資格		0.099	0.069	✝	-0.029	0.030	
（准）看護師の資格		0.245	0.108	**	0.015	0.043	
健康状態が（あまり）良くない		0.246	0.121	**	-0.057	0.035	*
末子の年齢 [d]：6 ～ 11 歳		-0.476	0.180	***	0.037	0.031	
3 ～ 5 歳		-0.170	0.133	✝	0.041	0.039	
0 ～ 2 歳		-0.430	0.160	***	-0.044	0.039	
子ども数		0.066	0.028	**	0.022	0.014	✝
親から世話的援助あり		0.183	0.072	***	-0.010	0.022	
居住地の待機児童数 [e]：50 人～ 200 人未満		-0.021	0.104		-0.031	0.030	
200 人～ 400 人未満		-0.198	0.134	✝	0.049	0.045	
400 人以上		-0.190	0.109	*	-0.003	0.040	
最終学歴 [a]：短大・高専など	×低収入夫				0.291	0.152	**
大学・大学院	×低収入夫				0.440	0.256	**
社会経験年数	×低収入夫				0.094	0.046	**
年齢階級 [b]：30 ～ 34 歳	×低収入夫				-0.094	0.192	
35 ～ 39 歳	×低収入夫				-0.646	0.389	*
40 ～ 49 歳	×低収入夫				-1.090	0.579	*
50 ～ 64 歳	×低収入夫				-2.606	1.195	**
初職正社員	×低収入夫				0.118	0.089	✝
専門資格の保有 [c]：自動車免許のみ	×低収入夫				0.086	0.091	
その他の専門資格	×低収入夫				0.638	0.201	***
医療福祉関係の資格	×低収入夫				0.170	0.107	✝
（准）看護師の資格	×低収入夫				0.336	0.173	**
健康状態が（あまり）良くない	×低収入夫				0.409	0.185	**
末子の年齢 [d]：6 ～ 11 歳	×低収入夫				-0.718	0.284	***
3 ～ 5 歳	×低収入夫				-0.284	0.199	✝
0 ～ 2 歳	×低収入夫				-0.571	0.259	**
子ども数	×低収入夫				0.073	0.046	✝
親から世話的援助あり	×低収入夫				0.272	0.115	**
居住地の待機児童数 [e]：50 人～ 200 人未満	×低収入夫				0.001	0.152	
200 人～ 400 人未満	×低収入夫				-0.332	0.203	*
400 人以上	×低収入夫				-0.269	0.167	✝
うつ傾向、夫の収入、持家、居住地の人口規模		YES	（結果省略）		YES	（結果省略）	
N		184			944		
対数尤度		-28.0			-213.7		

注：(1) 各個人ごとの限界効果の平均値が報告されている。
　　(2) 基準値　a　中学校・高校　b　30 歳未満　c　資格なし / 無回答　d　12 ～ 17 歳　e　50 人未満
　　(3) *** P 値 <0.01，**P 値 <0.05，*P 値 <0.1（両側検定）✝ P 値 <0.1（片側検定）

第4章　貧困専業主婦がなぜ生まれたのか

第5節　働けるようにその就業障壁の除去がいま求められている

　かつて、裕福さの象徴と思われていた日本の専業主婦世帯は、近年その中身が大きく変容しつつある。総務省統計局「家計調査2013」によれば、標準的な4人世帯（夫婦と子2人）の場合、専業主婦世帯の可処分所得は、夫婦共働き世帯より13%も低い。専業主婦世帯の中に低収入層が増えたことで、両グループ間の経済格差が1990年代以降に大幅に拡大したとみられる。

　2011年にJILPTが行った「子育て世帯全国調査」を用いた本稿の再集計によれば、日本の専業主婦世帯の12%は、等価可処分所得が125万円未満の貧困層である。子どもの貧困率が高止まりしている中（阿部2008）、ひとり親世帯の貧困だけではなく、専業主婦世帯の貧困も新たな社会問題として浮上している姿が窺える。貧困層の専業主婦世帯のほとんどは、食料や衣料等生活必需品の不足はそれほど深刻ではないものの、「子どもの学習塾」など教育投資の負担感が強く、経済的な理由で子どもを通塾させられない家庭が多いことが調査から分かった。

　本稿はJILPT調査の個票データを用いて、夫の収入が貧困線以下（低収入）であるにもかかわらず、妻が専業主婦でいる要因を分析している。回帰分析の結果、貧困専業主婦でいるのは、本人の潜在的稼働能力が低く、子どもの年齢が低いため家庭での時間的価値が相対的に高いことに起因するものである。一方、保育所の不足等の外部要因も一因となっていることがわかった。

　夫が低収入ではない妻に比べて、低収入の夫を持つ妻の就業行動は、自分の潜在的稼働能力（学歴、社会経験年数、専門資格等）により敏感に反応している。また、3歳未満の乳幼児がいることの就業抑制効果は、低収入夫の妻の場合に57.1%ポイントも高い。親による世話的援助は、妻の就業を促進しており、その効果は、低収入夫の妻の場合にとくに顕著である。さらに、保育所待機児童数が200人以上の地域に住むことによる妻の就業抑制効果は、低収入夫の妻の場合は26.9%～33.2%ポイント高いことが分かった。

　調査では、約9割の貧困専業主婦は遅かれ早かれ働きたいと考えている。本当は働きたいのにやむなく専業主婦でいる女性が非常に多いことから、彼

97

女らが働けるようにその就業障壁の除去がいま求められている。

　低収入家庭の妻の就業行動は、自分の潜在的稼働能力、保育所の不足状況および親による世話的援助の有無により敏感に反応していることから、無料職業訓練の提供、専門資格取得への支援、保育所への優先的入所、親との同居または近居を支援する政策は、彼女たちの就労促進につながるであろう。また、貧困専業主婦の約半数は、3歳未満の児童を抱えていることから、保育待機児童がとくに多い0〜2歳児向けの保育サービスを拡充させることが必要不可欠と考えられる。さらに、貧困ながらも専業主婦でいる子育て女性は相当数いるという現状を踏まえ、子どものウェルビーイングを守るという視点から、児童手当の低所得家庭加算など所得支援策の拡充も今後望まれる。

　最後に本研究の留意点について述べておきたい。本研究は、1時点の横断面データを用いて、専業主婦世帯の貧困問題を静的な視点から分析している。今後は、「貧困専業主婦世帯」について、ライフステージの変化という動的な視点を含めた検討も必要である。まず、同一世帯を追跡調査して、貧困専業主婦状態にいるのは、子どもが幼い時期の一過性的なものなのか、子どもの学齢期まで持続するものなのかを明らかにする必要がある。次に、特定のライフステージにおける貧困専業主婦状態が老後貯蓄や子どもの教育費支出に与える中長期的影響を検証することも重要である。こうしたダイナミックな視点から専業主婦世帯の貧困の様相を解明していくことで、より的確な政策インプリケーションの提示につながるものと期待される。

第4章　貧困専業主婦がなぜ生まれたのか

【解説】「専業主婦」モデルのルーツ

　そもそも「主婦」という言葉が日本で一般的に使われるようになったのは、大正初期ごろ（1910年代）と言われている。この時代、家庭の外で働き、賃金を得る女性はまだ少なかったため、「主婦」と言えば多くは農業や商業等、家業における働き手であった。戦後、家庭の中で育児と家事に専念する主婦が増えたことで、彼女たちをとくに「専業主婦」と呼んで、家計を支えるために働く主婦と区別するようになった。

　日本における「専業主婦」の形成は、戦後、比較的短期間に行われたものと言えるが、それを受入れるための文化的・思想的素地は、明治以前からすでに存在していた。江戸時代の封建体制を打ち破り、日本に近代産業社会の誕生をもたらした明治政府であるが、社会の内部には女性に「嫁して主人に仕え、男の子を産み育てる」ことを期待される武士的家庭観が、社会通念としてそのまま残されて

いた。明治政府もまた、旧来の武士的家庭観を改めることなく、殖産興業や富国強兵策の一環として、「良妻賢母」の教育を一層強く推し進めた（藤井1995）。

　戦後、旧憲法下の伝統的な「家」制度が改められ、新憲法においては男女平等と夫婦の同権が認められた。それにもかかわらず、性別役割分業観は社会通念として生き伸び、女子教育の基本に据えられ続けた（金森・北村1987）。

　江戸時代、あるいはさらにその前から続く武士的家庭観は、明治維新、大正リベラリズム、全体主義的な戦時体制、および戦後の民主主義教育体制を経て、その価値観の根幹部分、いわゆる「男女役割分業」規範が変更されることなく、今日まで連綿と続いてきた。その結果、日本人における「男女役割分業」の意識は、今でも他の先進国に比べて非常に強いと言える。

（備考）本稿は、周(2015)を元に加筆・修正したものである。本稿を作成するにあたって、山口浩一郎氏、伊岐典子氏、浅尾裕氏、池田心豪氏、大石亜希子氏、阿部彩氏、馬欣欣氏、坂口尚文氏、山地あつ子氏、高橋康二氏、佐々木勝氏、藤田昌久氏、森川正之氏、深尾光洋氏、殷亭氏、村永祐司氏、JILPT所内研究会ならびに経済産業研究所ディスカッション・ペーパー検討会の方々より大変有益なコメントをいただいた。

99

第5章 若年出産、婚前妊娠の母親と子ども

阿部　彩

第1節　はじめに

本章のトピックは、10代に出産した母親（以降、「若年母親」）と、その子どもたちである。若年出産とは、親自身が成年に達する前に「親」となることであり、経済的困窮に陥りやすいことや、母親のキャリア形成にも支障をもたらすことが指摘されている（出川 2015、内閣官房社会的包摂推進室 2012）。海外においては、10代妊娠と出産（teenage pregnancy and birth）が妊娠・出産において比較的に大きな割合を占めることもあり、研究および政策案についても豊富な蓄積がある。しかし、日本においては、出産の高齢化（晩産化）に伴い、10代出産の割合が約1%程度の低いレベルに抑えられていることもあり、10代出産の母親と子どもに関する研究は少なく、まして、政策については議論の俎上にもあがっていない状況にある。

しかしながら、割合的には少ないとはいえ、毎年、1万人以上の子どもが、10代の母親の出産によって生まれる。子どもの貧困対策という観点からも、彼らとその母親たちに焦点をあて、必要な支援策を模索していくことは重要である。

そこで、本章は、母親が10代の時に生まれた子どもに着目し、彼らがどのような状況に置かれており、また、その状況がどのような要因でもたらされているのかを検討する。本章で用いるデータは、（独）労働政策研究・研

1　本調査は、日本全国から無作為抽出された地区の住民基本台帳から無作為抽出された18歳未満の子どものいる世帯4,000世帯を対象としている。本調査においては、母子世帯の情報を得ることを目的としているため、世帯内の親が1人である世帯を、世帯内に存在する親が2人いる世帯よりも多く抽出している。抽出率の差をコントロールするために、ウェイトをつけて集計している。調査対象世帯数は、第1回、第2回ともに、ふたり親世帯2,000世帯と、ひとり親世帯2,000世帯である。回収数は、ふたり親世帯（1,222票、1,219票）、ひとり親世帯（996票、982票）であった。

修機構「子どものいる世帯の生活状況および保護者の就業に関する調査」[1]
第1回（2011年）および第2回（2012年）である（以下、「JILPTデータ」）。
本調査は、ひとり親の情報を得ることを目的としているため、世帯内の親が
1人である世帯を、世帯内に存在する親が2人いる世帯よりも多く抽出し
ている[2]。10代で出産した母親（以下、「若年母親」）の多くがその後ひとり
親世帯となるため、ひとり親世帯を多くサンプリングしている本調査におい
ては、200人近い若年母親のデータが含まれる。日本において、若年母親の
量的研究が難しいひとつの理由が、近年のデータでの若年母親の出現率が低
いために、古い年代の母親も含めると相当数のサンプル数がとれても、現在
子育て中の母親の調査においては、サンプル数が非常に少なくなってしま
うことであり[3]、本調査は若年母親を深く研究することを可能とする非常に
珍しいデータである。また、母親や子どもの現在の状況だけでなく、母親の
出身家庭の状況をも把握している点で本稿の問題意識に即した分析が可能と
なっている。

第2節　若年出産はどれくらい発生しているのか

かつて、10代における出産は、さほど珍しいことではなかった。1925年
の全出生において、母親が15～19歳の割合は6.5%である（国立社会保障・
人口問題研究所2017）。すなわち、生まれた子どもの15人に1人の母親は
10代であったのである。しかし、晩婚化・晩産化が進展する中、この割合
は大きく減少し、1965年に1%まで落ち込んだ後は、約半世紀にわたって
1%近辺で推移している。しかし、近年においては、出生数そのものが減少
傾向にあることもあり、過去最低であった1975年の0.8%から2015年には
1.2%と微増している（国立社会保障・人口問題研究所2017）。これは、約

2　しかしながら、住民基本台帳からは親の婚姻状況の情報を得ることができないため、世帯の親
　　が1人の場合においても、片親が単身赴任で住民票を他地域に移している世帯などが含まれて
　　いる可能性がある。
3　日本における若年母親の研究の多くは事例研究であり、大規模調査データを用いている研究は
　　少ない。うち、出川（2015）はサンプル数が25名、玉城・賀数（2006）は47名、坂本（2009）
　　は173名、窪田（2012）は419名と多いが子どもの年齢が1940年代生まれからとなっており世
　　代が幅広い。

101

84人に1人という割合である（図5-1）。生まれる子ども数で見ると、20世紀初頭からの落ち込みはさらに大きくなり、10代の母に生まれる子どもの数は、1925年の約13.6万人から2015年の約1.2万人と、10分の1より少なくなっている。

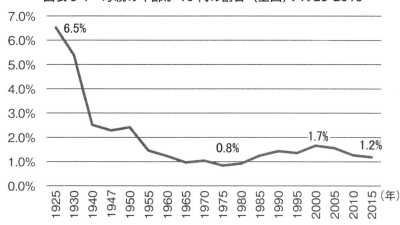

図表 5-1　母親の年齢が10代の割合（全国）：1925-2015

出所：国立社会保障・人口問題研究所（2017）「人口統計資料集（2017改訂版）」

　このように日本全体の出生数に占める10代出産は1%程度であるが、県別・大都市別に、母親が20歳未満の出生数が全出生数に占める割合（2015年）をみると、大きな差がある。都道府県別では、沖縄県の若年母親の割合が突出して高く（2.57%）、他県と一線を画している。2番目以降は、順位の入れ替わりも激しいが、概ね、愛媛県、宮崎県などの西日本の都道府県が高くなっている。20大都市では、北九州市が最も高く（1.83%）、堺市（1.64%）、相模原市（1.46%）が上位3位となっている。

　反対に、若年母親の割合が一番低い都道府県は、東京都であり（0.59%）、次いで、山形県（0.77%）、秋田県（0.77%）、新潟県（0.80%）、富山県（0.82%）となっている。大都市では、東京区部が最も低く（0.50%）、新潟市（0.53%）、川崎市（0.65%）となっている（厚生労働省 2016）。首都圏の大都市および北陸地方において、10代出産が比較的に少ないことがわかる。

第 5 章　若年出産、婚前妊娠の母親と子ども

　このように、若年出産の割合は地域によって数倍の差がある。しかし、大都市（例えば東京区部を含む東京都）が低く、地方が高いといった簡単な図式ではなく、大都市であっても北九州市など県単位ではトップレベルの割合の都市も存在する。

図表 5-2　母親の年齢が 10 代の割合：都道府県別
2005、2010、2015 年　上位 5 県

2005 年	2010 年	2015 年
沖縄県（2.90%）	沖縄県（2.57%）	沖縄県（2.57%）
福島県（2.14%）	山口県（1.80%）	愛媛県（1.84%）
宮崎県（2.06%）	香川県（1.75%）	宮崎県（1.71%）
愛媛県（2.06%）	愛媛県（1.72%）	和歌山県（1.71%）
山口県（2.03%）	和歌山県（1.67%）	高知県（1.68%）

出所：厚生労働省（各年）「人口動態調査」から筆者計算

図表 5-3　母親の年齢が 10 代の割合：都道府県別
2005、2010、2015 年　下位 5 県

2005 年	2010 年	2015 年
東京都（0.96%）	秋田県（0.63%）	東京都（0.59%）
石川県（1.04%）	富山県（0.68%）	山形県（0.77%）
新潟県（1.13%）	東京都（0.72%）	秋田県（0.77%）
神奈川県（1.16%）	福井県（0.79%）	新潟県（0.80%）
岐阜県（1.21%）	山形県（0.91%）	富山県（0.82%）

所：厚生労働省（各年）「人口動態調査」から筆者計算

　視点を変えて、見てみよう。若年母親とその子どもに対する政策を検討する際には、全出産に占める若年出産の割合だけではなく、若年母親とその子どもたちがどこに多いのか、という数の視点も必要であろう。そこで、2015年に生まれた子どものうち母親の年齢が 20 歳未満で生まれた子どもの人数をみると、一番多いのは、大阪府であり、1,094 人となっており、これは母親が 20 歳未満で生まれた子どもの総数の 9.2% にあたる。次が、愛知県（747人、6.3%）、福岡県（729 人、6.1%）、神奈川県（686 人、5.8%）、東京都（5.6%）となり、人口規模が大きい県に多くが分布していることがわかる。新しい若年母親の 3 割以上が上記の上位 5 県、5 割以上は上位 9 都道府県で出現して

いる。このような若年出産の子どもの地域分布の偏りを頭に入れておくことは、例えば、支援の窓口の配置や優先順位を考える際に重要である。

第3節　若年で母親となることは問題なのか

　若くして親となることは、問題なのだろうか。

　出産し子どもを持つこと自体は、一般的には喜ばしいことである。生物学的には、人は10代から妊娠・出産することが可能であり、若い方が妊娠しやすい。むしろ、35歳を超えると、ダウン症などの染色体異常や妊娠糖尿病や流産・早産など高齢出産に伴うリスクが高まることは周知の事実である。また、若い時期から子どもを持つ人のほうが、生涯を通して見ると子どもを多く持つということも考えられる。少子化対策という観点からは、若年出産が多いことはむしろプラスの影響をもたらす可能性もある。また、子育て期においても、若年期の方が体力の面においては充実しており、また、母親の親―子どもの祖父母―も比較的に若い時期に支援が期待できるなど、子どもを若くして持つことのメリットは存在する。

　しかしながら、10代、すなわち自分自身が未成年である「子ども」の時期に母親となることは、さまざまな不利が発生することが予測される。海外においては、若年出産が母親および子どもに多様な悪影響を及ぼすことが知られている。例えば、アメリカでは、若年出産で生まれた子どもたちは、学力達成、行動、健康が、その他の子どもに比べて低い（The National Campaign to Prevent Teen and Unplanned Pregnancy2013）。日本においても、若干ではあるが、知見が揃ってきている。坂本（2009）の研究からは、若年出産で生まれた子どもは、そうでない子どもに比べ、大学卒業確率、就学年数ともに有意に低くなっており、初職が非正規雇用となる確率、子ども自身が若年出産する確率については有意に高くなっていることが示されている。また、窪田（2012）は、若年出産の中でも、母親自身が出身家庭においても貧困であることの負の影響が多いと結論づけており、若年出産と母親の（15歳時点での）低生活水準であること、また、この交差項の影響は1960年生まれ以降の子どもにより強く表れることを示している。このように、若年

母親に生まれた子どもたちの状況がよくないことは日本のデータでも明らかである。

　また、母親自身にとっても、若年母親となることは、子どもの父親との関係悪化、学業や仕事の断絶、それに伴う貧困化などの問題が発生する可能性が高い（出川 2015、内閣官房社会的包摂推進室 2012）。本書で用いている JILPT「子どものいる世帯の生活状況および保護者の就業に関する調査2011」においても、10 代で出産した母親は、その後の貧困率が 46.2%、生活保護受給率が 3.6% と母親全体（13.0%、0.8%）に比べ有意に高い数値であることが報告されている（周 2012c）。

　これらの状況に加え、10 代の妊娠の多くがそもそも非計画的な妊娠であることもあり、10 代妊娠の約半数は出産に至らない。10 代の人工妊娠中絶数は、毎年 1 万を超えており、10 代の出産数を上回る。2015 年値では、10代の人工妊娠中絶数は 16,113 件であり、同年の 10 代の出産数 11,929 件と合わせると、妊娠の中絶率は 57.5% となっている（厚生労働省「平成 27（2015）年度衛生行政報告例」）。

　すなわち、10 代で妊娠した時に、その後を考慮して、6 割近い女性が中絶という選択をとる中で、妊娠を継続し、出産という選択をとる女性たちはマイノリティなのである。彼女らは、どのような理由で妊娠を継続するのであろうか。小川・安達・恵美須（2007）は、7 名の若年母親のインタビュー調査から、10 代女性が妊娠を継続する体験の特徴として、「（過去の）中絶体験の後悔」、「新しい家庭を築く憧れ」「周囲の受け入れ」「自分の意志を貫く強さ」「医療従事者の否定的対応」があるとしている。中でも注目したいのが「新しい家庭を築く憧れ」である。これは、貧困や児童虐待などの理由で家族機能の崩壊している家庭に育つ子どもが、早くから実家を出ることを余儀なくされ、また、自分の家族とは異なる「理想的な自分の家族」を形成したいという願望を持ちやすいという福祉現場からの報告とも一致している。もし、より家庭環境などの状況が厳しい子どもが若年母親となりやすいのであれば、若年母親の抱える問題は、若年で子どもを産んだということ以外にも、さまざまな前世代からの問題をも内包する複雑な問題と考えることができるであろう。

105

第4節　若年母親のリスクはどこから来るか

このように、数は少なくなっているものの、若年母親とその子どもは、さまざまな逆境の中に置かれている。そこで、何がその逆境をもたらすのか（リスク要因なのか）、整理して考えてみたい。

まず、若年出産にまつわるリスク要因の一つが、婚前妊娠の多さである。厚生労働省の統計によると、日本における婚前妊娠（いわゆる「できちゃった婚」による出産）は、増加の傾向にあり、嫡出第1子出産に占める割合は25.3％と4分の1を占めている。中でも、10代の出産の約8割は婚前妊娠である（図表5-4、厚生労働省2010）。20-24歳の出産においても、この割合は6割を超えているが、25-29歳では2割強と大幅に減少する。

図表5-4　母の年齢階級別にみた結婚期間が妊娠期間より短い出生の嫡出第1子出生に占める割合

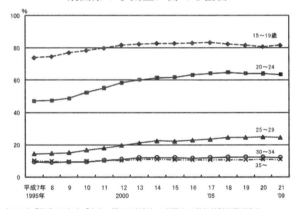

出所：厚生労働省（2010）「平成22年度「出生に関する統計」の概況人口動態統計特殊報告」

婚前妊娠は多くの場合は、計画性のない妊娠・出産と考えられ、母親の養育能力や育児に対する心構えができていないという可能性もある。そのために、子どもに対する愛着を感じにくかったり[4]、パートナーの関わりの少な

4　玉城・賀数（2006）は、若年妊婦47名に対する調査において、妊娠希望の有無が若年妊婦の胎児への愛着に影響すると報告している。学歴、婚姻状況、家族形成などは影響がなく、パートナーの結婚相手としての希望程度と妊娠希望の有無は影響があったとしている。

さ、自分の親・家族を含め周囲からの無理解などに晒される確率が高い可能性がある。

もう一つのリスク要因が、若年母親自身が未成年であり、精神的に成熟していない場合などによって、子どもの養育に負の影響があることである。若年で出産した母親は、児童虐待など問題のある養育行動をとるリスクが、一般の母親に比べて高いことが報告されている（賀数・前田・上田ほか2009）。JILPT データを使った分析でも、若年出産が、身体的児童虐待の予測要因となることも報告されている（周 2012c）。

また、婚前妊娠の多くがいわゆる「できちゃった婚」として結婚に繋がるため、早まった結婚といった結婚の意思決定にも影響し、その後の結婚生活に支障をきたす可能性もある。実際に、婚前妊娠し、子どもの父親と結婚した場合、ゆくゆくは離婚する確率が高いことが知られている。婚前妊娠で出産した場合、子どもが 5 歳になった時点で、実に約 8 割がひとり親世帯の経験があると推計されている（岩澤・三田 2008）。また、2001-2002 年度に東京都社会福祉協議会保育部会調査研究委員会が都内の公私立保育園を利用している 10 代で出産した若年母親 112 名に対して行った調査によると、子の父親が不在であったのは約半数にも上っている（森田 2004、東京都社会福祉協議会 2003）。

これに関連して、10 代の出産と関連するもう一つの大きなリスクが、母子世帯となることである。たとえ、「できちゃった婚」でないにしても、10代の結婚は、20 代、30 代における結婚に比べて不安定である可能性がある。不安定な結婚が解消したのちは、母子世帯となるが、日本における母子世帯の貧困率は 50% を超え、深刻な経済問題に直面するリスクが極めて高い（阿部 2011）。

最後に、10 代出産を経験した女性には、もう一つ、大きなリスク要因が存在する。それは、そもそも 10 代出産に至る女性自身が、その出身家庭において社会経済的に不利な状況に置かれている可能性が高いということである。平岡（2004）は、自身の医院における 10 代妊婦の事例から、貧困の妊婦が利用することができる入院助成制度の利用者には若年分娩者が有意に多いことを示している。パートナーとの結婚に至らなくても、実家が裕福であ

れば入院助成制度は用いないと考えられるので、これは、若年母親の出身家庭も貧困である可能性が高いことを示している。

　すなわち、10代の出産は、婚前妊娠、できちゃった婚、母子世帯化と貧困化、出身家庭からの貧困の連鎖など、さまざまなリスク要因を伴っている。これらが複合的に絡み合って、若年母親とその子どもの状況に悪影響を及ぼしていると考えられる。これらのリスク要因がどのように左右しており、どのリスク要因の影響が大きいのかを見極めることは重要である。何故なら、それによって対策が異なるからである。例えば、若い時に母親となって、養育に問題がある場合は、「母親教室」や育児支援などのアプローチが必要であろうし、母子世帯となり貧困であることが問題であるのであれば、母子世帯に対する支援策を強化することが有効であろう。そこで、次章からは、JILPTデータを用いて、これら「絡み合うリスク要因」を紐解く作業を行いたい。

第5節　若年母親の出現率

1 若年母親の定義と出現率

　本章では、第1子の実子の出産年齢[5]が20歳未満である母親を「若年母親」と定義している。ただし、第1回調査では、子どもが実子であるかどうかのデータがないため、子どもが結婚相手の連れ子である可能性もある。そこで、親と子の年齢の差が15歳未満の場合は、実子でない可能性が高いとして除外し、差が15～19歳である場合には若年母親と判断した。なお、ここで定義される「若年母親」とは、初産時の年齢が20歳未満であった母親を指しており、現年齢が20歳未満であることを指しているわけではないことを付け加えておく。

　用いられたサンプル3,978ケースのうち、上記の定義で、若年母親であると判断されるケースは194ケース存在する。若年母親は、ひとり親サンプルでは8％、ふたり親のサンプルでは3％であった。初産年齢の分布を世帯類型別にみると（図表5-5）、ひとり親サンプルは、ふたり親サンプルに比べ、

5　本調査では、出産年齢を直接に訊いていないため、子どもの年齢と親の年齢の差から親となった時の年齢を推測した。

108

初産年齢が 19 歳以下である率が高いとともに、20〜24 歳である率も突出して高く（33.2%）、逆に 25〜29 歳、30〜34 歳の率は低くなっている。現在、ひとり親世帯の母親が、比較的若い時期に子供を産んでいることがわかる。これを、全国統計における 2012 年度に生まれた第 1 子の出産の母親年齢と比較すると、ひとり親サンプル、ふたり親サンプル共に 30-34 歳以上の出産が少なく、若い時期に出産した母親にサンプルが偏っている。

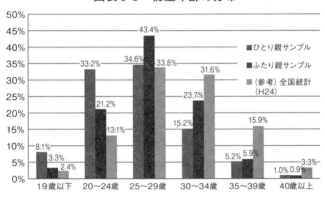

図表 5-5　初産年齢の分布

出所：全国統計は、厚生労働省 (2014)「平成 24(2012) 年人口動態統計（確定数）の概況」表 4、母親の年齢、第 1 子。

2　子どもの定義と出現率

図表 5-6 は、若年母親をもつ子どもと、そうでない子どものサンプル数である。なお、母親が若年母親であるか否かは、初産における母親の年齢で判定しているため、2 人目以降の子どもについては、母親が若年母親であっても、自分自身が生まれた時に母親は若年（20 歳未満）でなかった場合がある。そこで、自分の出生時に母親が若年であった場合を若年母親（本人時）、母親が初産の時若年であった場合を若年母親（初産時）と名付け、それぞれ別の集計をしている。当然のことだが、前者のケースはすべて後者のケースに含まれる。子ども数で見ると、全子どもサンプルのうち、自分の出生時に母親が若年であったのは約 3%、母親が初産の時若年であったのは約 5% であった。

図表 5-6　子ども単位のサンプル数

母親の初産時	若年	非若年	不詳
全サンプル	441（5%）	7,381（91%）	251（3%）
ひとり親サンプル	206（9%）	2,039（87%）	93（4%）
ふたり親サンプル	235（4%）	5,342（93%）	158（3%）
自分の出生時	若年	非若年	不詳
全サンプル	222（3%）	7,504（93%）	347（4%）
ひとり親サンプル	121（5%）	2,085（89%）	132（6%）
ふたり親サンプル	101（2%）	5,419（95%）	215（4%）

注：四捨五入のため合計が 100% とならない場合がある。

第6節　若年出産に至るまでの環境

1　若年母親の出身家庭状況

　それでは、まず、若年母親を生み出す家庭環境を見ていこう。図表 5-7 は、第１子の出産年齢別（19 歳以下＝若年母親、20-24 歳、25 歳以上）に、成人前の逆境を経験した割合を示したものである。「両親が離婚した」と回答した若年母親は、39.0% と約４割となっており、25 歳以上の母親の 10.4% に比べ約４倍の確率となっている。20 ～ 24 歳の出産年齢の母親も、若年母親ほどではないものの、高い率で両親の離婚を経験している。この差は統計的に有意であり、母子世帯の貧困率が５割以上であることを踏まえると、若年母親は出身家庭においても貧困であった確率が高いことが想定される。また、「親から暴力を振るわれたことがある」という割合も、初産年齢が低いほど高い割合で経験しており、若年母親では 10.9% と約１割となっている。この率は、25 歳以上で初産を経験する母親の約２倍である。「成人する前に親が生活保護を受けていた」「成人する前に父親が亡くなった」についても、同様の傾向が見られるが、これらは統計的に有意な差ではない。

図表 5-7　成人前の逆境：出産年齢（第 1 子）別、サンプル別

	19 歳以下	20～24 歳	25 歳以上
両親が離婚した	39.0%	15.5%	10.4%
成人する前に親が生活保護を受けていた	4.7%	2.4%	1.5%
成人する前に母親が亡くなった	1.5%	2.0%	1.6%
成人する前に父親が亡くなった	6.2%	4.7%	4.3%
親から暴力を振るわれたことがある	10.9%	7.7%	5.9%

2　婚前妊娠出産（できちゃった婚による出産）

次に、出産と結婚の時期的な関係を見てみよう。着目するのは、婚前妊娠の割合である。「婚前妊娠による出産」を、結婚年月から 7 か月以内に発生した出産と定義し、本データにおける婚前妊娠が初産に占める割合を見ると、若年母親においては、ひとり親サンプルでは 59.6%、ふたり親サンプルでは 63.3% であり、合わせると、61.2% であった（図表 5-8）。両サンプル共に、20～24 歳、25～29 歳と婚前妊娠の割合が減っており、この傾向は全国統計と同じであるが、全体的に全国統計よりも婚前妊娠の割合が低くなっている。これは、用いられた定義の違い等によるものと考えられる。

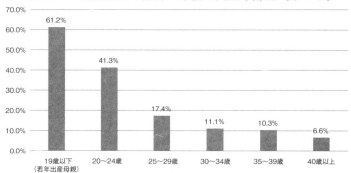

図表 5-8　婚前出産の割合：母親の出産年齢別（第 1 子）

第7節　若年出産後の環境

1　現在の婚姻状況

　次に、現時点における婚姻状況と出産年齢の関係を見てみよう。図表5-9は、初産の年齢階層別に見た現在の婚姻状況である。これを見ると、最も大きな違いは、離婚・別居の割合である。若年母親（初産が19歳以下）の母親は約6割（56.8%）が離婚・別居であり、有配偶であるのは4割弱（36.4%）である。「離婚・別居」の割合は、初産の年齢が20～24歳の母親では38.0%、25～29歳の母親では19.3%と減少する。若年母親は、未婚である割合も他の年齢層よりも多くなっている（40歳以上の初産の母親においても、「離婚・別居」が若干多く、「未婚」が多くなっているものの、40歳以上のサンプル数は35と少ないため統計的に有意な差はない）。本稿で用いたデータでは、ひとり親世帯をオーバー・サンプリングしており、母子世帯では若年母親の割合が多いため、当然の結果と言えるが、それを考慮しても、若年母親が非若年母親に比べて無配偶（離婚・別居、未婚）が多いのは明らかである。

図表 5-9　現在の婚姻状況：初産年齢別

女性のみ 婚姻状況	初産の年齢						計
	19 歳以下	20～24 歳	25～29 歳	30～34 歳	35～39 歳	40 歳以上	
未婚	4.0%	1.6%	1.4%	1.6%	3.4%	4.9%	1.8%
有配偶	36.4%	58.3%	76.9%	77.7%	72.7%	66.9%	70.3%
離婚・別居	56.8%	38.0%	19.3%	19.0%	19.0%	24.5%	25.6%
死別	2.8%	2.1%	2.4%	1.7%	4.9%	3.8%	2.3%
合計	100.0%	100.0%	100.0%	100.0%	100.0%	100.0%	100.0%

2　学歴

　若年母親の特徴として最も特異なのが学歴である。図表5-10は、出産（初産）年齢別に最終学歴を集計したものである。若年母親は36.5%が中卒であり、20～24歳に出産した母親の7.7%、25～29歳に出産した母親の2.7%と比べても、これは群を抜いて高い。データからは、妊娠したのが、学業から離れた後（中卒で進学しなかった、もしくは、高校中退した）なのか、妊

娠したことによって学業を中断したのかはわからない。そのため、この強い相関は、妊娠したことが高校進学や高校卒業に大きい負の影響を及ぼすということと共に、それだけでなく、そもそも高校に進学しなかった女性または高校中退した女性が早くに結婚や妊娠をするという逆の因果関係から発生していることも考えらえる。

図表 5-10　学歴：初産年齢別

女性のみ 学歴	初産の年齢						計
	19 歳以下	20 〜 24 歳	25 〜 29 歳	30 〜 34 歳	35 〜 39 歳	40 歳以上	
中卒	36.5%	7.7%	2.7%	2.1%	1.4%	5.0%	5.3%
高卒	48.2%	51.7%	35.3%	30.2%	33.9%	28.0%	38.5%
専修学校・各種学校卒	3.8%	16.1%	13.7%	16.5%	16.0%	20.1%	14.7%
短大・高等専門学校卒	2.7%	14.6%	27.0%	28.5%	22.6%	14.2%	22.7%
大学・大学院卒	1.8%	5.2%	18.2%	20.8%	22.5%	26.0%	15.0%
その他	0.4%	0.4%	0.2%	0.1%	0.0%	3.3%	0.2%
無回答	6.6%	4.2%	3.0%	1.9%	3.8%	3.3%	3.7%
合計	100.0%	100.0%	100.0%	100.0%	100.0%	100.0%	100.0%

3 就労状況

　若年出産とそれに関連する低学歴は、母親の就労状況に影響すると考えられる。そこで、初産の年齢別に現在の母親の就労状況を集計したものが図表5-11である。まず、就労しているか否かを見ると、若年母親の69.4%は就労しており、他の年齢層と大きな差はない。しかし、「していない（求職中）」の割合を見ると、若年母親では10.4%と他の年齢層に比べて高い率となっている。若年母親の中には、就労したくてもできていない状況にある者も他の初産年齢層の母親に比べると多いと考えられる。一方、「していない（求職活動もしていない）」とした割合は、初産の年齢があがるほど高くなる傾向がある。母親の就労状況は、子どもの年齢や母親本人の年齢と深い関係があると考えられるが、それらの他にも、初産年齢というもう一つの関連要素がある可能性がある。これについては、重回帰分析等によって、これらの関連要素の影響を独自に検出することをしなければわからない。

　就労している者の中での就労形態を見ると（図表5-12）、「正社員・正規職員」の割合は、初産年齢が高いほどおおむね高くなっており、逆に、「パート・アルバイト」の割合は、初産年齢が高いほど低くなっている。19

113

歳以下の若年母親においては、55.1% と過半数が「パート・アルバイト」、7.1%
が「嘱託・契約」、4.0% が「派遣」であり、合わせて約 7 割となっている。

図表 5-11　就労状況：初産年齢別

女性のみ 就労状況	初産の年齢						計
	19 歳以下	20～24 歳	25～29 歳	30～34 歳	35～39 歳	40 歳以上	
していない (求職活動もしていない)	19.5%	19.7%	23.3%	30.5%	30.4%	31.2%	24.3%
していない (求職中)	10.4%	5.9%	6.7%	5.7%	5.6%	5.3%	6.5%
している	69.4%	73.2%	69.8%	63.0%	63.5%	63.6%	68.6%
無回答	0.7%	1.1%	0.2%	0.7%	0.6%	0.0%	0.6%
合計	100.0%	100.0%	100.0%	100.0%	100.0%	100.0%	100.0%

図表 5-12　就労形態（就労している者）：初産年齢別

女性のみ 就労形態	初産の年齢						計
	19 歳以下	20～24 歳	25～29 歳	30～34 歳	35～39 歳	40 歳以上	
正社員・正規職員	27.0%	29.2%	31.8%	41.4%	38.8%	37.0%	33.3%
嘱託・契約社員	7.1%	6.1%	7.5%	6.7%	8.1%	6.1%	7.0%
派遣社員	4.0%	2.5%	2.1%	3.3%	3.3%	0.0%	2.6%
パート・アルバイト	55.1%	52.2%	46.2%	37.1%	34.9%	29.6%	45.5%
自営業 (手伝い含む)	5.4%	7.1%	9.7%	9.7%	12.3%	27.3%	9.2%
日雇い・内職・その他	1.4%	1.7%	2.3%	1.4%	2.7%	0.0%	1.9%
無回答	0.0%	1.2%	0.5%	0.5%	0.0%	0.0%	0.6%
合計	100.0%	100.0%	100.0%	100.0%	100.0%	100.0%	100.0%

第 8 節　若年母親の子どもの状況

　最後に、若年母親を持つ子どもの状況を見てみよう。図表 5-13 は、若年
母親（初産時）、若年母親（本人時）、現在の母親の婚姻状況（無配偶である
場合は母子世帯、有配偶の場合はふたり親世帯とする）、母親の初産が婚前
妊娠であったか否か別に、子どもの状況を見たものである。これを見ると、
子どもの健康状況、成績、不登校について、若年母親（初産時）、若年母親（本
人時）、母子世帯、婚前妊娠に密接な関連があることがわかる。健康状態に
ついては、母親の初産が 20 歳未満であった場合には「軽い持病あり」が 8.2%、
自分の出産の時に母親が 20 歳未満であった場合には 9.5%、母子世帯である
場合には 9.0%、婚前妊娠である場合は 8.3% となっており、全児童サンプル
の場合に比べ高い割合となっている。

114

第 5 章　若年出産、婚前妊娠の母親と子ども

　成績についても、同様に、すべての分類で、統計的に有意な差が見られる。若年母親（初産時）、若年母親（本人時）、母子世帯、婚前妊娠の子どもについては、そうでない母親の子どもに比べて、「成績良好」が少なく、「やや遅れている」「かなり遅れている」が多くなっている。若年母親（初産）の子どもは、約 5 人に 1 人（21.8%）が成績が遅れており、若年母親（初産）でない子どもに（12.7%）比べてこの割合が大きい。この状況は、若年母親（本人）の時はより強く、母子世帯、婚前妊娠でもほぼ同様の傾向が見られる。

　不登校についても、若年母親（初産時）、若年母親（本人時）、母子世帯の子どもにおいて、「不登校経験あり（現在は登校）」と「現在不登校中」が高くなっているが、婚前妊娠の子どもについては統計的に有意な差がなかった。

図表 5-13　若年出産（初産時、本人時）、現在の婚姻状況、初産の婚前妊娠別：子どもの状況

	若年母親（初産時）		若年母親（本人）		母子世帯		婚前妊娠	
	母親の初産年齢が20歳未満		自分の出産の時に母親が20歳未満		現在の母親の婚姻状況		母親の初産が婚前妊娠	
	NO 20歳以上	YES 20歳未満	NO 20歳以上	YES 20歳未満	NO 有配偶	YES 無配偶	NO でない	YES である
子どもの健康状況 (Q26)	***		***		***		**	
おおむね良好	92.0%	87.8%	92.0%	85.1%	93.6%	88.3%	92.1%	89.9%
軽い持病あり	6.3%	8.2%	6.2%	9.5%	5.0%	9.0%	6.0%	8.3%
重病・難病あり	0.6%	1.4%	0.6%	1.4%	0.5%	0.8%	0.6%	0.9%
障害あり	0.7%	1.1%	0.7%	1.8%	0.4%	1.2%	0.8%	0.7%
子どもの成績 (Q26)	***		***		***		**	
成績良好	16.7%	6.2%	16.4%	6.1%	18.6%	12.7%	15.9%	17.8%
まあまあ良好	29.4%	26.7%	29.4%	28.2%	31.6%	25.3%	29.9%	25.2%
普通	39.9%	42.8%	40.0%	40.5%	39.7%	40.4%	40.5%	36.5%
やや遅れている	8.4%	14.8%	8.4%	19.1%	6.5%	12.8%	8.2%	12.3%
かなり遅れている	4.3%	7.0%	4.5%	3.8%	2.5%	7.1%	4.3%	5.7%
子どもの不登校 (Q26)	***		***		***		n.s.	
不登校経験なし	92.6%	84.4%	92.3%	82.4%	95.2%	86.6%	92.3%	90.2%
不登校経験有 （現在は登校している）	4.1%	7.0%	4.3%	6.9%	2.2%	7.9%	4.3%	5.1%
現在不登校中	0.9%	3.7%	1.0%	3.8%	0.4%	2.3%	1.1%	1.0%
わからない	0.2%	1.6%	0.2%	2.3%	0.1%	0.5%	0.3%	0.3%

注：***　p 値 <0.01,**　p 値 <0.05 , n.s.　統計的有意ではない（カイ二乗検定）

115

次に、初産時に若年であった母親を持つ子どもの中で、自分の出生時に母親が若年であった子どもと、自分が出生の時には母親が20歳以上であった子どもを比較したところ（図表5-14）、子どもの健康、成績、不登校のすべてにおいて、クロス表からは統計的に有意な差は見られなかった。母親が若年母親（初産時）であっても、自分の出産の時には20歳を超えている子どもは、すなわち、兄弟姉妹の2人目、3人目となるため、その違いもあると考えられるが、統計的に検証される差は見られなかった。

図表 5-14　若年母親の子どものうち自分の出産時に
母親が 20 歳未満であった子どもとそうでない子どもの比較

| | 母親の初産年齢が 20 歳未満 | |
	自分の出産の時に 20 歳未満	自分の出生の時は 20 歳以上
サンプル数	222	217
子どもの健康状況（Q26）	n.s.	
おおむね良好	85.1%	90.3%
軽い持病あり	9.5%	6.9%
重病・難病あり	1.4%	1.4%
障害あり	1.8%	0.5%
無回答	2.3%	0.9%
子どもの成績（Q26）	n.s.	
成績良好	6.1%	6.3%
まあまあ良好	28.2%	25.0%
普通	40.5%	45.5%
やや遅れている	19.1%	9.8%
かなり遅れている	3.8%	10.7%
無回答	2.3%	2.7%
子どもの不登校（Q26）	n.s.	
不登校経験なし	82.4%	86.6%
不登校経験有（現在は登校）	6.9%	7.1%
現在不登校中	3.8%	3.6%
わからない	2.3%	0.9%

注：n.s.　統計的有意ではない（カイ二乗検定）

第9節　分析からわかったこと

　このように、JILPT の調査データを用いても、10代（15 〜 19歳）で出産した母親（若年母親）は、そもそも、母親自身が成人前にさまざまな逆境に遭っている割合が高いことがわかった。「両親の離婚」を経験している率は、若年母親の4割となり、25歳以上で初産の母親の約4倍である。また、

第5章 若年出産、婚前妊娠の母親と子ども

「親から暴力を振るわれた」経験や、生活保護受給世帯の出身割合も有意に高い。すなわち、出身家庭のひとり親世帯化やそれに伴う貧困、また、児童虐待などが、若年出産の背景にある。

　また、若年母親の6割が婚前妊娠であり、一時は結婚しているものの、その殆どが夫と離別・死別している。これは、出産年齢が低いほど婚前妊娠による出産が多く、また、婚前妊娠した母親がその後離婚にいたる率が高いという先行研究（森田2004、岩澤・三田2008）とも一致する結果である。

　次に、若年出産した母親は、そうでない母子世帯の母親に比べても、学歴が著しく低く（4割弱が中卒）、就労状況も求職中が多いなど厳しい状況にある。学歴の低さは、若年母親の際立つ特徴であり、20〜24歳出産の母親と比べても状況が大きく異なる。その背景には、若年出産の陰には、母親の生育環境（出自家庭の状況）に、児童虐待や親の離婚、親の死亡といった逆境的な要素が多く含まれていることが考えられる。若年母親は、そうでない母親に比べても、成人前に両親が離婚した率や、児童虐待を受けた率、成人前に生活保護を受けた経験がある率、成人前に父親が死亡した率が高くなっている。これらの複合的な逆境の要素は、若年出産で生まれた子ども、および、その後の子どもに影響を与えている可能性がある。

　子どもの状況については、概ね、海外や日本の先行研究と一致しており、若年出産による子どもは、そうでない子どもに比べ、健康状況、学校での成績、不登校にて悪い状況にある。しかしながら、図表5-12と5-13を詳しく見ると、これらの不利は、母子世帯に育つ子ども全般、また、自分自身の出生時に母親が20歳以上であってもみることができる。また、不登校を除くと、「婚前妊娠」で生まれた子ども全体においても、健康状況が良好でない子ども、成績が「遅れている」子どもが多くなっている。これらの結果から、若年母親をもつ子どものウェル・ビーイングの低下は、母親が未成年であり未熟で子育てにかかわるという要因ではなく、母子世帯であり貧困であることや、若年母親となった出身家庭からの負の連鎖であることが示唆される。

1 現行の若年母親への支援の課題

　それでは、若年母親に対して、どのような支援が現在行われているのだろ

117

うか。

　日本においては、まずは、望まない妊娠の抑制のための施策が先行している。中高校生に対する効果的な性教育が教育現場や、産婦人科業界から模索されている。もちろん、望まない妊娠を抑制することは、まず行わなくてはならない政策であろう。しかしながら、「望まない」の背景には、現在の日本においては、子どもを持つことが、将来の母親のキャリアや人生に大きな「負担」であるという悲しい現実があることも忘れてはならない。

　一方で、出産を選択する母親たちと、その子どもに対する支援については、通常の母子世帯や貧困世帯への支援のほかには手薄なのが現状である。貧困世帯に関しては、生活保護制度や近年に始まった生活困窮者自立支援法による自立支援が用意されているものの、生活保護制度については受給要件が厳しく、受給率が低い。また、ひとり親世帯への支援として児童扶養手当や、母子世帯の母親に対する就労支援制度（マザーズハローワーク、母子家庭等就業・自立支援事業、高等職業訓練促進給付金など）が十分にないにせよ存在する（厚生労働省 2014）。しかしながら、これらの事業は母子世帯全般を意図しているため、本稿で見たように、その他の母子世帯に比べても、特に中卒が多く、学歴・職歴ともに著しく厳しい状況に置かれている若年母子世帯のニーズに着目しているわけではない。また、若年母親の多くは、出産直後は結婚しており、全体でも、既婚者が 4 割存在するが、彼女たちはひとり親世帯に対する施策の対象外となっている。

　若年母親に特に着目した支援としては、母子保健において若年母親を「特定妊婦」として保健師により行われる子育てアドバイズなどが挙げられる。これは特に母親が未成年であることから支援がなされるものであるが、母子保健の政策であることもあり、育児支援や育児方法の指導などを視野にいれていても、母親のキャリアプランや貧困対策といったところまで支援ができる枠組みではない。第9節の分析で見たように、若年母親から未成年の時に生まれた子どもと、成年後に生まれた兄弟姉妹間における子どものウェル・ビーイングの差がないことは、若年母親が抱える問題は、母親が未熟であることから派生するものではなく、むしろ、母子世帯となって貧困化したり、学歴が低いことから就労状況が悪いこと、また、出身家庭からの不利を背

負っていることが要因であると考えられる。だとすれば、母子保健による育児支援よりも、より福祉・教育的な支援が必要なのではないだろうか。

2 若年母親支援の政策に向けて

　本稿で見たように、若年母親（20歳未満で出産）が、20～24歳で出産した母親に比べても、学歴が著しく低く、また、就労状況も厳しいことを踏まえると、若年母親については、まず、高校における教育の継続および再教育の支援が必要と考えられる。妊娠した時点において、母親のキャリア形成が中断されてしまうことを、まず阻止する必要がある。そのために、妊娠および子育て中であっても、高校および大学・高専・専門学校などの学生生活をおくることができるように教育現場における支援を徹底していくべきであろう。また、いったんキャリア形成を中断した後に妊娠したのだとしても、再教育を可能にする政策が求められている。これについては、平成27（2015）年度に「ひとり親家庭高等学校卒業程度認定試験合格支援事業」が厚生労働省により始められた（厚生労働省 2017）。しかし、支給内容は受講費用の6割（上限15万円）[6] であり、平成27（2015）年度の支給実績は全国で6人に留まっている。この制度は通信制講座を念頭に作られていると考えられるが、いったん教育を中断した母親が子育てと就労をしながら勉学をすることは非常に困難である。より活用されやすい制度とするために、生活費を含めた支給内容の引き上げとともに、学校側においても彼女らを受け入れることができる体制づくりをする必要があるのではないだろうか。10代妊娠・出産が大きな問題であるアメリカにおいては、保健福祉省（US DHHS）が妊娠した10代女性、パートナーおよび家族に対して継続的な支援を行うための資金を用意しており（USDHHS　HP）、この資金を利用して、各州において、さまざまなプログラムを実施している。例えば、ミネソタ州では、「妊娠および子育て中の学生サポート・プログラム」として、ミネソタ州内の大学に通う妊娠および子育て中の学生のための、ペアレンティング・クラス、健康支援、住居費、保育費、食費、光熱費などへの緊急金銭的支援、タバコや飲酒、DVなどのスクリーニングなどのサポートを行っている。日本において

6　高卒認定試験に全科目合格した場合。受講修了時は2割（上限10万円）。

は、若年妊婦・母親の数が少ないため、このようなプログラムを効果的に行う地域や場所、特定校の指定など工夫を凝らす必要があるであろう。しかし、第2節でみたように、日本における若年母親は「人数」で見ると、特定地域に集中しているため、このような取り組みも地域を特定して行うことも可能である。韓国では、妊娠しても「学習権」を保障すべきという考えに基づき、出産を望む女子中高校生が通うことができるフリースクールを全国10カ所に整備している（毎日新聞 2017/7/30）。このような取り組みは、日本でも取り入れるべきである。そうすることが、若年母親だけでなく、生まれてくる子どもの貧困防止、また、やむなく選択される妊娠中絶の抑制にもつながると感がられる。

　次に、若年母親の支援策として、母子保健によるアプローチではなく、より、福祉・教育的なアプローチを行うべきである。本稿で見たように、母親自身が子ども期から不利を抱えて育ってきている確率が高いことを踏まえると、若年母親に対する支援は「子育て支援」というよりも、「生活困窮者自立支援法」で謳われるような伴走型の密着したケースワークが必要であると考えられる。母子保健が「発見」の契機となるにしても、そこから、どのように「伴走型支援」に持っていくかが重要である。先に述べたように、母子保健が関わる妊娠期・出産初期においては、まだ、結婚も継続しており、「問題」が顕在化していない可能性もある。しかしながら、この時点において、5年後、10年後を見据えた支援を検討していく体制づくりが必要であろう。

第6章 子育て期の母親に求められている支援策

坂口尚文

第1節 はじめに

　1990年代以降、女性の高学歴化や就業支援制度の拡充により、女性のライフコースの決定において就業の果たす役割が大きくなってきた。女性のライフコースが大きく変化した点は2つあり、1つは、出産前までの就業率の上昇にある。もう1点は、産前、産後の継続就業の割合が増加したことである。結婚や出産といったライフイベントが女性の就業を規定するという図式は弱まりつつあり、むしろ昨今の未婚・晩婚化や出生率の低下を考えれば、就業に対する考え方が、結婚や出産のタイミングや産む子どもの数に影響を与える傾向が強くなったともいえる。就業の占める位置が大きくなった今日において、就業と家庭の両立を支援する政策の重要性が一層増している。

　一方で、妊娠、出産を機に仕事を辞め専業主婦として子育てに専念するという選択、あるいは子どもの手が離れてから再就業するというライフコースも、女性の中では依然として大きな割合を占めている。もちろん、子どもの出産を機に仕事を辞めることが、昔も今も多くの女性にとって「選択」という語感に見合うほど積極的なものであるかは議論の余地がある。ただ、そうであるからこそ、就業や子育てに対する支援は、就業にも重きを置いてきた人／置こうとしている人だけでなく、いずれのキャリアやライフコースをたどった人／たどる人たちに対しても配慮し包括的に議論する必要がある。

　就業と子育てに対する支援策の評価は、これまでの実証分析では産前、産後の就業継続や（追加）出生の実現をアウトカムとして捉えることが多かった。主な実証分析として、育児休業制度と就業継続（駿河・張2003、今田・池田2006）、育児休業制度と出生（山口2005、滋野2006、坂爪・川口

2007 など）[1]、保育料や保育所の定員率と就業継続（滋野・大日 1999、大石 2002、宇南山 2011 など）の関係が、仕事と家庭の両立支援の立場から取り扱われている。一方で、女性のライフコースが多様化している今日において、子育て期の母親が直面している問題も一層多様なものになっていることが予想される。単一の指標の改善だけで母親全体の厚生を評価することは難しくなっており、継続就業や少子化解消などのマクロな政策課題が個々の母親が直面している問題やニーズに必ずしも一致するとは限らない。就労や子育てのきめ細かい支援策を考える上では、個々の母親が実際に何を必要としているのか、当事者の目線で把握していくこともあわせて必要である。

　本章では（独）労働政策研究・研修機構が 2012 年に実施した「子どものいる世帯の生活状況および保護者の就業に関する調査」データを用い、どのようなプロフィールを持つ母親がどのような就業・子育て支援策を支持しているかを明らかにしていく。同調査は 18 歳以下の子どもがいる世帯に対して行った調査である。本章の分析は、調査対象者の中からふたり親世帯の母親、1,440 人を用いて行っている。調査対象者の平均年齢は 40.0 歳、年齢幅は、21 歳から 60 歳の間にほぼ収まっている[2]。

　本章の構成は以下の通りである。第 2 節で就業と子育てに関する 9 種類の支援策について、どの程度支持されていたか、単純集計の結果をみてみる。第 3 節では、どのような母親がどの支援策を支持しているのか、その違いを子細にみていく。最後の第 4 節では結論をまとめる。

第2節　就業と子育てに対する支援策

1 対象にした支援策について

　本節では各支援策がどの程度、支持されていたのか、概略を示すことにする。結果の提示に先立ち、ここでは扱った支援策を提示しておく。分析の対象にした支援策は図表 6-1 の右の欄に示した 9 個の支援策で、金銭面でのサポートから休業制度の拡充まで幅広い分野をカバーしている。調査では、「あ

1　育児休業制度と出生の関係は、酒井・高畑（2011）のサーベイにおいて包括的にまとめられている。
2　この年齢範囲に収まらない 70 歳以上の対象者が 1 ケースだけ含まれる。

なたが育児と就業を行う上で、国や自治体からの支援で拡充すべきだと思う
ものは何ですか」という設問に対して、提示した支援策の中から最大3個ま
でを選択してもらった。そのため、調査結果を解釈する際には、それぞれの
支援策が就業や子育てにとって必要とされているかではなく、むしろ母親に
とって優先度が高いと考えられている点に留意する必要がある[3]。また、各
支援策は比較的小さい子どもがいる母親を対象にしたものが多い。一方で調
査の対象者は18歳以下の子どもがいる母親である。よって、回答は母親が
現時点で必要と感じている支援策だけでなく、自分の経験や実感に基づい
て、子育て期の母親に必要と思える支援策が選択されているケースも想定さ
れる。

　さて、9個の支援策を個別に議論し理解することはやや煩雑でもある。以
下では、支援策を内容面から「金銭的支援」、「保育サービス」、「休業・休暇
の期間延長」の3つの上位カテゴリーに分け、本稿ではあわせて言及する[4]。
各カテゴリーに含まれる支援策は以下の通りである。「金銭的支援」は、「職
業訓練を受ける際の金銭援助」、「乳幼児医療費助成期間の延長」、「年少扶養
控除の復活」、「児童手当（子ども手当）の増額」である。「保育サービス」
は、「保育所サービスの多様化（休日保育、延長保育等）」、「保育所の増設・
受け入れ児童数の増加」、「病時、病後児育制度の充実」である。「休業・休
暇の期間延長」は、「原則1年とする育児休業の法定期間の延長」、「年5日
とする子の看護休暇の法定期間の延長」とする。なお、調査では「その他」、
「国や自治体からの支援は十分である」、「よくわからない」の選択肢も設け
ているが、分析からは除外している。

3　なお、複数の支援策が選ばれた場合に、それら支援策の間に順序づけはしていないため、母親
　がどの支援策が最も重要と考えているかまでは調査から分からない。
4　この分類は（独）労働政策研究・研修機構（2012）に従っている。

図表 6-1　本章で取り扱う支援策

金銭的支援	「職業訓練を受ける際の金銭的援助」 「乳幼児医療費助成期間の延長」 「年少扶養控除の復活」 「児童手当の増額」
保育サービス	「病時・病後保育制度の充実」 「保育所の増設・受け入れ児童数の増加」 「保育所サービスの多様化」
休業・休暇の期間延長	「子の看護休暇の法定期間の延長」 「育児休業の法定期間の延長」

2　支援策の支持の分布

　図表 6-2 に、就業・子育てに関する支援策ごとに選択された割合を示した。選択された割合が最も高かった支援策は、「児童手当（質問票上は子ども手当）の増額」で、選択された割合は 50.4% と、母親の 2 人に 1 人が選択しており、他の支援策に比べて支持割合が突出している。子育てに対する母親の金銭的ニーズの高さがうかがえる。同時に他の金銭的支援策に比べての認知度の高さを反映しているとも考えられる。一方で、他の支援策に対して、これら金銭的支援策は母親の就業意向や子どもの状況とは関係なく、広く子どものいる世帯が受給の対象となるため、結果的に多くの母親に選択された大きな要因であることにも留意する必要がある。

　「児童手当の増額」に次いで選択された割合が高かったのは、「乳幼児医療費助成期間の延長」で 31.4% である。このように上位 2 つを金銭的支援策が占めており、子育て期の金銭的支援のニーズが高いことが裏付けられている。

　これら 2 つの金銭的支援策に次いで、選択された割合が大きかったのは「保育サービス」に関する支援策群である。「保育所サービスの多様化」が 27.8%、「病時・病後保育制度の充実」が 27.4%、「保育所の増設・受け入れ児童数の増加」が 24.3% と、母親の 4 人に 1 人が選択した結果となっている。「保育サービス」に関する支援策の間では、選択割合には大きな差異はみられない。

　一方で「休業・休暇の期間延長」に関する支援策群は選択された割合が相対的に低い。「子の看護休暇の法定期間の延長」は 6.1%、「育児休業の法定期間の延長」は 7.8% と、休業・休暇期間を法制面から延長する支援策は、

第6章 子育て期の母親に求められている支援策

いずれも1割に満たない母親のみが選択していた。

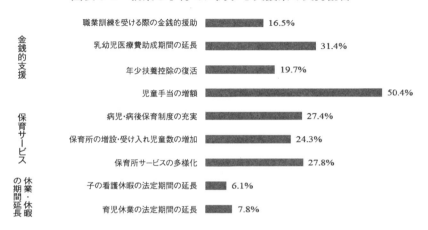

図表6-2 就業と子育てに関する支援策の支持割合

なお、図表6-2には掲載していないが、設問の選択肢に提示した「その他」の回答割合は1.9%、「国や自治体からの支援は十分」は3.8%、「よくわからない」は0.6%であった。調査対象者のほとんどは、提示したいずれかの具体的支援策について拡充を希望している。ただし、いずれの支援策も選択してかった対象者が全体8.3%ほどいる。この8.3%の対象者は質問に回答しなかっただけなのか、いずれの支援策も支持していないのかはわからない。本章ではこれらの対象者については、各支援策ともに積極的な支持をしていないものとみなし、集計の分母からは除外していない。

さて、9個の支援策を個別にみた場合では、母親らがどのようなタイプの支援を求めているのかが幾分ぽやけてしまう。その全体像を端的に示すため、「金銭的支援」、「保育サービス」、「休業・休暇の期間延長」に各支援策を内容で集約して、そのカテゴリー別の支持割合を見てみる。図表6-3は、各カテゴリーに含まれる支援策を1つでも支持していた人の割合を示したものである。結果をみると3つのカテゴリーの中では、「金銭的支援」の割合が最も高く72.3%であった。多くの母親が何らかの金銭的支援策を選択としてい

るといえ、個別の支援策でみたとき以上に、子育てにかかる金銭的負担軽減のニーズが高いことが明らかに分かる結果といえよう。「保育サービス」を選択した割合が50.3%と半数の母親が選択している結果となっている。一方で「休業・休暇の期間延長」への支持が12.5%となっている。他の2つのカテゴリーに比べて、「休業・休暇の期間延長」の選択の低さが際立った結果となった。

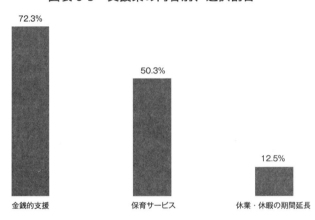

図表6-3 支援策の内容別、選択割合

最後に、回答者個々人が重複を含めて、ある1つの支援内容に特化して支援策を選択していたか、それともいずれのカテゴリーからも広く選択していたのかに着目してみる。すなわち、個人レベルでみた場合、母親が1つの分野の支援を優先的に必要としているのか、いずれの分野も遍く必要としているのかに関心を向けることになる。図表6-4は回答者がいくつのカテゴリーを支持していたか、その頻度の分布を示したものである。結果をみると1つの支援カテゴリーのみを支持していた割合が最も多く、48.3%にのぼる。一方で、3つすべてのカテゴリーから広く選択した回答者の割合は4.0%に過ぎない。半数近くが金銭、保育、休業度の延長のいずれか1つ支援策を中心に支持しており、3つの関連政策にまたがって支持した人はほとんどい

ない。ただし、異なる3つの支援カテゴリーに回答があった人の割合は37.5%である。カテゴリー間の重複割合を提示することは省略するが、3つのカテゴリーを選んだ場合は「金銭的支援」と「保育サービス」の双方の選択がほとんどを占めている[5]。図表6-2で示した個別支援策の結果もあわせて回答傾向をまとめると、「金銭的支援」か「保育サービス」のいずれか一方、あるいはその両方を選択していた人たちが大部を占めていたことになる。

図表6-4　内容別、選択していた支援策数の分布

選択数（個）	0	1	2	3
構成比	10.3%	48.3%	37.5%	4.0%

　以上見てきたように、子育て中の母親にとって「金銭的支援」への幅広い期待があることが分かった。ただ、ここで気をつけなければならないことは、「金銭的支援」は子育て中のほとんどの母親が恩恵を受ける支援策という点である。一方で、「保育サービス」は未就学児がいる母親にしか直接的には影響を与えない支援策である。また「保育サービス」と「休業・休暇期間の延長」は就労意欲がある母親に対して恩恵がある支援策である。制度の対象となる範囲が広い「金銭的支援」が選ばれやすいのは当然の帰結といえなくもない。上記の結果をもって支援策間の優劣や重要度を単純に論じることはできない。次節では各支援策がどのようなプロフィールを持つ母親から期待されているかを明らかにする。

5　設問では選択できる数を3つまでと制限している。そのため、各支援策を選択するかしないかの回答は独立な事象ではない。選択を同じ支援カテゴリーに集中させた人と、分散させた人では、ある支援カテゴリーを支持していてもその意味合いがことなるかもしれない。例えばニーズの内容や切実度である。集中か分散の回答傾向を推定するためには、対象者が選択した最大3つの回答を一つの組として扱わなければならない。ただ、対象者それぞれの応答変数をベクトルとして扱うことは、モデルと結果の解釈が煩雑になる。本稿では、回答者の3つの選択をそれぞれ独立と仮定した推定のみを提示する。選択の相互連関を考慮した分析は今後の課題としたい。

127

第3節　誰がどのような支援策を支持しているか

1 アプローチ

　本節では、各支援策がどのような母親から支持されているかについて回帰分析を用いて明らかにしていく。誰がどのような支援策を支持しているかを明らかにすることによって、当該支援策がある特定の層に影響を与えるものなのか、それとも子育てを行っている母親にあまねく恩恵を与えるものなのかが第一義的には明らかになる。特に本節では母親のプロフィールと支持する支援策の関係について次の2点に着目する。

　1点目は母親とその子どものライフステージが各支援策の支持に与える影響である。当該支援策が特定のライフステージや状況に依存した一過性のニーズなのか、それとも子どもを産み育てるといった長期にわたるニーズなのかを明らかにしていく。さらには、例えば子どもの学齢に依存した支援策であっても、子育て中の母親から幅広い支持を集めているのであれば、その時期のサポートこそが極めて重要であると、子どもを持つ多くの母親が考えている証左となるだろう。2点目は母親のこれまでの就業経路など、過去の出来事や経験が支援策に与える影響にも着目する。同じような属性を持つ母親であっても、異なるライフコースをたどったことにより、子育てや働き方に対する考え方に違いがでるか／でないのかを明らかにすることで、現在の支援の在り方だけでなく、ライフコースの岐路における支援の在り方にも遡って目を向けることが可能である。

　さて、具体的に今回の分析に用いた対象者のプロフィールについて、図表6-5にまとめた。自身の子どもの状況については、子どもの人数と末子の学齢に着目している。子どもの人数は医療費や教育費などの費用面に大きく影響し、また育児の手間といった母親の負担感にも影響すると考えられる。分析ではさらに、子どもの人数そのものだけでなく、理想の子ども数とのかい離も変数に含めた。現実の子ども数が理想の子ども数より少ない場合は、まだ子どもが欲しいという母親の期待に対してどの支援策が必要とされているのかを把握することができる。同様に、現実の子ども数が理想の子ども数よ

り多いと感じている場合は、その負担感を解消させる支援策のあり方が見えてくる。

末子の学齢は、子どもの成長過程にそって、どの支援策が必要とされているかを測る指標といえる。また、特に末子が未就学の場合は、母親が今回取り扱う「保育サービス」と「休業・休暇期間の延長」の直接的な対象である確率が高い。調査では選択できる支援策の数を3つまでとしている。そのため「保育サービス」等を考慮する必要性が薄い未就学児がいない母親に対して、未就学児がいる母親では結果的に選べる支援策の自由度が制限される可能性がある。また末子の学齢を考慮することは、調査時点に依存する母親および子どものライフステージの違いが、学歴等の他の時点不変な属性の推定値に与える影響をコントロールする目的もある。

母親の現在の就業状態については、まず現在、就業しているかどうかで分割した。その上で、働いていない場合は、就業意志があるかないかで、さらに2つに分けた。また働いている場合には、就業形態を正規・非正規、その他の別でカテゴリー化している。

加えて本章では、第1子出産前後（出産の前＝出産半年前、出産の後＝出産から3年後）の就業形態の履歴についても着目した。日本では出産を機に退職する傾向は依然として高く、特に第1子出産はその後のライフコースの分岐点といえる位置づけにある（武石 2009、池田 2012）。第1子出産後に継続就業ができた母親の間で、どのような支援策が必要とされているか理解することは、今後、女性の継続就業の底上げを考える上で有用な情報となる。一方で、個々の母親にとって、これまでたどってきたライフコースは所与のものであり、遡って変更することはできない。異なるライフコースを選び歩んできた母親の間で、選択される支援策に違いがある場合、その差を明確にすることは、今後、ますますライフコースの多様化が進み、多様な経歴を持つ母親たちがどのような子育て・就労支援策を求めているかを理解する一助になる。

なお、第1子出産前後の就業状態については、母親によって出産した年齢と時期が異なることに注意しなければならない。出産した年齢によって就労や子育てに対する意識や、出産した時期により法制面の整備状況や社会の意

識などの時代背景が母親の間で異なることが予想される。加えて、調査では幅広い年齢層の対象をとっており、母親の出生年（＝母親が属する世代）も異なっているため、子育てや働き方に対する考え方も世代によって違うことも予想される。ただ、これら年齢、時代、世代の3つの効果の影響を同時に識別することは、何らかの仮定を置かないかぎり不可能である。ここでは、扱いと解釈が比較的に容易な対象者の出生年のみに焦点をあてることにする。出生年は概ね世代の違いによる意識の差を捉えたものとみなせるが、3効果の影響を識別はしていないため、得られた推定値には年齢、時代の影響も含まれている。なお、推定では母親の出生年とベクトルの意味で同値になる現在の母親の年齢で出生年を代替した[6]。産前・産後の就業形態ごとに水準（切片）が異なるように設定し、その上でグループごとに母親の年齢に沿って傾きが異なるよう推定式に組み込んでいる。水準の違いは出産後も正規職で働き続けたか、あるいは出産後に非労働力化したかなど、個々人がたどった就業状態の経路間の差異を示すものである。年齢の影響は、第1子出産前後ともに正社員として働いていた女性の間でも、例えば現在40歳の母親と30歳の母親では支援策の選択に対する考え方が異なることを考慮したものである。

---

6 データからは、出産時年齢、出産した暦年、対象者自身の出生年のすべてを計算することは可能である。ただし、出産年齢、暦年、対象者の出生年の3つの要素は線形従属の関係にあり、何らかの制約を置かないかぎり、推定上、分離は不可能である。また、晩産化の影響から、第一子の出産年齢は世代の影響を強く受けている。さらに、サンプリングが対象者の年齢ではなく、子どもの年齢を基準にしている。そのため、20歳代の対象者では20歳代までに子どもを産んだことになるが、50歳代では原理上10歳〜50歳のすべての年代で出産している可能性があり、対象者の年齢による出産年の割り付けはランダムではない。比較的、解釈が容易と思われる対象者の年齢を用いている。

第 6 章　子育て期の母親に求められている支援策

図表 6-5　分析に用いた変数の定義

子ども数	・現在の子どもの人数（実数） ・下記に該当する場合、1 の値をとるダミー変数： 　　- 理想の子ども人数が現在の子ども人数より多いとき 　　- 理想の子ども人数が現在の子ども人数より少ない
末子学齢	末子の就学状況を下記の 6 つのカテゴリーに分類： 家庭内保育、保育園、幼稚園、小学校低学年（1 〜 3）、 小学校高学年（4 〜 6）、中学生以上
本人学歴	母親が大学・大学院を卒業している場合は 1、 それ以外を 0 とするダミー変数
世帯所得	年間の税込世帯所得を下記の 7 つのカテゴリーに分類： 300 万円未満、300 〜 400 万円、400 〜 500 万円、 500 〜 600 万円、600 〜 800 万円、800 万円以上、 収入無回答
現在の就業	現在の就業状態について、 ・無職の場合は： 　　- 就業意志あり 　　- 就業意志なし ・有職の場合は： 　　- 正社員・正規職員 　　- 非正規（契約社員、派遣社員、パート・アルバイト） 　　　その他（自営業、個人業務請負等） ・就業について無回答の場合は： 　　- 就業状態不明
第 1 子出産前 後の働き方	第 1 子出産の半年前と出産 3 年後の母親の就業状況について、下記 9 つの組み合わせをカテ ゴリーとして提示。提示した「その他」以外のカテゴリーは、観測数が 30 以上あるものに限定 している。非正規は契約・派遣社員、パートをまとめたものである。育児休業中と答えているも のは、便宜上、正規に分類した： 「無職 - 無職」、「無職 - 非正規」、「正規 - 無職」、「正規 - 正規」、「正規 - 非正規」、「非正規 - 無職」、 「非正規 - 正規」、「非正規 - 非正規」、「その他」
都市規模	東京都区部および政令指定都市、人口 20 万人以上の市 人口 10 万人以上 20 万人未満の市、人口 10 万人未満の市、町村

2　推定結果

　支援策のカテゴリーごとに回帰分析を行い、得られた結果を図表 6-6 に掲載した[7]。用いた分析法はロジスティック回帰分析であり、当該カテゴリーを選択していた場合は 1 を、してない場合は 0 を割り振り、各項目に回帰させている。推定値の 95％信用区間に 0 が含まれないものについては、図表6-6 に提示した係数に網掛けをしている。

　図表 6-6 の推定結果はやや煩雑であるため、図表 6-7 には効果の影響がみ

7　推定はマルコフ連鎖モンテカルロ法（MCMC）で行っている。25,000 回の試行を行い、最初の 5,000
　回を burn-in 期間として扱っている。本稿では、各共変量に説明力があるかどうかを事後分布の
　95％ 信用区間が 0 を含むかどうかで判断する。推定値として記載する係数の値は、事後分布の
　中央値で評価したものである。なお、第 1 子出産前後の就業状態や子どもの学齢など、カテゴリー
　変数についてはすべてのカテゴリーを推定式の共変量として扱い、それら係数の和を 0 とする
　線形制約をして識別問題を回避している。

131

られた属性（係数の95％信用区間に0を含まないもの）のみを抜き出し、まとめた。図表6-7で網掛けをしているものは負の係数が推定されていることを示し、網掛けをしていないものは正の係数が推定されていることを示している。すなわち，図表6-7で網掛けをした項目では、その属性を持つ母親、あるいはその状況下にあった母親が当該支援策を選んでいない傾向を示しており、網掛けがない項目は当該支援策を選ぶ傾向があることを意味している。

図表6-6　推定結果

	共変量	金銭的支援				保育サービス				休業・休暇の期間延長			
		中央値	95%下限	95%上限	Gelman-Rubin	中央値	95%下限	95%上限	Gelman-Rubin	中央値	95%下限	95%上限	Gelman-Rubin
	切片	2.17	0.74	3.35	1.18	0.19	-0.91	1.37	1.01	-2.12	-4.13	-0.17	1.02
子ども数	人数	0.28	0.08	0.47	1.02	-0.06	-0.22	0.11	1.00	0.07	-0.20	0.34	1.00
	理想より少ない	0.45	-0.26	1.25	1.00	-0.02	-0.80	0.56	1.00	-1.71	-3.68	-0.37	1.00
	理想より多い	-0.15	-0.45	0.17	1.01	0.49	0.22	0.76	1.00	0.16	-0.27	0.58	1.00
末子学齢	家庭内保育	-0.22	-0.60	0.16	1.02	0.44	0.10	0.78	1.00	0.43	-0.04	0.90	1.00
	保育園	0.19	-0.16	0.54	1.01	0.39	0.09	0.71	1.00	-0.14	-0.59	0.30	1.00
	幼稚園	0.46	0.04	0.90	1.01	-0.50	-0.84	-0.16	1.00	-0.19	-0.82	0.37	1.00
	小学校低学年	0.14	-0.17	0.46	1.02	-0.31	-0.60	-0.02	1.00	-0.35	-0.87	0.12	1.00
	小学校高学年	-0.59	-0.94	-0.23	1.04	0.21	-0.12	0.55	1.00	0.27	-0.24	0.78	1.00
	中学生以上	0.02	-0.21	0.24	1.00	-0.24	-0.43	-0.04	1.00	-0.01	-0.32	0.30	1.00
本人学歴	大学卒	-0.35	-0.66	-0.02	1.00	0.53	0.21	0.85	1.00	0.51	0.10	0.91	1.00
世帯所得（税込）	300万円未満	0.74	0.13	1.46	1.01	-0.58	-1.07	-0.13	1.00	-0.43	-1.41	0.38	1.00
	300～400万円	-0.06	-0.45	0.37	1.01	-0.25	-0.61	0.09	1.00	-0.18	-0.82	0.40	1.00
	400～500万円	0.47	0.05	0.91	1.00	0.08	-0.25	0.40	1.00	0.15	-0.39	0.63	1.00
	500～600万円	-0.02	-0.37	0.36	1.00	0.29	-0.01	0.60	1.01	-0.22	-0.76	0.28	1.01
	600～800万円	-0.43	-0.70	-0.15	1.00	0.10	-0.15	0.35	1.00	0.43	0.06	0.81	1.00
	800万円以上	-0.50	-0.79	-0.22	1.00	0.47	0.22	0.73	1.01	0.52	0.14	0.91	1.00
	収入無回答	-0.22	-0.51	0.07	1.00	-0.10	-0.34	0.16	1.00	-0.23	-0.71	0.20	1.00
現在の就業	無職（就業意志なし）	-0.37	-0.84	0.10	1.01	-0.34	-0.80	0.10	1.00	-0.61	-1.55	0.16	1.00
	無職（就業意志あり）	0.24	-0.09	0.56	1.00	0.10	-0.18	0.39	1.00	0.01	-0.45	0.48	1.00
	正社員・正規職員	-0.05	-0.41	0.32	1.00	0.10	-0.24	0.44	1.00	0.78	0.29	1.30	1.00
	非正規・その他	0.13	-0.14	0.40	1.00	0.08	-0.17	0.33	1.00	-0.34	-0.76	0.11	1.00
	就業状態不明	-0.05	-0.65	0.80	1.00	0.06	-0.60	0.71	1.00	0.21	-1.04	1.17	1.00
第1子出産前後の働き方（水準）	無職-無職	2.16	0.23	4.24	1.39	0.02	-1.62	1.65	1.03	-2.95	-6.07	0.08	1.01
	無職-非正規	-1.44	-4.69	2.09	1.03	0.45	-2.26	3.33	1.02	-2.02	-8.18	3.30	1.01
	正規-無職	2.39	-0.24	5.16	1.14	-0.40	-2.67	1.80	1.03	0.85	-2.77	4.21	1.03
	正規-正規	-0.14	-2.17	2.30	1.25	-0.78	-2.74	1.10	1.03	2.68	0.27	5.32	1.06
	正規-非正規	1.35	-1.49	4.55	1.10	-0.26	-2.81	2.37	1.03	-2.69	-8.94	2.41	1.05
	非正規-無職	-0.63	-2.75	1.80	1.02	1.11	-1.06	3.27	1.01	1.88	-1.40	5.14	1.01
	非正規-正規	-2.33	-7.57	2.35	1.03	-2.34	-6.45	1.78	1.02	0.03	-6.91	6.79	1.01
	非正規-非正規	-0.99	-3.98	2.13	1.10	1.48	-1.18	4.02	1.02	-0.05	-5.35	4.88	1.01
	その他	-0.49	-2.25	1.13	1.14	0.74	-0.79	2.23	1.01	2.62	0.24	4.98	1.04
第1子出産前後の働き方（現年齢の影響）	無職-無職	-0.09	-0.14	-0.04	1.37	-0.02	-0.06	0.02	1.02	0.05	-0.02	0.12	1.02
	無職-非正規	0.01	-0.09	0.10	1.07	-0.01	-0.09	0.06	1.03	0.03	-0.13	0.19	1.02
	正規-無職	-0.09	-0.16	-0.02	1.12	-0.01	-0.07	0.05	1.03	-0.03	-0.13	0.06	1.02
	正規-正規	-0.03	-0.09	0.02	1.20	0.01	-0.04	0.06	1.02	-0.08	-0.14	-0.02	1.06
	正規-非正規	-0.07	-0.01	0.01	1.16	0.00	-0.07	0.07	1.03	0.05	-0.10	0.21	1.05
	非正規-無職	-0.02	-0.09	0.04	1.06	-0.04	-0.10	0.01	1.01	-0.06	-0.15	0.03	1.01
	非正規-正規	0.04	-0.10	0.19	1.03	0.05	-0.06	0.17	1.02	-0.02	-0.22	0.17	1.01
	非正規-非正規	-0.01	-0.10	0.07	1.16	-0.05	-0.13	0.02	1.02	-0.02	-0.17	0.13	1.00
	その他	-0.03	-0.07	0.01	1.03	-0.02	-0.06	0.02	1.01	-0.08	-0.13	-0.02	1.01
都市規模		調整あり				調整あり				調整あり			
DIC		1,639				1,924				1,038			
観測数		1,440				1,440				1,440			

注：網掛けは、95％信用区間が0を含まないものである。

図表 6-7　支援策の選択に関して説明力のあった項目

	金銭的支援	保育サービス	休業・休暇の期間延長
子どもの数	現在の子どもの数	理想より子どもが少ない	理想より子どもが多い
末子学齢	幼稚園 小学校高学年	家庭内保育 保育園 幼稚園 小学校低学年 中学生以上	
本人学歴	大卒	大卒	大卒
世帯所得	300万円未満 400〜500万円 600〜800万円 800万円以上	300万円未満 800万円以上	600〜800万円 800万円以上
現在の就業			正社員・正規職員
第1子出産前後の就業 水準（切片）			正規―正規 その他
年齢との交互作用	無職―無職 正規―無職		正規―正規 その他

注：網かけは当該支援策を選ばない傾向にある属性

　図表6-7をみると、3つの支援策に共通して説明力を有していたのは、母親が大学を卒業しているかどうかであった。「金銭的支援」では負の係数になっており、大卒の母親では他の学歴に比べて「金銭的支援」を相対的に支持していない。一方で「保育サービス」と「休業・休暇の期間延長」では、母親が大卒である効果として正の影響が得られており、大卒の母親はこれらの支援策を相対的に支持している。「保育サービス」や「休業・休暇の期間延長」は、母親が有職であることを前提とした支援策である。大卒の母親は金銭面よりも就業面での支援策を選択する傾向が強いことになる。野崎（2011）では、大卒女性では出産を経ても賃金下落が小さい一方、大卒以外の学歴では下落が大きいことが指摘されている。大卒女性では、産後も円滑に働き続けることを担保してくれる支援策が重要であるが、大卒以外の学歴の女性では出産に伴う離職や、出産後に以前より低い賃金での再就職を多くの者が経験し、まずはそれらに伴う賃金減少分の補てんを支援策として求める傾向があるのかもしれない[8]。

　次に、支援策ごとに影響のあった項目を個別にみてみる。まず「金銭的支援」では、子どもの数そのものが説明力を有しており、子どもの数が多いほ

ど「金銭的支援」を選択する傾向にある。一方で、子どもの理想数と現実の子ども数とのかい離は、多寡いずれの方向にも説明力をもっていない。このことから「金銭的支援」のニーズは、育児や教育など現状の金銭面での大変さに直面している母親で高い。だが、さらに子どもを欲しいと考えている母親にとって、今回提示した「金銭的支援」が子育てにかかる（長期的な）金銭面での不安を解消するかどうかまでは不明である。「金銭的支援」の選択に与える世帯所得の影響をみてみると、所得層での分断がみられる。500万円未満の相対的に低い所得層では選択に正の影響が得られ、600万円を超える高い所得層では負の影響が出ている。相対的に低い所得層では「金銭的支援」を選択する傾向があり、高い所得層では選択していない傾向にある。

　母親の就業と「金銭的支援」の関係については、現在の就業の有無や就業形態には強い関連性が見いだせなかった。また、第1子出産前後の就業状態は、まず水準の係数をみると説明力をもつものはない。現在の働き方、および産前産後にどのように働いていたかによって、「金銭的支援」を選択する傾向に大きな違いはないと言える。ただし、年齢の影響については、「無職－無職」、「正規－無職」では、負の結果が得られている。つまり、この2つのグループでは、若い世代ほど子育てに際し金銭的な逼迫度が高まっているといえよう。ただ、主として産後に無職、つまり専業主婦になった母親で負の影響がみられた点を考慮すると、母親の年齢効果と捉えた方が自然かもしれない。母親の年齢が若いことは、総じて第1子出産からの年数もさほど経っていないことを意味する。また、夫も若く生活の基盤が安定していない中で、産後しばらくは妻の収入がなかったことになる。

　次に「保育サービス」の結果の詳細をみてみる。少子化対策を考える上で興味深いのは、現実の子ども数が理想よりも少ないと考えている母親が、「保育サービス」を選択している傾向である。これから更に子どもを産みたいと考えている母親から支持されているだけでなく、自身が希望する保育サービ

8　学歴に関してはいくつか留保条件がある。一つは対象者の年齢幅がほぼ20歳代から50歳代までと、女性の大卒進学率が上昇した時期を包含する。そのため、相対的に若い対象者ほど大学を卒業している確率は高くなる。また、本稿の対象は結婚して子どもがいる母親である。酒井・樋口（2005）で指摘されているように、個々人の学歴や初期の就業状況がその後の家族形成に影響を与えているならば、対象には選択バイアスの問題が含まれる。

スを受けられそうになかったことにより、追加出生が叶わなかった母親が一定数いると捉えることができるかもしれない。母親の就業との関係に目を移すと、「保育サービス」の選択へ影響を与える項目はなかった。現在働いている女性と働いていない女性の間で、また現在と過去双方でいかなる就業形態においても選択の傾向に差が認められない。保育サービスが、母親の就業に対して概ね中立的な支持を得ている点は、他の2つの支援策と比べて特徴的である。

　末子の学齢が「保育サービス」に与える影響は、末子が保育園にいる、あるいは家庭内で保育中の子どもがいる母親で正の影響が得られ、そのような子どもを持つ母親から選択される傾向にある。一方で、末子が幼稚園、小学校低学年、中学生以上では負の影響が得られている。すなわち、現在、保育サービスの対象となる、あるいは将来なりうる乳幼児を抱えている女性を中心にして「保育サービス」が選択されたようである。

　「保育サービス」と世帯所得の関係は、所得階層によって選択の傾向に違いがある。最も低い所得区分の300万円未満の層では「保育サービス」の選択に対して負の影響が、一方800万円以上の所得層では正の影響がみられている。世帯所得の高い層では、母親も正社員として一定の時間働いているケースが多く、現況の保育サービスに更なる柔軟性を持たせて欲しいというニーズがあると考えられる。また、今回用いた調査データでは、選べる選択肢数を3つまでと制限している。そのため、世帯所得が800万円未満の層では、保育サービスの充実にまったく関心がないというよりも、現況の保育サービス利用を前提として、そのうえでも、「金銭的支援」の支持がより高いと解釈するのが妥当かもしれない。

　ただし、結果的に低い所得を受け入れても、就業せずに家事・育児に専念したいと考える、あるいは、本人・家族の心身の健康面に問題がある場合や、働いたとしても低い賃金水準の職にしか就けないなど、母親が就業を躊躇せざるを得ない層が一定数いることには留意する必要がある。周（2013）によれば、低所得世帯の母親が就業していない場合、その大きな理由の一つとして、「子どもの保育の手立てがない」ことがあがっている。さらに、その多くのケースでは保育所が利用できないというより、利用そのものを選択肢と

して考えていないことが示唆されている。政策的に保育サービスをより拡充することで、あまねく広い層の就労を維持、促進することになるのかは自明なことではない。ある一定の世帯や母親のみが低所得状態に取り残されることがないよう、保育サービスの拡充による所得分配への影響には注意を向ける必要がある。

　最後に、育児休業延長や看護休暇の延長などの「休業・休暇の期間延長」についての結果をみてみる。子どもの状況については、正の影響が認められる項目がないため、積極的に選択しているグループはないといえる。逆に、実際の子ども人数が理想の人数より多いと考えているでは負の影響がある。理想より実際の子ども数が多い母親は、「休業・休暇の期間延長」をあまり選択していなかったことになる。

　子どもの状況があまり説明力をもたない一方で、母親の就業については過去および現在の状況とも、その影響が顕著に現れている。現在の就業状態については、正社員・正規職員で正の影響があり、「休業・休暇の期間延長」を選んだ母親の多くが、現在、正社員として働いている。第1子出産前後の就業形態については、「正規－正規」、「その他」の経路で正の影響が得られている。年齢の効果についても同様に、「正規－正規」、「その他」で影響が認められ、その影響は負となっている。つまり、これらの2つのグループの中でも、特に若い母親で「休業・休暇の期間延長」が選択された割合が高いことになる。第一義的には、現在、育児休業を取得している／しようと考えている人が若い母親ほど多いことが影響していると考えられる。また、第1子出産前後とも正規職で働いていた母親の中には、育児休業制度を実際に利用した母親が多いことも考えられる。よって、育児休業制度を利用した母親の間では、育児休業の取得は前提の上で、さらに期間の延長に対するニーズが近年ほど、あるいは若い世代の母親ほど高まっていることになる。

　ただし、「休業・休暇の期間延長」を支持しているのは、やはり正規職に就いている母親が中心である。すなわち、支持しているのは、実際に制度の恩恵を受けられた、あるいは受ける見込みのある母親が中心である。少なくとも育児休業を取得できる環境の近くにいる／いた母親といえる。非正規で働いている／働いていた母親が、育児休業の拡充による波及効果を自らに期

136

第6章　子育て期の母親に求められている支援策

待する向きは少ない。実際、図表6-2で示したように、休業・休暇の期間延長を支持する母親の割合は、全体の1割程度に過ぎない。阿部（2005）が指摘していた育児休業の取得層は高学歴や高賃金の女性に偏っている状況が、今日においても大きく変化していないことがうかがえる。近年の若年層における非正規雇用の拡大、特に不本意に非正規就労をしている者の割合の高さを考慮すると、正規雇用での入職ルートの確保、あるいは正規雇用への転換促進といった、働く女性の出産前までの環境整備をあわせて考えることも必須であろう。また、子育てする母親全体を視野にいれるならば、出産を機に仕事を辞めた母親に対しても再就職支援を一層充実させるなど、一社就業継続を前提としない就業継続のサポートのあり方も、産後の就業機会の均等面から求められる。

第4節 まとめと課題

本章では就業と子育てに関する支援策について、どのような母親が、どのような支援策を支持しているかを検証した。具体的には、18歳未満の子どもがいる、ふたり親世帯の母親を対象に、「金銭的支援」、「保育サービス」、「休業・休暇の期間延長」という3つのカテゴリーに分け、それぞれの支援策を支持していた母親の属性や経歴を明らかにした。「金銭的支援」は、対象とした母親の4分の3が就業と子育てに必要な支援策としてあげていた。特に子ども数が多い層で支持される傾向が強く、また世帯所得が相対的に低い層で支持される傾向があった。「保育サービス」に関する支援策は、現在、乳幼児を抱えている母親たちや、理想よりも実際の子ども数が少ない母親たちの間で支持されていた。また、母親が就業しているかどうかや、雇用形態の違いで支持するかどうかに差がないことも特徴的であった。「休業・休暇の期間延長」は正規職のキャリアをたどってきた人たちの間で支持され、その中でもより若い世代で支持する傾向が強くなっていた。ただ、これらの結果は母親が選べる支援策の数に制限を設けた質問をもとにしている。そのため、属性間での支持／不支持を明確に表したものではなく、あくまで支援策に対する選好の強弱と捉える必要がある。

137

今回の結果から導かれる政策的含意は次のようなものが考えられる。「金銭的支援」は、世帯所得や子ども数など、母親が現在おかれている状況に強く依存している。即効性もあることから、現状の不均衡の解決に大きく寄与すると思われる。ただし、理想の子どもの数といった個人の期待、あるいは継続就労など希望するキャリアの実現といった要素との関連性は薄い。そのため「金銭的支援」の拡充が、少子化対策、および女性の就業促進やライフコース形成にどの程度の影響をあたえるかは不確かである。

　「保育サービス」の拡充は、実際の子ども数より多くの子どもを希望している／いた母親たちの間で支持されているため、少子化問題の解消を考える上で有効な手立てといえる。また、個々の母親にとっては、「保育サービス」拡充の必要性が自らの子どもの成長段階と密接に関連している。現在、乳幼児を抱えている母親、あるいは今後子どもを持とうと考えている母親から主に支持されていることから、ニーズの時機を逸することのないよう、「保育サービス」の拡充を行うのであれば迅速さが必要である。一方で、就業、子育て支援は、子育て期という比較的長い期間を通じた幅広い年齢層の母親や子どもたちを対象にしている。「保育サービス」が乳幼児といった特定のステージの子どもを持つ母親から特に支持が高いことは、サービスからの利益の享受に対して時点間、個人間の整合性を図っていくことの難しさを示したものにも思える。これから子どもを産み育てる母親に対してどのような支援策が有効かという視点だけではなく、保育サービスを利用しなかった／できなかった母親や、子どもが乳幼児期を過ぎた母親に対しても、「保育サービス」の更なる拡充に対しての理解や納得を求めていく努力があわせて必要である。

　「休業・休暇の期間延長」は、若い世代ほど支持する傾向が高まっている。産後も継続して就業することや、その際に休業を取得する権利意識が浸透し、法制面から一層の担保、拡充へのニーズがある。問題は制度を拡充する上で、そもそも育児休業制度を取得・利用できるかといった労働者間の不均衡をどのように解消していくかということになるだろう。この点は、「保育サービス」の拡充と同様で、制度、サービスの受益者が現段階では特定の層に偏ってしまうことの問題を内包している。

第6章　子育て期の母親に求められている支援策

　最後に、本章での分析の課題について2点述べておく。1点目は、今回の結果が子育て中の女性がどの政策を支持するかを評価したものであり、個々人の「このような支援策があったらいいな」という感想を超えるものではない。いずれの支援策も、その支持割合の大きさこそ違うものの、誰かからのニーズがあることが示されていた。それゆえ、費用対効果を含め、支援策のパッケージとしてどのようにバランスさせるかという視点が必要とされる。実際に各支援策が個人のニーズに沿うように機能する／したのか。また個人および社会全体の厚生をどの程度高めるかといった、支援したことによる帰結を情報として収集し、個々の支援策の評価を可能にしていくことが不可欠である。

　もう1点は、本章の結果が母親のニーズをオンゴーイングで記録したものではないことである。支援策の選好は、仕事や子育てに対する個々人の意識や考え方を反映したものとも捉えることができる。しかし、意識や考え方は時間が経過しても同一個人で変わらない部分と、時間や状況の変化に応じて変わっていく部分がある。同一個人の意識を可変と不変なものとに識別、さらにはどのような状況下で考え方が変わったかを把握できれば、個々の母親がなぜその支援策を今、選択しているかの解釈がより豊かなものになる。例えば、第1子出産前後に「正規 - 正規」のコースをたどった人では「休業・休暇の期間延長」を支持する傾向があったが、「正規 - 無職」、つまり出産を機に専業主婦になった母親では認められなかった。この結果は、もとより家庭志向が強い人が仕事を辞めたため「休業・休暇の期間延長」を選択していなかったのか、それとも仕事を続けることができなかったために「休業・休暇の期間延長」に対しての考え方が変わったのかでは、意味するところは大きく異なる。また、現在、正社員で働いている人も「休業・休暇の期間延長」を支持する傾向が高かったが、このことも同様に、現在も正社員で働き続けているだけなのか、復職あるいはパート労働から正規職転換した人も含めて政策的含意は異なる。前者であれば仕事への志向がもともと強い人がさらに期間延長を求めている結果と捉えられ、後者であれば正社員として働く際の環境、例えば比較的長時間働かなければならないことが支援策へのニーズを高めているとも考えられる。これら2つの評価を可能にするためには、

139

幅広い世代の同一個人を追跡したデータを何年にわたり蓄積していく必要がある。

　就業と子育てに関する支援策は、個々人がもとから希望していた働き方や子どもに対する向き合い方が実現できるよう、人生の岐路において「選択」の機会を担保することがまず重要である。一方で、子育て期という長いスパンを視野にいれれば、どの時点でどのような働き方を「選択」したとしても、その後の就労や子育てにおいて不公平感を抱いたり不利益を被ったりすることがないよう、「選択」した後のアフターケアも考えていく必要がある。今日、観測される人々の多様なライフコースは、多様な「選択」の積み重なりである。就業・子育て支援策を考える際には、その都度都度のニーズを捉えるだけでなく、個々人が歩んできた／歩んでいく人生という中長期的な時間的視野もあわせて考えていくことが重要であろう。

第III部
シングル女性の仕事と生活

第7章 シングルマザーは働いていてもなぜ貧困か

大石亜希子

第1節　はじめに

　日本では2014年に「子どもの貧困対策法」が施行され、教育面を含めて「貧困の状況にある子どもが健やかに育成される環境を整備する」ことが明記された。それにもかかわらず、日本の子どもの貧困率は足元で改善したとはいえ13.9％（2015年）であり、OECD（経済協力開発機構）諸国の平均（13.2％）より高い方に位置している（厚生労働省「2016（平成28）年国民生活基礎調査」）。さらに特徴的なのはひとり親世帯の貧困率が顕著に高いことである。ひとり親世帯は子どものいる世帯の7％程度に過ぎないが、半数以上が貧困にある。幼少期の貧困は、心身両面の発達に悪影響を及ぼすだけではなく、教育機会の格差を通じて成人後の所得や健康にも少なからず深刻な影響を与えることが国内外の多くの研究で明らかにされている（Almond and Currie 2011）。子どもの貧困への対応は現代日本の重要な政策課題である。

　母子世帯は、ひとり親世帯の9割弱を占めている。日本の母子世帯の特徴は、他の先進諸国と比較して母親の就業率が高いにもかかわらず、貧困率が高いことにある。シングルマザーの就業率は、「2011（平成23）年版全国母子世帯等調査報告」（厚生労働省、以下「全国調査」）によると80.6％で、国際的にみても顕著に高い。働いているひとり親世帯の貧困率に注目すると、アメリカ（36％）、フランス（12％）、イギリス（7％）に対して日本は58％とOECD諸国で突出して高い（OECD 2008）。

　この背景には、大別して2つの要因が考えられる。第1に、日本の母子世帯は二親世帯と比較して就労収入が少ない。就労収入は、労働時間と時間あたり賃金によって決まるので、母子世帯は労働時間と時間あたり賃金のどち

らか、あるいは両方が低いと考えられる。

　第2に、離別した父親の多くが養育費を払っていない。母子世帯の8割以上は離婚によって母子世帯になっているが、離別母子世帯のうち養育費の取り決めをしているのは37.7％に過ぎず、そのうち実際に養育費を受け取っているのは19.7％にとどまる（「全国調査」）。この比率は他の先進諸国と比較しても顕著に低い。

　そこで本章では、この2つの要因に注目して、母子世帯が貧困になる背景を分析する。具体的には、以下のようなステップで分析を行う。

　まず、シングルマザーの就労収入が少ない理由について、労働時間と賃金の両面から既婚マザーとの比較を行う。さらに、母子世帯になってからの経過年数に応じて就労収入が増加するかどうかを検討する。というのも、ひとり親世帯を対象とする児童扶養手当には、受給期間が5年を超えると一定の条件のもとに減額される措置（いわゆる「5年ルール」）が設けられているからである[1]。この措置は、母子世帯になってからの時間の経過とともに経済的自立が達成されることを見込んでいるのであるが、当事者をはじめ福祉関係者からの批判も多くある。そこで、経過年数と就労収入の関係について実証的に検討を行う。

　つぎに、どのような母子世帯が養育費を受給しているのか、その特徴を明らかにしたうえで、養育費徴収強化の貧困削減効果について、アメリカ・ウィスコンシン州の養育費徴収スキームを例にマイクロ・シミュレーションを行う。最後に、児童扶養手当の一部支給停止措置（5年ルール）が全面的に適用された場合の母子世帯への影響についてもシミュレーションを行う。

　分析から得られる主な発見を先取りして述べると以下のようになる。

　第1に、シングルマザーは既婚マザーよりも長時間働いている。また、パート・アルバイトとして働くシングルマザーに関しては、既婚マザーとの間に賃金差は見られない。しかし正社員の場合は、シングルマザーの平均的な賃

1　児童扶養手当法では、受給開始から5年を経過した受給者について、政令により支給額の2分の1を上限に支給停止するとしている。この措置は2008年4月分以降の手当について実施される予定であったが、2007年12月の政令改正により、就労しているなど一定の要件を満たせば、市町村への届出により減額措置の適用除外になることができるとされた。現状では5年経過した受給者の多数が届出をして適用除外となっている。

金は既婚マザーよりも低い。両者の賃金格差には、学歴や企業規模といった属性の差も影響しているが、大部分は属性では説明できない要因によってもたらされている。第2に、養育費は父親の収入が高く、ローン支払いのない持家に住んでいる母子世帯ほど受給する確率が高い半面、経済的に脆弱な状況にある母子世帯ほど受給する確率が低く、受給額も低い。第3に、すべての離別母子世帯がウィスコンシン州のスキームに則り養育費が受給できると仮定すると、離別母子世帯の貧困率は15ポイントほど低下し、児童扶養手当の財政負担も11％ほど減少する。第4に、5年ルールが全面的に適用されたと仮定すると、児童扶養手当の財政負担は大幅に軽減されるものの、手当削減の影響は、最貧層の離別母子世帯が最も強く受けることになる。

　本章の構成は以下の通りである。第2節では母子世帯の就労収入の低さをもたらす要因について、労働時間と時間当たり賃金の両面から検討を行う。第3節では5年ルールの妥当性について検討する。第4節では養育費受給がどのような要因に左右されるかを考察する。第5節では、養育費受給率が100％になった場合に貧困率や児童扶養手当の給付額にどのような影響が生じるかについて政策シミュレーションを行う。また、5年ルールが全面的に適用された場合の影響についてもシミュレーションを行う。第6節は結論である。

第2節　母子世帯の就労収入はなぜ低いのか

1　データの説明

　本章の分析には労働政策研究・研修機構が2011年に実施した「子どものいる世帯の生活状況および保護者の就業に関する調査」[2]（以下、JILPT調査）の個票を用いる。JILPT調査の調査対象は18歳未満の子どもを育てている個人で、有効票は2,218票である。そのうち、子どもの母親の配偶者が存在しない世帯を「母子世帯」（699票）、父親の配偶者が存在しない世帯を「父子世帯」（84票）、父母ともに存在する世帯を「二親世帯」（1,435票）と呼ぶことにする。調査時点で就業していた母親の割合は、母子世帯が84.0％、

2　同調査の調査設計・調査概要については（独）労働政策研究・研修機構（2012）を参照。

第 7 章　シングルマザーは働いていてもなぜ貧困か

二親世帯が 63.1％である。就業中の母親に限定すると、「正社員・正規職員」の割合は母子世帯で 39.9％、二親世帯で 32.4％、「パート・アルバイト」は母子世帯で 40.0％、二親世帯で 44.3％、「嘱託・契約社員」は母子世帯で 9.5％、二親世帯で 7.5％である。残りは派遣社員や自営業などである。

　ここでは JILPT 調査から得られる「昨年（2010 年）1 年間の就労月数」、「昨年（2010 年）働いていた月の平均週労働時間」、「昨年の就労収入（税・社会保険料控除前）」を用いて労働時間と賃金の分析を行う。なお、2010 年に就業していなかった母親は分析対象から除外している。

2　労働時間の状況

　図表 7-1 は、シングルマザーと既婚マザーの労働時間の分布をカーネル密度推定[3]によって示したものである。既婚マザーの年間労働時間は 1,000 時間をやや超えたあたりと 2,200 時間あたりに集中する双峰型の分布を示しているのに対し、シングルマザーの場合は 2,100 時間あたりにピークをもつ単峰型となっている。そこで正社員とパート・アルバイトに分けて年間労働時間の分布をみたものが図表 7-2 である。正社員の年間労働時間の分布は、シングルマザーであるか既婚マザーであるかを問わず、ほぼ同じであるが、パート・アルバイトの場合には、既婚マザーが 1,000 時間あたりにピークを持つのに対し、シングルマザーは 2,000 時間あたりにピークをもつ分布となっている。パート・アルバイトであっても、シングルマザーの多くは、よりフルタイムに近い働き方をしていることが分かる。こうしてみると、少なくとも労働時間は母子世帯の低収入をもたらす主因とは言えない。

3　カーネル密度推定とはノンパラメトリック密度推定の一種である。ヒストグラムと異なり平滑化を施しているので、分布の複峰性を検討したり、グループ間での分布の違いを観察するのに適している。

145

図表 7-1　母親の年間労働時間の分布

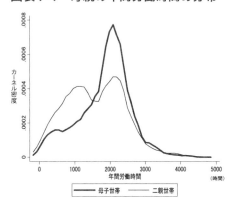

出所：JILPT調査
注：年間労働時間が5,000時間未満の労働者（母子世帯457人、二親世帯757人）について。年間労働時間は、昨年の就労収入がある者について「昨年（2010年）1年間の就労月数」に「昨年（2010年）働いていた月の平均週労働時間」の4倍を乗じて算出している。

図表 7-2　母親の年間労働時間の分布（正社員、パート・アルバイト別）

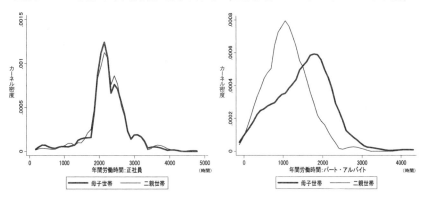

出所：JILPT調査
注：年間労働時間が5,000時間未満の労働者（母子世帯457人、二親世帯757人）について。

3 時間当たり賃金の分布

つぎに、時間当たり賃金（以下、「賃金」）の分布を前節と同様に、全体および正社員とパート・アルバイトに分けて見る。

就業者全体でみると、既婚マザーと比較して、シングルマザーの賃金のほうが 1,000 円近辺に集中しており、2,000 円を超えるあたりの分布が薄い（図表 7-3）。正社員、パート・アルバイトに分けてみると、パート・アルバイトの賃金分布はほぼ同一であるが、正社員の賃金は、シングルマザーのほうが既婚マザーよりも低位により厚く分布している（図表 7-4）。こうした差が生じる理由について、賃金格差の要因分解の方法を用いて分析しよう。

図表 7-3 母親の賃金の分布

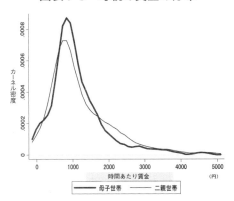

出所：JILPT 調査
注：時間当たり賃金が 5,000 円未満の労働者（母子世帯 451 人、二親世帯 747 人）について。
　　JILPT 調査の「昨年の就労収入（税・社会保険料控除前）」を年間労働時間で除して算出。

図表7-4 母親の賃金の分布（正社員、パート・アルバイト別）

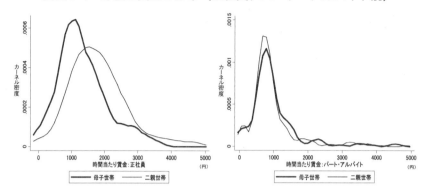

出所：JILPT調査
注：時間当たり賃金が5,000円未満の労働者（母子世帯451人、二親世帯747人）について。

4 正社員シングルマザーの賃金はなぜ低いのか

　一般的に、労働者の賃金は生産性に関連するさまざまな要因によって決まると考えられている。経済学における人的資本論では、学校教育や労働市場での経験を通じて蓄積される一般的人的資本と、企業内訓練で蓄積される企業特殊的人的資本が労働者の生産性を高めると考えている。この人的資本論に基づき、実証研究ではミンサー型賃金関数と呼ばれる関数形で賃金の分析がしばしば行われる。賃金関数の推定では、学歴、年齢、企業規模等が賃金関数の説明変数として含められることが多い。学歴が高いほど一般的人的資本が高く、年齢が高いほど労働市場での経験を通して一般的人的資本を蓄積しており、大企業ほどOJT（オン・ザ・ジョブ・トレーニング）やOff-JT（オフ・ザ・ジョブ・トレーニング）を通じた人的資本形成が進んでいると考えられるからである。

　正社員として働くシングルマザーと既婚マザーの賃金格差を分析する手始めとして、両者を合わせたサンプルを用いて賃金関数を推定する。結果は図表7-5に示す通りである。被説明変数は対数賃金で、説明変数には母子世帯であることを表すダミー変数のほか、母親本人の年齢、学歴、勤め先の企業規模に加えて、初職が正社員であるかどうかを示すダミー変数、コンピュー

第 7 章　シングルマザーは働いていてもなぜ貧困か

ター・スキルの指標として「パソコンを使った経験がない」場合を 1 とする
ダミー変数、地域的な労働力需給のひっ迫度の違いによる賃金差を考慮する
ために都市規模を表す一連のダミー変数を含めている。

図表 7-5　賃金関数の推定結果（正社員）

	係数		標準誤差
母子世帯	-0.267	***	0.071
母の年齢（基準：20 − 24 歳）			
25 − 29 歳	0.134		0.505
30 − 34 歳	-0.450	**	0.209
35 − 39 歳	-0.162		0.107
40 − 44 歳	-0.117		0.089
45 − 49 歳	0.000		0.093
母の学歴（基準：高卒）			
中卒	0.131		0.207
高専・短大卒	0.299	***	0.080
大学・大学院卒	0.490	***	0.096
不詳	0.164		0.230
企業規模（基準：官公庁・大企業以外）			
官公庁勤務	0.378	*	0.205
大企業勤務	0.238	**	0.097
初職正社員	0.201	*	0.104
コンピュータースキルなし	-0.165		0.152
都市規模（基準：18 大都市）			
10 万人以上	-0.041		0.099
10 万人未満	-0.062		0.080
町村	0.119		0.124
定数項	6.957		0.141
自由度修正済み決定係数	0.163		
N	383		

注：被説明変数は時間当たり賃金の対数。対象は 50 歳未満で正社員として就業している母親 383 人。
　　*** p<0.01, **p<0.05, *p<0.1

　推定結果をみると、「母子世帯ダミー」の係数は有意に負となっており、
年齢や学歴、企業規模などの要因を考慮した上でも、正社員シングルマザー
の賃金は 27％程度、既婚マザーよりも低いことが分かる。図表 7-4 で示され
ているような分布の違いは、年齢や学歴、企業規模などの違いによってもた
らされる「見せかけ」の違いではないことがここで確認できる。
　ただし、図表 7-5 のような推定は、年齢や学歴などの個人属性が賃金に及
ぼす影響について、シングルマザーと既婚マザーの間に差がないと仮定して

149

いることになる。たとえば、大学・大学院卒であれば、シングルマザーか既婚マザーかを問わず、高卒の母親よりも49％高い賃金を得ていることになる。しかし実際には、それぞれの個人属性が賃金に及ぼす影響も異なっている可能性がある。

　そこで、男女間賃金格差の要因分解でしばしば用いられる Blinder-Oaxaca 分解を行い、正社員として働くシングルマザーと既婚マザーの間の賃金格差を、①年齢や学歴などの個人属性の違いによる部分と、②それぞれの個人属性が賃金に及ぼす影響度の違いによる部分、③交差項部分に分けて検討する[4]。具体的な手法についての解説は「補論」にゆずるが、

　　賃金格差　＝　①平均的な個人属性の差による部分
　　　　　　　＋　②各種属性が賃金に及ぼす影響の差　＋　③交差項

の３つの部分に分けることができる。①は、シングルマザーと既婚マザーの間での平均的な年齢や学歴などの違いに由来する格差をとらえている。これはしばしば「賦存量格差」と呼ばれる。②は、同じ年齢や学歴であっても、賃金に及ぼす影響に差があるために生じる格差をとらえている。これは労働市場における学歴や年齢などに対する評価の差としてとらえることもできるので、「評価値格差」と呼ばれる。③は要因分解をする上で生じる交差項である。

　説明変数には、(i) 年齢要因（年齢５歳階級別ダミー変数）、(ii) 学歴要因（学歴ダミー変数）、(iii) 企業規模要因（官公庁、大企業を示すダミー変数）、(iv) スキル要因（初職が正社員であることを示すダミー変数、パソコンを使った経験がないことを示すダミー変数）を使用する。被説明変数は対数賃金である。結果は図表7-6に示す通りである。なお、ややテクニカルな論点であるが、既婚マザーの４割弱が就業していない実態を無視して推定すると、推定結果にバイアス（サンプル・セレクション・バイアス）が生じることが知られている。そのため、図表7-6の推定ではバイア

4　日本における男女間賃金格差の要因分解については堀（1998）、手法の問題点については堀（1991）、Jann（2008）を参照。

スを修正する操作も行っている。

はじめに①平均的な個人属性の差による部分に注目すると、シングルマザーと既婚マザーの学歴の差は賃金格差の27.6％を説明している。つまり、正社員として働くシングルマザーは、平均的な学歴が既婚マザーよりも低いために低賃金となっている。企業規模の違いは6％程度の賃金格差を生んでいるが、係数は有意ではなく、統計的に有意な差を生んでいるとはいえない。スキルも平均的には両者の間ではほとんど差がない。これらを合わせてみると、いわゆる「賦存量格差」は賃金格差全体の30.6％を説明する。

一方、②各種属性が賃金に及ぼす影響の差（評価値格差）は、賃金格差全体の66.3％と大きな部分を占めている。なかでも学歴の係数の違い（55.2％）とスキルの差（75.6％）に由来する部分が大きい。つまり、同じ大卒であったり、スキルを持っていたりしても、シングルマザーの場合はそれが賃金に反映されていないことになる。

図表 7-6　賃金格差の要因分解（正社員）

	係数		標準誤差	寄与（%）
対数賃金：二親世帯（Wa）	7.359	***	0.044	
対数賃金：母子世帯（Wb）	6.992	***	0.062	
差（Wa-Wb）	0.368	***	0.076	
差（セレクション修正後）	0.442	***	0.152	100.0
賦存量格差	0.136	**	0.064	30.6
年齢	-0.014		0.022	-3.1
学歴	0.122	***	0.044	27.6
企業規模	0.027		0.033	6.2
スキル	-0.000		0.017	-0.1
評価値格差	0.294	*	0.159	66.3
年齢	0.008		0.180	1.9
学歴	0.244	**	0.109	55.2
企業規模	0.010		0.028	2.3
スキル	0.334	**	0.170	75.6
定数項	-0.304		0.327	-68.7
交差項	0.013		0.069	3.0
年齢	0.018		0.023	4.2
学歴	-0.053		0.048	-11.9
企業規模	-0.008		0.033	-1.9
スキル	0.056	*	0.030	12.6

注：図表7－5と同。正の符号は格差拡大要因、負は格差縮小要因であることを示す。標準誤差は不均一分散修正済み。

まとめると、正社員であってもシングルマザーの賃金は既婚マザーの賃金より低く、それはシングルマザーの平均的な学歴の低さだけではなく、学歴やスキルなどの人的資本に対する評価が既婚マザーと比較して低いことによってもたらされている。

　ただし、これをもってシングルマザーが労働市場で「差別」されていると判断することは早計である。ひとつには、分析に取り入れていない産業や職種、職位・職階などの違いが、評価値格差の中に含まれている可能性がある。これらの要因を考慮すれば、賦存量格差の部分が拡大し、評価値格差が縮小する可能性がある。もうひとつには、シングルマザーが就業時間の柔軟性や休暇の取りやすさ、通勤時間などの条件を重視せざるを得ないために、学歴やスキルに対する評価が低くても、あえて相対的に低賃金な仕事に就いている可能性がある[5]。さらに、シングルマザーは世帯の生計維持者なので、労働市場でより条件の良い仕事があるとしても、収入を得る必要性から転職活動などのジョブサーチに時間と労力を費やす余裕がないということも考えられる。

　付け加えると、シングルマザーの賃金は、既婚マザーとの比較だけでとらえるべきではない。よく知られているように、日本は先進諸国の中で男女間賃金格差が最も大きい国の1つである。女性の一般労働者（ほぼフルタイム正社員に相当）の賃金は男性の73％（2016年）に過ぎないうえに、女性の短時間労働者の賃金はさらに低く、時間あたりで比較して男性一般労働者の50％程度にとどまる（厚生労働省「賃金構造基本統計調査」）。

　このうち正社員における男女間賃金格差には、学歴や勤続年数の男女差などの、いわゆる「賦存量格差」が影響していることが知られるが、それだけではなく、たとえ学歴や勤続年数が同じでも、女性は企業内で昇給しにくい、キャリアトラックから外れた仕事を割り振られがちであることが近年明らかにされている（Hara 2016）。また、パート・アルバイトの低賃金には、女性の本格的な就労を阻害する所得税制や社会保険制度が影響している（大石2010）。このように、日本の労働市場における男女間賃金格差や正規・非正規雇用者間の格差などの構造的な要因が、シングルマザーの低賃金をもたら

5　経済学における補償賃金差仮説の考え方に基づいている。

第7章　シングルマザーは働いていてもなぜ貧困か

している点にも十分留意する必要がある。

5　ここまでのまとめ

　ここで本節の分析結果と考察をまとめておこう。

　第1に、シングルマザーの労働時間は既婚マザーよりも長い。つまり、母親の労働時間は低収入の原因とはいえない。第2に、パート・アルバイトで働く場合は、シングルマザーと既婚マザーで賃金差はほとんどないが、正社員として働くシングルマザーの時間当たり賃金は、既婚マザーの賃金よりも低い。第3に、賃金格差の要因分解をした結果では、その低賃金は、正社員シングルマザーの平均的な学歴の低さだけではなく、学歴やスキルなどの人的資本に対する評価が既婚マザーと比較して低いことによってもたらされている。

　以上の発見を踏まえると、母子世帯に対する「就労を通じた経済的自立支援」策の限界が見えてくる。二親世帯の場合は共働きによって市場労働時間を増やし、収入を増やすことが可能であるが、シングルマザーの多くはすでに長時間働いているので、増収を図る余地に乏しい。労働時間をさらに増加させれば、必然的に子育てに充てる時間を削らざるを得なくなる。さらに、教育や職業訓練で人的資本を強化しても、労働市場で評価されず、賃金上昇に結び付きにくいという問題がある。次節では、「就労を通じた経済的自立支援」との関連で重要なトピックとなっている児童扶養手当の一部支給停止措置（5年ルール）について検討する。

第3節　5年ルールは妥当か

1　児童扶養手当の概要

　児童扶養手当はひとり親世帯に対する社会保障給付の中心をなすものである。2010年からは父子世帯も支給対象となり、2016年8月からは第2子、第3子への加算額が引き上げられた。厚生労働省「福祉行政報告例」によると、2015年度末で103.7万人が児童扶養手当を受給している（うち6.0万人が父子世帯）。支給対象と手当額は収入によって異なるが、母（父）と子1

人の2人世帯であれば、収入130万円未満では月額42,330円（全部支給）、収入130万円以上365万円未満の場合は所得に応じて42,320円から9,990円までの手当が支給される（一部支給）。2015年度末における内訳は、全部支給が53.6%、一部支給が46.3%である。現在の給付体系が開始された翌年の2003年度と、父子世帯への給付が開始される前年の2009年度とを比較すると、全部支給の割合は63.8%から57.4%へと低下しているものの、平均給付額は、受給者1人当たりの支給対象子ども数が増えていないにもかかわらず増加している[6]。すなわち、受給している母子世帯の平均的な所得水準が改善しているわけではないことを意味している。

　児童扶養手当で最も注目されているのは、受給期間が5年を超える場合に手当の半分を支給停止にするという、一部支給停止措置（5年ルール）の存在である。これは2002年の母子及び寡婦福祉法等の改正で設けられた措置で、2008年から適用される予定であった。しかし、貧困問題が顕在化したために政令改正により実施は見送られ、現在は就業しているなど一定の条件を満たす場合は適用除外とされている。また、3歳未満の子どもがいる間はこの5年の受給期間に算定されない。すなわち、子どもが8歳未満であれば適用除外となる。一部支給停止措置が設けられている背景には、児童扶養手当を離別直後の家計急変に対する支援と位置づけ、就労支援等の施策を講じることで、一定期間内に母子世帯の経済的自立が達成されるはずだという発想がある。

　しかし、前節でも指摘したように、シングルマザーの大多数は就業しており、労働時間もすでに長い。現状では、「労働時間を延ばして増収を図る」のはかなり困難である。そうしたなかで、5年ルールを全面適用することは果たして妥当であろうか。

　2012年9月に発表された「全国調査」の集計結果でも、母子世帯になってからの経過年数に応じて収入が増加するという傾向は見られない。同調査から母子世帯の平均年収をみると、母子世帯になってから5年未満の世帯が

6　「社会保障給付費」（国立社会保障・人口問題研究所）所載の「児童・家族関係給付費」のうち「児童扶養手当等」（特別児童扶養手当も含まれる）の金額を「福祉行政報告例」（厚生労働省）所載の児童扶養手当受給者数および特別児童扶養手当受給者数の合計で除し、数値を比較した。

第 7 章　シングルマザーは働いていてもなぜ貧困か

290万円、5年以上は297万円とほとんど差がない。もしここで、5年以上の世帯が受給している児童扶養手当が半減されれば、おそらく5年未満の世帯よりも平均年収は低くなるとみられる。

5年ルールと関連して大石（2012a）は、母子世帯になってからの年数が経過しても貧困リスクは低下しないと指摘している。周（2012a）も、母子世帯になってからの年数と経済的自立度との間には有意な関係はみられないとしている。

2　母子世帯になってからの経過年数と就労収入

そこで先行研究と比較するために、JILPT調査の設問から母子世帯になってからの年数を計算し、就労収入との関係を検討した結果が図表7-7である。経過年数の影響を把握するために、母子世帯になってから5年以上が経過していることを示すダミー変数、および母子世帯になってからの年数、両者の交差項を説明変数に含めている。本来はここで用いているような一時点のデータ（クロスセクション・データ）ではなく、個々の母子世帯を長期間追跡調査したパネル・データによる推定を行うことが望ましいが、データの制約からそれができない。そのため、個々の世帯の属性の違いがもたらす影響をコントロールするために、母親の年齢とその2乗項、学歴、末子が未就学児童であるか否かを示すダミー変数、子ども数を説明変数に含めている。推定は、母子世帯全体を対象としたモデルと、離別母子世帯だけに限定したモデルの2通り行っている。

その結果、経過年数5年以上を示すダミー変数、母子世帯になってからの年数、両者の交差項のいずれも統計的に有意な影響を就労収入に及ぼしていない。つまり、母子世帯になってから5年以上経過しても、就労収入は増加していないことになる。これは「全国調査」の集計結果や先行研究と整合的である[7]。

そのほかの変数についてみると、高学歴であるほど就労収入は高く、末子が未就学の場合には就労収入は低い。子ども数の係数は負で、子どもが多い

7　世帯規模の変化の影響を取り除くため、母親の就労収入を世帯人員数の平方根で除した「等価就労収入」を被説明変数として同様の推定を行っても、結果は同じであった。

155

ほど就労収入が少ないことを示唆するが、母子世帯全体の推定では係数は有意ではなく、離別母子世帯の場合のみ10％水準で有意となっている。離別母子世帯であることを示すダミー変数の係数は有意にプラスである。つまり、離別母子世帯は他の理由（死別、未婚）による母子世帯と比較して就労収入が多い。死別の場合は遺産があったり遺族年金などの収入が得られたりするため、就労収入を得る必要性が離別の場合よりも低いのかもしれない。年齢の影響は有意ではない。シングルマザーの4割はパート・アルバイトとして働いているうえに、正社員であっても年功的に賃金が上がるようなポジションについていないためだと考えられる。

　以上の結果を踏まえると、受給年数を給付制限の要件にする5年ルールは見直されることが望ましい。

図表 7-7　母子世帯になってからの経過年数と母親の就労収入

	母子世帯		離別母子世帯	
	係数	標準誤差	係数	標準誤差
母の年齢	0.634	13.342	1.486	12.511
母の年齢（2乗）	0.053	0.177	0.050	0.169
母の学歴（基準：高卒）				
中卒	11.041	21.245	11.852	21.533
高専・短大卒	63.454 ***	15.343	60.909 ***	15.817
大学・大学院卒	116.211 ***	31.574	139.764 ***	35.776
不詳	87.277	58.735	45.827	49.164
末子・未就学児童	-52.909 ***	16.272	-48.003 ***	16.741
子ども数	-15.304	9.462	-17.616 *	9.963
離別母子世帯	89.159 ***	23.804		
5年以上	13.246	32.952	30.251	35.909
母子世帯になってからの年数	-2.696	7.176	-0.222	7.562
母子世帯になってからの年数×5年以上	2.190	7.484	-1.063	8.053
定数項	-9.730	253.270	45.458	230.860
自由度修正済み決定係数	0.179		0.195	
N	438		386	

注：母親の就労収入不詳を除くサンプルについて。被説明変数は就労収入（万円）。標準誤差は不均一分散修正済み。
　　*** p<0.01, **p<0.05, *p<0.1

第4節　養育費受給の決定要因

1 養育費の現状

　日本では有子離婚であっても裁判離婚の割合は低く、養育費の取り決めなしに協議離婚ができる。島崎（2005）および島崎（2012）は、こうした日本の有子離婚法制は国際的にみてもかなり特異であることを明らかにしている。

　政府は2003年以降、養育費の確保に向けた施策を強化してきた。2003年施行の母子及び寡婦福祉法改正では養育費支払いの責務等が明記され、養育費の支払いが滞った場合には、一度の申し立てで将来分についても給料等の債権を差し押さえることができるように民事執行法が改正された。また、2004年の民事執行法改正では、養育費等の強制執行について、直接強制のほか間接強制も可能とされている。さらに、2012年4月に施行された改正民法では、夫婦が協議離婚をする場合に親権だけでなく、面会交流と養育費についても協議する義務があることが定められ（民法766条1項）、これに合わせて戸籍法によって定められている離婚届用紙にも、養育費と面会交流の取り決め状況をチェックする欄が設けられた。養育費の取り決めがなくても離婚届自体は受理されるという課題は残るが、子どもに対する養育義務を知らしめる意味では重要な一歩といえる。

　しかしながら、養育費の確保は依然として低調である。「全国調査」によると、離婚に際して養育費の取り決めをしている割合は、38.8%（2006年）から37.7%（2011年）へとわずかに低下している。母子世帯の中で養育費を受け取っている世帯の割合は19.7%（2006年は19.0%）にとどまり、取り決めと実際の支払いの間に大きなギャップが存在する。養育費について離婚時に公正証書ではなく口約束や私的文書での取り決めしかしていないケースでは、強制執行ができないうえに、転居等で相手が所在不明になるケースも多いと言われている。現状では、養育費確保に向けた労力の圧倒的な部分が母親個人に委ねられている[8]。

8　養育費確保に向けた先進諸国の取組みや日本での具体化に向けてのアイディアについては（養育費相談支援センター 2012）参照。

実際にどのような世帯が養育費を受給しているのかについて、「全国調査」に基づき作成したものが図表 7-8 から図表 7-10 である。
　第 1 に、母親の学歴が高いほど、養育費を受給している割合が高い（図表 7-8）。学歴が高いほど、養育費についての知識が豊富で交渉力があるのだとみられる。また、一般的に夫婦の学歴水準は相関が高いので、高学歴なシングルマザーの場合、元夫も高学歴で所得が高く、そのために養育費の支払いに応じている可能性も考えられる。第 2 に、母子世帯になってからの年数別では、0～2 年未満から 2～4 年未満にかけては養育費受給率が一時的に上昇するが、それ以後は低下するという不連続な関係がみられる（図表 7-9）。第 3 に、母親の就労収入階級別にみると 200～300 万円未満が最も受給率が低く、低所得層と高所得層で受給率が高くなっている（図表 7-10）。

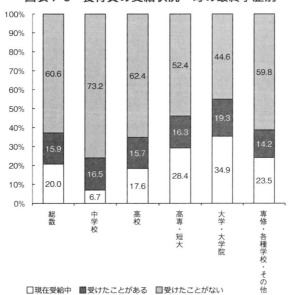

図表 7-8　養育費の受給状況・母の最終学歴別

出所：厚生労働省「全国母子世帯等調査」（2011 年）

第 7 章　シングルマザーは働いていてもなぜ貧困か

図表 7-9　養育費の受給状況：母子世帯になってからの年数別

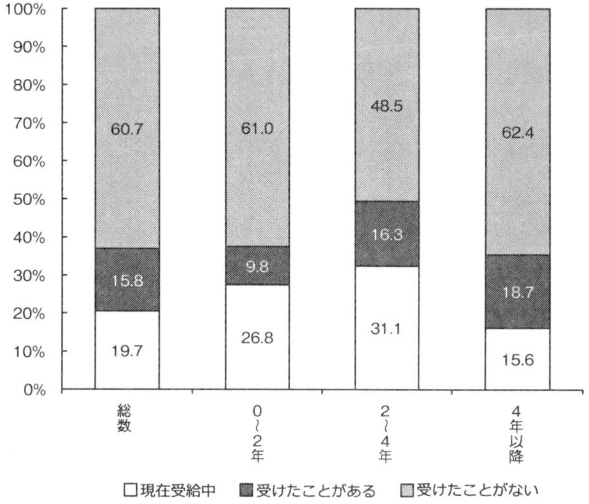

	総数	0～2年	2～4年	4年以降
受けたことがない	60.7	61.0	48.5	62.4
受けたことがある	15.8	9.8	16.3	18.7
現在受給中	19.7	26.8	31.1	15.6

出所：厚生労働省「全国母子世帯等調査」(2011 年)

図表 7-10　養育費の受給状況：母親の就労収入階級別

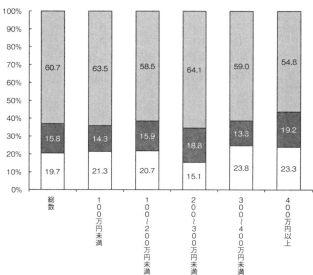

出所：厚生労働省「全国母子世帯等調査」(2011 年)

2 養育費受給に関する先行研究

養育費受給に関して数少ない実証研究を行った周（2012b）は、父親の年収が高いと養育費を受給する確率が高まり、母子世帯になってからの年数が長いと受給確率が低下すると指摘している。同じ傾向は、本章と同じデータを用いて分析した大石（2013）でも確認されている。さらに大石（2013）では、ローン支払いのない持家であったり、末子の年齢が高いほど養育費を受給する確率が高まり、金額も多くなる半面、母親が中卒であったり、母親の初職が正社員ではなく転職して継続就業している場合や、賃貸住宅に住んでいる場合、そして末子が未就学児である場合には受給確率が低く、金額も低いことが明らかにされている。

以上を踏まえると、経済的に脆弱な母子世帯ほど、養育費を受給できず、かつ、受給したとしても金額が少ないということになる。養育費徴収の強化は重要な施策であるが、不利な状況にある母子世帯ほど、そうした施策のメリットから漏れてしまう可能性が高いことに留意する必要がある。

第5節　養育費徴収強化のマイクロ・シミュレーション

1 養育費受給率と貧困率の関係

図表 7-11　先進諸国の養育費受給率と貧困率の関係（2000 年前後）

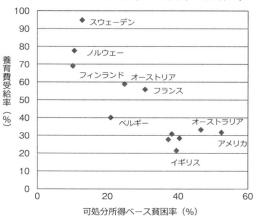

出所：Skinner, Bradshaw, Davidson（2007）から筆者作成。
注：Luxembourg Income Study Database に基づく推計。貧困率は、直接税控除後の可処分所得ベース。

図表 7-11 は先進諸国における母子世帯（死別を除く）の養育費受給率と貧困率の関係をプロットしたものである。養育費受給率が高い国ほど、貧困率が低い傾向が明確に表れている。この図表の出所である Skinner et al.（2007）では、分析対象に日本を含めていないが、2000 年前後の日本のひとり親世帯の貧困率はおよそ 55％で養育費受給率は 20％を下回っていたので、図表に書き込むとすれば右下隅のあたりに位置するはずである。

欧州諸国と比較するとアメリカの母子世帯（死別を除く）の養育費受給率は低いほうに位置しているものの、アメリカでは個人責任就労機会調停法（PRWORA）のもとで養育費徴収強化が図られたことが知られている。アメリカの養育費徴収は大変厳しく、未婚女性が出産する場合には子どもの父親を特定するように病院側に義務づけられ、ときには遺伝子検査も用いられる。父親として特定されると、子ども 1 人当たりで所得の 17％（ウィスコンシン州の場合）が養育費として徴収され、不払いの場合は連邦データベー

スの情報を用いてどこまでも追及される[9]。

　養育費徴収強化のためにアメリカのような方法を採用するのか、別の方法を採用するのかという点については別途議論する必要があろうが、仮にすべての離別母子世帯が養育費を受給するようになった場合に、どの程度の貧困削減効果が見込まれるかについて検討しておくことは、今後の養育費政策を考えるうえでも有益であろう。

　そこでJILPT調査から得られる離別母子世帯の情報をもとに、アメリカ・ウィスコンシン州の養育費ガイドラインが導入された場合の貧困削減効果、および財政効果をマイクロ・シミュレーションの手法で検討することとする[10]。

2 養育費徴収ガイドラインの比較

　日本では養育費に関する公的な基準というものはまだ確立していない。家庭裁判所など公的機関で配布されている「養育費の手引き」や「養育費に関するリーフレット」には、「養育費算定表」がついており、これが事実上の養育費算定の目安となっている。ただし、この算定表は公的機関での議論・検討を経て作成されたものではない。日本弁護士連合会は、現在の算定表に基づく養育費の水準が過度に低いと批判している。例えば子どもが15歳未満で1人のみの場合、算定表では権利者（多くの場合、母親）の年収に応じて義務者（同、父親）は年収（税引き前）の4.8～12％を養育費として支払うとしているが、これは欧米諸国よりもかなり低い（Skinner et al. 2009）。

　アメリカでは州ごとに独自の養育費徴収ガイドラインが設定されており、それぞれのガイドラインに合わせて養育費支払い指令（Child Support Orders）が出されている。したがって、同じ収入の父親であっても、養育費の額は州によって異なる。しかし、基本的には①収入スライド方式、②所得シェア方式のうちいずれか、あるいは混合方式を採用する州が大半を占める。収入スライド方式とは、親権をもつほうの親の収入に関係なく、非監護親の収入と子ども数や子どもの年齢に応じて養育費を決める方式のことであ

9　下夷美幸（2008）に詳しい。
10　同様の問題意識で台湾についてシミュレーションをした例としてHuang（1999）がある。

162

る。一方、所得シェア方式は、父母の合算した収入と子ども数や子どもの年齢に応じて養育費を決める方式である。

　図表7-12は、アメリカの4つの州の養育費スキームの概要を示したものである。ウィスコンシン州では、収入や子どもの年齢に関係なく定率の養育費が徴収される。子ども1人の場合は収入の17%、2人で25%、3人で29%、4人で31%、5人で34%と人数に応じて率が引き上げられる。マサチューセッツ州も収入スライド方式であるが、部分的には監護親の収入も考慮している。また、子どもの年齢が高い場合には養育費負担比率が高くなる。ウィスコンシン州との大きな違いは、マサチューセッツ州では低所得の親の養育費負担比率が低くなるように設定されていることである。これと反対にインディアナ州やカンザス州では、親が低所得であるほど養育費負担が収入に占める比率が高くなっている。ただし、カンザス州の場合、比率の変動幅はインディアナ州より小さい。

　インディアナ州やカンザス州のような逆進的な制度設計は、低所得の父親の支払い不履行を招きやすいという欠点がある。一方、マサチューセッツ州のように累進的な構造だと、養育費負担の増加を嫌って父親が就業調整をする可能性がある。子どもの年齢が上がると養育費負担が増加する方式（マサチューセッツ州、カンザス州）についても、子どもの年齢から養育費負担の増加する時期が容易に予見できるので、父親が就業調整をする可能性はある。

　日本で現在用いられている養育費算定表には前述したような問題点があるので、次節のシミュレーションでは、もっともシンプルな方式であるウィスコンシン州の養育費徴収ガイドラインを用いる。なお、シミュレーション手法の詳細は大石（2013）、Oishi（2013）を参照されたい。

図表7-12　養育費徴収ガイドラインの例（子ども1人の場合）

親の年収		6歳未満児1人の場合 (%)				16-18歳児1人の場合 (%)			
非監護親	監護親	WI	MA	IN	KS	WI	MA	IN	KS
$7,500	$0	17	15	24	14	17	17	24	19
	$5,625	17	15	22	14	17	17	22	19
$15,000	$0	17	25	22	14	17	29	22	19
	$11,250	17	25	18	13	17	29	18	17
$30,000	$0	17	27	18	13	17	31	18	17
	$22,500	17	22	15	11	17	25	15	15
$50,000	$0	17	27	15	12	17	31	15	15
	$37,500	17	19	14	11	17	22	14	15
$100,000	$0	17	n.a	13	11	17	n.a	13	14
	$75,000	17	n.a	9	10	17	n.a	9	13

資料出所：Bartfeld (2000)
注：WI：ウィスコンシン州、MA：マサチューセッツ州、IN：インディアナ州、KS：カンザス州。親の年収は目安とし
　て示したもので、州によって保育費用の控除等がある。

3 シミュレーションの手順

　シミュレーションの手順は3つのステップをとる。第1ステップでは、離別した父親の現在年収を推計する。そして推計された父親の年収をもとに、養育費徴収施策が実施されて全く漏れなく徴収できた場合に、どれだけの養育費を受け取れるのかを計算する。第2ステップでは、児童扶養手当を計算する。養育費の80％は収入として扱われるので、その分だけ児童扶養手当の受給額が減少するからである。第3ステップでは、養育費受給による増収分と児童扶養手当の減額分を考慮して世帯所得と等価世帯所得を計算し、貧困基準に従って、貧困率を計算する。その際には、養育費や児童扶養手当の金額の変化によって母親の働き方が変わる可能性（フィードバック効果）を考慮したモデルを用いる。

　貧困基準には、以下の2つの指標を用いている。第1は、児童のいる世帯についての貧困線を用いた相対的貧困率である。JILPT調査で把握される年収は2010年のものなので、貧困線は厚生労働省「国民生活基礎調査」（2010年）に基づき、児童のいる世帯についての数値をもとに148.5万円（等価世帯所得ベース）に設定している。なお、税や社会保険料拠出に関する詳細なデータが得られないため、ここでの貧困率はグロス（税・社会保険料拠出前）の収入をベースに計算しており、可処分所得ベースではない。

第 7 章　シングルマザーは働いていてもなぜ貧困か

　第 2 は、生活保護制度が定める最低生活費を超えているかどうかを基準とする貧困率である。最低生活費は、居住地の級地、世帯員の年齢、人数、家族構成によって決まる。そこで各世帯の居住地の級地に基づき、生活保護基準第 1 類、第 2 類の合計額、および母子加算額を計算して各世帯の最低生活費を求めた。なおデータの制約上、同居している子ども以外の世帯員の年齢は不明であるため、この最低生活費は母親と子どものみを対象に計算している。

　ここで本分析の留保点について述べておきたい。まず第 1 に、このシミュレーションモデルは JILPT 調査で得られる母子世帯の情報に基づいて構築されている。いずれ大規模サンプルを用いて結果の頑健性を検証する必要がある。これと関連して第 2 に、本章のシミュレーションはクロスセクション・データに基づいているが、実際の貧困プロセスの解明にはパネル・データを用いることが望ましい。第 3 に、後述するように、本章のシミュレーションは養育費受給率が 100％という非現実的な状況を仮定していることに注意が必要である。

4　貧困削減効果のシミュレーション

　シミュレーションの結果は、世帯人員数の違いを調整した等価世帯収入の分布として図表 7-13 に示している。図表では、現状での離別母子世帯の所得分布を「ベース・ケース」、ウィスコンシン州の養育費徴収ガイドラインのもとで、養育費受給率が 100％になった場合の所得分布を「養育費」としている。さらに、母親が働き方を変化させる影響を取り込んだ場合を「養育費＋フィードバック」としている。図表中の縦線は相対的貧困率の目安となる貧困線である。比較のために、二親世帯の等価世帯収入の分布も示している。

　離別母子世帯の相対的貧困率はベース・ケースでは 58.9％であったものが、養育費ガイドライン導入後は 46.0％へと低下する。生活保護基準以下の世帯割合も 38.0％から 23.1％へと大きく低下する。所得分布をみると、離別母子世帯の収入のピークが右側にシフトし、低所得層が薄くなっていることが分かる。しかし一方で、養育費徴収が 100％達成されたとしても、5 割弱の離

165

別母子世帯は相対的貧困から脱することができないということをこの結果は示している。

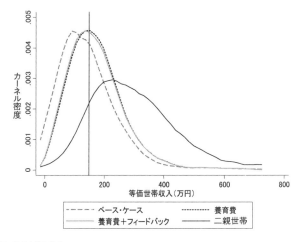

図表7-13　養育費受給のシミュレーション結果

出所：JILPT調査に基づき筆者作成。
注：図表中の縦線は相対的貧困線。

5 児童扶養手当受給額の変化

つぎに、離別母子世帯を所得5分位別に並べて、児童扶養手当受給額の変化をみる（図表7-14）。第1、第2分位では、改革前後で児童扶養手当の金額にほとんど変化が生じていないのに対し、比較的高所得な第4分位で養育費の受給額が大きく減少していることが分かる。この分位では、離別した父親も比較的高収入であるために、養育費の金額が大きくなることが影響している。全体として、養育費の100％徴収が行われると、離別母子世帯が受給する児童扶養手当の総額は11.4％減少すると試算される。ただし、厳格な徴収体制をとっているアメリカでさえ、実際の養育費受給率は30％を多少超えるに過ぎない。経済状態の悪い脆弱な母子世帯ほど養育費の支払いが拒絶されたり滞ったりするリスクは高いので、養育費の徴収が改善したとしても、財政効果はシミュレーション結果よりも大幅に控えめなものにとどまるであろう。

図表7-14　ウィスコンシン州の養育費スキームが完全適用された場合

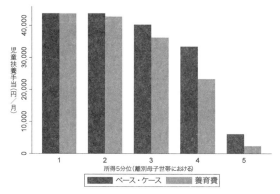

出所：JILPT調査に基づき筆者計算

図表7-15　「5年ルール」が全面適用された場合

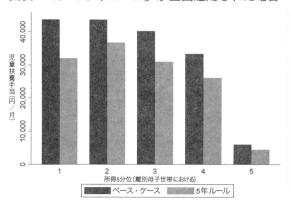

出所：JILPT調査に基づき筆者計算

　最後に、現状の施策のままで5年ルールが全面的に適用された場合に、所得分位別の児童扶養手当受給額にどのような変化が生じるかを示したものが図表7-15である。ここでは母子世帯になってからの年数が5年以上の世帯について、児童扶養手当の受給額が一律に半減するとして計算した（2010年当時で8歳未満児がいる世帯を除く）。

その結果、5年ルールの実施によって児童扶養手当の総額は22%と大幅に
減少する。ただし所得分位別にみると、大幅な給付削減は第1分位、すなわ
ち最貧層に集中して生じることに留意する必要がある。また、5年ルール実
施後の児童扶養手当の所得分位別の給付額は、第1分位が第2分位よりも少
なくなるという、所得分配上望ましくない形になっている。これは児童扶養
手当の長期受給者が最貧層により多くいることが影響している。

第6節　結論

　本章では、JILPT調査に基づき、シングルマザーと既婚マザーの賃金格
差の要因分解を行うとともに、養育費受給の決定要因を分析した。また、養
育費の徴収強化がもたらす貧困削減効果について、アメリカ・ウィスコンシ
ン州の養育費徴収スキームを採用してマイクロ・シミュレーションを行った
のち、児童扶養手当の一部支給停止措置が実施された場合の影響についても
所得分位別のシミュレーションを行った。
　子どもの貧困対策と財政支出削減という、相反する要請がある中で、母子
世帯の貧困を改善しつつ公的負担を減らす方策として、養育費の徴収強化は
魅力的な政策オプションとなりつつある。本章のシミュレーションでは、仮
に100%の養育費徴収が実現されたとしても、離別母子世帯の半数弱はいぜ
んとして貧困にとどまることを示した。そうした限界はあるものの、養育費
の徴収は一定の貧困削減効果をもつ施策として検討に値する。しかし、必要
な法制度や機関を整備するための政府や関係機関の足取りは非常に重い。
　その一方で、養育費徴収強化よりも簡単な施策として、現在は実質上棚上
げされている5年ルールの適用が検討される可能性もある。しかし、5年ルー
ルの適用は貧困の深化を招き、再分配上望ましくない影響を生む。本章の分
析で示したように、現在の労働市場の状況では、年数が経過しても母子世帯
の就労収入は増加しない。そうしたなかで5年ルールが適用されれば、母子
世帯に育つ子どものウェル・ビーイングに甚大な影響が及ぶことが懸念され
る。「子どもの貧困対策法」の趣旨に立ち返り、子どものウェル・ビーイン
グ保障の観点から政策選択がなされることが必要である。

【補論】賃金格差の要因分解の方法

ここでは第7章で行った、賃金格差の要因分解の方法を説明する。

既婚マザーの対数賃金（W_a）、シングルマザーの対数賃金（W_b）は、年齢や学歴をはじめとする属性のベクトル（X）で決定されると考え、賃金関数を以下のように表す。

$$W_i = X_i{}' \beta_i + \varepsilon_i, \ E\,(\varepsilon_i) = 0, i = a, b$$

ここで ε_i は誤差項である。賃金格差は、両者の平均的な属性の差がもたらす部分、各種属性が賃金に及ぼす影響（賃金関数の係数）の差がもたらす部分、および交差項に分解することができる。

$$\Delta W = W_a - W_b$$
$$= |E(X_a) - E(X_b)|' \beta_b + E(X_b)' (\beta_a - \beta_b)$$
$$+ |E(X_a) - E(X_b)|' (\beta_a - \beta_b)$$

右辺第1項は「賦存量格差」、第2項は「評価値格差」と呼ばれることもある。

上記のような要因分解の方法は良く知られているものであるが、どちらのグループを基準として要因分解を行うかによって、各要因の寄与が異なってしまうという問題がある。上記では b グループの係数（β_b）を用いて要因分解を行っているが、a グループの係数を用いることもまた可能だからである。

解決策の一つは、両者をプールして賃金関数を推計し、その係数 β^* を用いる

ことである。この場合、賃金格差は以下のように各種属性の平均値の差がもたらす部分とそれ以外の部分とに分解される。

$$\Delta W = W_a - W_b$$
$$= |E(X_a) - E(X_b)|' \beta^* + |E(X_a)' (\beta_a - \beta^*)$$
$$+ E(X_b)' (\beta^* - \beta_b)|$$

本章のもととなる大石（2013）ではこの2通りの要因分解を行ったが、主な結果に差はなかった。

なお、賃金は就業している者についてしか観察することができないが、市場賃金が留保賃金を上回っている就業者だけを対象に賃金関数を推定すると、係数にはバイアスが伴うことが知られている（Heckman 1979）。このサンプル・セレクション・バイアスを修正するために、本章では Jann（2008）が男女間賃金格差の要因分解で行っている方法を採用した。すなわち、既婚マザーについては別個に就業・不就業決定式を Probit 推定し、その結果から得られるセレクション修正項（ミルズ比）を説明変数に含めた上で賃金格差の要因分解を行っている。シングルマザーについても Heckman モデルを推計したが、セレクション項は有意でなく、セレクション・バイアスは発生していないと考えて修正は行っていない。シングルマザーの就業率が男性並みに高いことが原因と考えられる。

第8章 未婚女性労働者のキャリアパターンと就業継続要因

大風 薫

第1節 はじめに

　近年、日本女性の配偶関係は多様化している。未婚化・晩婚化は1990年以降急速に進行し、2030年時点では約19%の女性が生涯未婚者になると予想されている（厚生労働省 2015）。また、1990年出生コーホートにおける50歳結婚経験者に占める離婚経験者割合は約28%～40%と推計される（岩澤 2008）など、現代および近い将来の日本社会において、配偶者と子どもがいる家庭生活を長期間にわたって送る女性は必ずしも多数派とはいえない。その一方で、これまでの女性の就業に関する研究は、家庭責任のある女性を対象に、離職、就業継続、あるいはワーク・ライフ・バランスなどに着目するものが多く（たとえば坂本 2016；矢島 2014）、独身の女性労働者を対象とする研究は少ない。婚姻関係の多様性が生じている今、配偶者や子どものいない女性労働者の職業キャリアに関する研究を充実させる必要がある。

　このような問題意識のもと、2017年に独立行政法人労働政策研究・研修機構が発行した「育児・介護と職業キャリア―女性活躍と男性の家庭生活―」では、働く女性たちの家族生活と職業生活の様相を把握した上で、キャリアアップ意欲を規定する要因が報告されている（大風 2017）。そこで得られた主要な結果は、①未婚女性は既婚女性や離死別者に比べて、実際の労働時間が長く労働時間の柔軟性が低いこと、②配偶関係による役職や仕事の裁量性には相違がなく、女性の昇進や働き方には女性に共通する課題があること、③未婚女性は既婚女性や離死別女性よりも、仕事と生活の両立に対する葛藤を抱えにくい反面仕事満足度が低いこと、④キャリアアップに対する意欲は、既婚女性よりも離死別者や未婚者で高いことである。

　そこで本章は、上記のような女性労働者の多様性を踏まえた上で、35歳

以上の未婚女性に着目してキャリアパターンを把握し、そのようなキャリアパターンの規定要因について、初職の継続と現職の継続意向の観点から検証することを目的とする。年代を限定するのは以下の理由による。①女性は35歳を過ぎるあたりから、婚姻率が大きく下落し（国立社会保障・人口問題研究所 2017）、未婚者として生きていくことを受け入れるようになる（Davies 2003）。よって、中年期の未婚者と若年期の未婚者や既婚者との間には就業に対する考え方やニーズに違いがある、②日本人未婚者は親世代との同居率が高く（西 2014）、特に、中年期以降の未婚女性は、親の加齢にともない親の世話役割や介護役割を担いやすく（白波瀬 2005）、このようなケア役割が就業選択の制約になってくる（大風 2014）、③中年期の職業キャリアが特に未婚女性の高年期の社会階層に影響を及ぼす（Vartanian and MacNamara 2002；野呂 2001）ためである。

　女性の就業継続要因については、既婚女性において、①個人の就業継続意識が強いこと、②配偶者の家事分担や妻の就業に対する意識、③働く女性の母親が女性の就業に肯定期な意見をもつことが初職の継続率を高める（武石 2009）。また、杉浦（2015）は、初職で正規就業であった子どもあり層の初職離職理由として、結婚・出産・育児という家庭要因のほかにも、仕事に希望がもてないなどの就労モチベーションの影響を指摘している。本分析では、これらの先行研究の成果との比較を通じて、女性たちのキャリアパターンや就業継続において、どのような点が女性共通／未婚者独自の要因といえるのかについて検討していきたい。

　本章で使用するデータは「職業キャリアと生活に関する調査」である[1]。この調査は、全国30〜54歳の男女6,000人とその配偶者を対象としているが、本分析ではそのうち、35歳以上の現在職業をもつ未婚女性205名を対象に分析を実施する[2]。分析方法については、まず、働く未婚女性たちのキャリアパターンを把握したのち、多変量解析によって、初職の継続要因、現職の継続意向要因について、職場要因、家族要因、家族や仕事に対する価値観

1　調査設計の詳細については、『労働政策研究報告書 No.192　育児・介護と職業キャリア―女性活躍と男性の家庭生活―』（労働政策研究・研修機構 2017a）を参照されたい。

2　ただし、変数の欠損値によって分析対象となるサンプル・サイズは異なる。具体的には個別の分析結果を参照されたい。

などから検証していく。

第2節　キャリアパターンに関する分析結果

ここでは、キャリアパターンを、①「これまで初職を継続しており、今後も継続したいと考えているパターン（初職継続意向者）」、②「これまで初職を継続しているが、今後の継続意向はないパターン（初職非継続意向者）」③「転職して現職に至り、今後も現職を継続したいパターン（転職で現職継続意向者）」④「転職して現職に至るが、今後の継続意向はないパターン（転職で現職非継続意向者）」の4つに分類し、キャリアパターンの特徴を把握する。

1 配偶関係とキャリアパターン

未婚者のキャリアパターンを同年代の既婚者との比較によって確認する（図表8-1）。

未婚者の初職継続率（初職継続意向者12.2%と初職非継続意向者12.2%の合計）は24.4%で、既婚者14.6%（8.0%+6.6%）よりも高い。未婚者の初職継続率が既婚者に比べて高いことは予想通りであるが、その差は10ポイント程度にとどまっていることから、女性労働者において、結婚や出産といったライフイベント以外の要因でも初職を辞めている様子がうかがえる。

また、現職の継続意向についても、未婚者は既婚者に比べて低い傾向が見られる。具体的には、初職継続者24.4%のうち約半数において現職継続意向はなく、転職経験者75.6%（転職で現職継続意向者34.6%+転職で現職非継続意向者41.0%）のうち、半数以上が現職の継続意向を示していない。女性の就業継続に対しては、家族・家庭要因が影響を及ぼすが、相対的に家庭責任の軽い未婚者[3]の就業に対しては、仕事や職場そのものの要因が大きく反映された結果と解釈できる。

3　未婚女性の就業に関連する私生活領域の代表的な要因として親の介護問題が想定できるが、本調査対象者における現在介護者は14名、介護経験者は29名である。

第8章 未婚女性労働者のキャリアパターンと就業継続要因

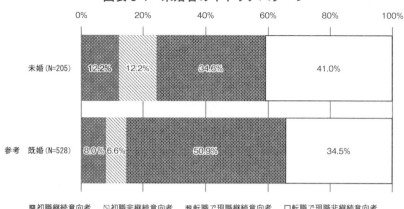

図表8-1 未婚者のキャリアパターン

2 年齢別のキャリアパターン

図表8-2は年代別のキャリアパターンを示したものである。未婚者のキャリアパターンにおいて年齢による大きな相違は見られない[4]。ただし、初職継続者において、既婚者が年齢とともに初職の継続意向が低下していくのに比して、未婚者では40歳を超えると既婚者以上に初職継続意向が高い。この傾向は、初職を継続している未婚者が、加齢とともに転職の困難さを認識し、初職を重視するようになっていることの表れではないだろうか。その一方、転職経験者における現職の継続意向は、すべての年齢で既婚者が未婚者を上回る。これは、すでに転職を経験している未婚者において転職のハードルは相対的に低く、年齢を問わず、より良い条件の職場があれば転職したいという意向を示すものといえよう。

---

4 χ^2検定による結果においても有意差は見られなかった。χ^2検定とは2つの変数の間に関係があるかどうかをみる分析法である（岸 2012）。一般的に有意確率（p値）が5%を下回る場合に2つの変数の間に関係があるとみなす。

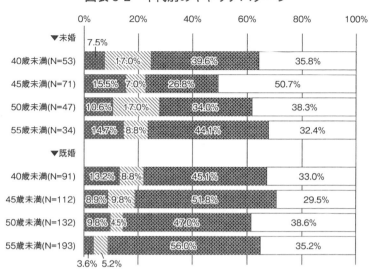

図表 8-2 年代別のキャリアパターン

■初職継続意向者　◨初職非継続意向者　▨転職で現職継続意向者　□転職で現職非継続意向者

3 学歴別のキャリアパターンの違い

　未婚者の学歴別のキャリアパターンを見ると（図表 8-3）、初職継続率において、中学・高校卒業者 20.0%（14.0%+6.0%）、専門・高専卒業者 25.0%（16.1%+8.9%）、短大卒業者 36.0%(14.0%+22.0%) に対して、大学・大学院卒業者では 17.1%（4.3%+12.8%）と低い傾向がみられる。大学・大学院卒業者の未婚者で、キャリアアップのために転職をしている可能性が考えられる。

　逆に、既婚者においては、大学・大学院卒業者は他の学歴以上に初職継続率が高くなっている。これは、一般的には、学歴が高いほど規模の大きい会社へ就業する可能性が高いため、学歴の高い既婚者は、自らのキャリアアップよりも、仕事と家庭生活を両立しやすい職場として初職にとどまることを表しているのではないだろうか。一方、学歴の高い未婚者には、ライフイベントに伴う働き方への制約がなく、自由に転職ができることから、同等の学歴においても配偶関係によるキャリアパターンの違いが生じていると考えられる。

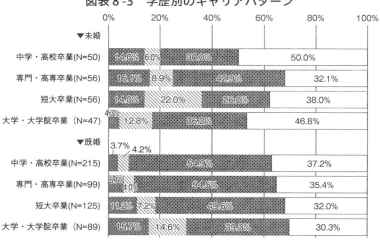

図表8-3　学歴別のキャリアパターン

4 初職と現職との関係：従業上の地位

　図表8-4は、初職と現職の従業上の地位の関連をみたものである。未婚者において、初職と現職の従業上の地位の間には関連性があり（χ^2値 70.932, p <.000）、初職の従業上の地位が現職の従業上の地位を規定することがわかる。これは、転職経験者に限定して行った分析においても同様の傾向が確認できた（N=155, χ^2値 42.641, p <.05）。本分析で対象とする転職経験者の約8割はバブル崩壊期以降に初職を辞めていたことから、経済環境の悪化によって、非正規から正規への転職は困難で、初職の従業上の地位が固定化されやすかったものと推察できる。

　一方、比較対象とした既婚者では、初職と現職の従業上の地位の間に関連性はない（χ^2値 29.642, n.s.）。既婚者と未婚者は同コーホートに属しているため、既婚者も不況期の影響は受けているが、同時に、家庭責任と仕事との両立のために自発的に非正規を選んでいる人もいるため、現職の従業上の地位が初職の影響を受けることがなかったものと考えられる。

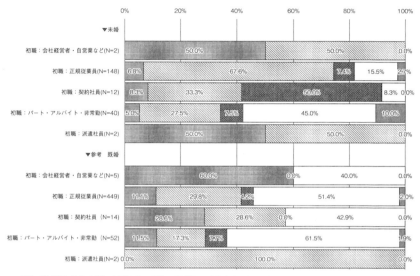

図表8-4 初職の従業上の地位と現職の従業上の地位

5 初職と現職との関係：仕事内容

図表8-5は、初職と現職の仕事内容の関係を示したものである。初職と現職の仕事内容は、未婚者・既婚者ともに関連性があり（未婚者：χ^2値 142.109, p <.000　既婚者：χ^2値 280.460, p <.000）、仕事内容については、配偶関係を問わず、初職の仕事内容が現職に関係することが確認できる。この関係は、転職経験者のみを対象に行った分析においても同様であった（未婚者：χ^2値 69.717, p <.000　既婚者：χ^2値 191.146, p <.000）。

ただし、初職が営業・販売あるいは技能工・労務の人においては、現職で他の仕事内容へ変わる傾向はみられる。これらの仕事は、職業資格が必要とされたり、パソコンやソフトの操作などの技能を求められたりすることが少ないことから、仕事の内容を変えやすいためと考えられる。

第 8 章　未婚女性労働者のキャリアパターンと就業継続要因

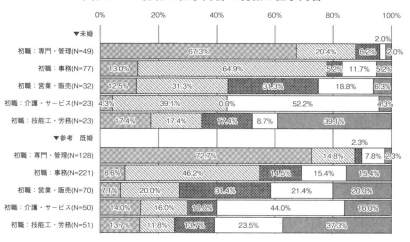

図表 8-5　初職の仕事内容と現職の仕事内容

第 3 節　初職の継続と仕事・職場、親のライフコース・経済状況との関わり

　前節までに、35歳以上の働く未婚女性たちのキャリアパターンを、既婚者との比較によって確認してきた。そこでは、結婚・出産といったライフイベントや育児役割がなくても初職を辞める人は一定の割合で存在すること、初職を継続／辞めることについて、既婚女性とは異なる要因があることが明らかとなった。そこで本節は、未婚女性に焦点化し、彼女らの初職継続における規定要因を多変量解析によって検証していく。

　初職を継続／辞めることに対する要因については、先行研究の成果を参照し、本人の属性、初職の職場の制度や仕事の状況と、未婚女性のライフコースやライフイベントに大きな影響を及ぼす親の要因もあわせて検討する。

1 分析方法および使用変数

（1）分析方法

二項ロジスティック回帰分析[5]

（2）使用変数

①従属変数：初職継続の有無（初職継続者を1、非継続者を0とする）[6]

②独立変数：

本人の属性（年齢・学歴）、初職の状況（従業員数、従業上の地位、仕事内容、転勤制度、転勤の有無、人事制度、育児介護制度）、初職の職場の雰囲気、親の要因（母親のライフコース、父親の就業状況）とする。具体的に使用する変数と値については、付表8-1を参照されたい。

2 記述統計

初職継続意向のロジスティック回帰分析に使用した変数の記述統計を図表8-6に示す。

---

[5] ロジスティック回帰分析とは、0か1の値をとるダミー変数を従属変数（結果とする変数）とするときに有効な分析方法である（岩井・保田 2010）。本分析の場合は、初職継続者を1、非継続者を0とするダミー変数を従属変数とし、各独立変数（原因とする変数）の初職継続に与える効果を検証する。この分析方法は、次節の現職継続意向の規定要因の分析でも使用する。

[6] これまでの分析ではキャリアパターンを4つに分類し、カテゴリー間の違いに注目してきたことから、本分析においては多項ロジスティック回帰分析を行うことも考えられる。しかし、サンプル・サイズの制約、解釈のしやすさを優先し、本分析では二項ロジスティック分析を行うこととした。この方針は、次節の現職継続意向の規定要因の分析においても同様である。

第 8 章　未婚女性労働者のキャリアパターンと就業継続要因

図表 8-6　初職継続意向のロジスティック回帰分析の記述統計

		度数	最小値	最大値	平均値	標準偏差
年齢	40-44 歳	205	0.0	1.0	0.35	0.48
	45-49 歳	205	0.0	1.0	0.23	0.42
	50-54 歳	205	0.0	1.0	0.17	0.37
学歴	中学・高校卒業	205	0.0	1.0	0.24	0.43
	専門学校・高専卒業	205	0.0	1.0	0.27	0.45
	短大卒業	205	0.0	1.0	0.24	0.43
初職の従業員数	1000 人以上	205	0.0	1.0	0.18	0.38
	官公庁	205	0.0	1.0	0.05	0.22
	100 〜 299 人	205	0.0	1.0	0.18	0.39
	300 〜 999 人	205	0.0	1.0	0.13	0.34
初職の従業上の地位	非正規	205	0.0	1.0	0.26	0.44
初職の転勤制度	転居なし転勤あり	205	0.0	1.0	0.13	0.33
	転勤制度なし	205	0.0	1.0	0.56	0.50
初職での転勤	転勤あり	205	0.0	1.0	0.15	0.36
初職の仕事内容	介護・サービス	205	0.0	1.0	0.11	0.32
	事務	205	0.0	1.0	0.38	0.49
	営業・販売	205	0.0	1.0	0.16	0.36
	技能工・労務	205	0.0	1.0	0.11	0.32
初職の人事制度	要望制度あり	205	0.0	1.0	0.20	0.40
	要望制度なし	205	0.0	1.0	0.28	0.45
初職の育児介護制度	産休制度あり	205	0.0	1.0	0.28	0.45
	育休制度あり	205	0.0	1.0	0.21	0.41
	短時間勤務制度あり	205	0.0	1.0	0.11	0.31
	介護休業あり	205	0.0	1.0	0.05	0.22
初職の職場の雰囲気	いつも人手不足だった	205	0.0	1.0	0.14	0.34
	いつも締切に追われた	205	0.0	1.0	0.13	0.34
	互いに助け合う雰囲気だった	205	0.0	1.0	0.45	0.50
	独立して行う仕事が多かった	205	0.0	1.0	0.16	0.36
	仕事の情報共有できた	205	0.0	1.0	0.26	0.44
	先輩が後輩へ指導する雰囲気あった	205	0.0	1.0	0.56	0.50
	上司や同僚などがアドバイスをくれた	205	0.0	1.0	0.52	0.50
	教育訓練を受けた	205	0.0	1.0	0.20	0.40
	責任のある仕事を任された	205	0.0	1.0	0.17	0.38
母親のライフコース	仕事をしながら出産・就業	205	0.0	1.0	0.42	0.50
	仕事をせずに出産・再就業	205	0.0	1.0	0.34	0.47
	その他のライフコース	205	0.0	1.0	0.05	0.22
父親の就業	中小企業の正社員	205	0.0	1.0	0.33	0.47
	経営者・自営業	205	0.0	1.0	0.26	0.44
	大企業の正社員・公務員	205	0.0	1.0	0.27	0.44

3　二項ロジスティック回帰分析の結果

　分析結果を図表 8-7 に示す。結果の読み取り方として、B 値が正の場合は、初職の継続確率を高める効果があることを示し、有意確率が 5% 以下の変数について初職の継続確率と関係があるとみなす。まず、本人の属性として、「短

図表 8-7　初職継続率のロジスティック回帰分析の結果

		B	標準誤差	有意確率	Exp(B)
年齢	基準：35-39 歳				
	40-44 歳	0.284	0.726		1.100
	45-49 歳	-1.170	0.828		0.139
	50-54 歳	0.087	0.910		0.981
学歴	基準：大学卒業以上				
	中学・高校卒業	0.109	0.967		0.941
	専門学校・高専卒業	-0.376	0.852		0.708
	短大卒業	1.813	0.846	*	10.768
初職の従業員数	基準：1000 人以上				
	初職の従業員規模官公庁	-1.666	2.193		16.086
	初職の従業員規模 30 人未満	0.099	0.370		
	初職の従業員規模 30 ～ 99 人	0.031	0.818		0.396
	初職の従業員規模 100 ～ 299 人	0.072	0.824		2.826
	初職の従業員規模 300 ～ 999 人	0.745	0.924		4.249
初職の従業上の地位	初職非正規	-1.607	0.794	*	0.180
初職の転勤制度	基準：転居をともなう転勤あり				
	転居なし転勤あり	2.582	1.019	*	13.508
	転勤制度なし	1.026	0.728		4.067
初職での転勤	転勤あり	2.409	0.797	*	11.646
初職の仕事内容	基準：専門職				
	初職：介護・サービス	-2.997	1.128	**	0.041
	初職：事務	-1.528	0.756	*	0.128
	初職：営業・販売	-3.027	1.177	**	0.020
	初職：技能工・労務	-0.579	0.938		0.504
初職の人事制度	基準：わからない				
	人事担当者へ伝える制度あり	1.939	0.821	*	7.880
	人事担当者へ伝える制度なし	-0.209	0.745		1.185
初職の育児介護制度	産休制度あり	2.045	0.908	*	7.833
	育休制度あり	-1.917	1.237		0.194
	短時間勤務制度あり	0.279	1.045		1.648
	介護休業あり	2.871	1.319	*	9.878
初職の職場の雰囲気	いつも人手不足だった	0.987	0.912		3.597
	いつも人手不足締切に追われた	-1.388	1.006		0.265
	互いに助け合う雰囲気だった	3.255	0.858	**	32.436
	独立して行う仕事多かった	-2.468	1.084	*	0.102
	仕事の情報共有できた	-1.374	0.787		0.270
	先輩が後輩へ指導する雰囲気	-0.340	0.679		0.753
	上司や同僚などがアドバイスをくれた	-0.966	0.692		0.294
	教育訓練受けた	-0.346	0.803		0.540
	責任のある仕事を任された	-4.493	1.395	**	0.004
母親のライフコース	基準：母親が専業主婦				
	母親が仕事をしながら出産・就業	1.963	0.969	*	14.319
	母親が仕事をせずに出産・再就業	1.483	0.896		7.473
	母親がその他・不明・いない	1.062	1.501		5.705
父親の就業	基準：パート・アルバイト・不明・いない				
	父親が中小企業の正社員	-2.477	1.075	*	0.049
	父親が経営者・自営業	-2.126	0.959	*	0.079
	父親が大企業の正社員・公務員	-3.476	1.105	*	0.014
χ^2 値		109.081	**		
-2 対数尤度		118.689			
Cox=Snell R2 乗		0.413			
Nagelkerke R2 乗		0.685			
N		205			

**1% 水準で有意、*5% 水準で有意

大卒業以上」は「大学卒業以上」に比べて初職を継続しやすい。本分析の対象者のほとんどは均等法施行以降に初職についているが、短大卒業で、恐らく一般職として初職についた人のほうが、初職にとどまりやすい傾向があることがわかる。

　初職の従業上の地位について、「非正規就業」であった人は「正規就業者」に比べて初職を継続しにくい。非正規就業は、給与水準や福利厚生、職務や仕事のやりがいなどについて不利な状況に置かれることが多いため、就業を継続しにくいものと考えられる。仕事内容については、「介護・サービス」「事務」「営業・販売」はいずれも「専門職」に比べて初職を継続しにくい。この結果は、職業資格や専門性を有すると初職にとどまる可能性が高くなることを表している。

　初職の勤務先に関する要因としては、「転居をともなわない転勤制度がある」ことが「転居をともなう転勤制度がある」ことより、初職継続確率を高める。また、実際に「転勤があった人」のほうが「転勤がなかった人」に比べて、初職を継続しやすい。女性の労働者にとって、転居をともなう転勤は負担が重い。しかし、転居をともなわない転勤によって職場が変化することは、仕事のマンネリ化を防ぎ、新たな緊張感や動機づけを生み出す源泉となるため、仕事を継続する意欲を高める可能性があると考えられる。

　同じく、勤務先の制度要因としては、「人事に対する要望を人事担当者へ伝える制度がある」ほうが、「そのような制度があるかどうかを把握していない」ことに比べて、初職を継続しやすい。この結果は、部署異動や仕事内容の変更について会社との交渉の余地があることの効果を表すものであり、職場の風通しのよさが就業の継続において有効となることを示しているのではないか。

　また、「産休制度」や「介護休業制度」があることは、初職の継続確率を高める。本分析の対象者がこれらの制度を使用したかどうかは不明であるが、いざというときに利用可能な制度があることは、従業員の安心の源になる。たとえば、中年期の未婚者にとって身近な心配事である親の介護問題への対応についても、介護関係の制度があることは就業を継続する意欲へとつながるであろう。会社の福利厚生の充実もまた、初職の継続確率を高めるといえ

る。

　職場の雰囲気に関する要因については、「互いに助け合う雰囲気がある」ことは初職の継続確率を高めるが、「独立して行う仕事が多い」こと、「責任のある仕事を任された」ことは、逆に初職の継続確率を低下させる。仕事経験が浅いキャリアの初期段階に、過度に自立的な働き方を求められたり責任を伴う仕事を任されることは、かえって仕事に対する困難さを感じたり、自信を損なうことにもなりかねず、就業を継続する意欲を低下させてしまうのかもしれない。

　最後に、親の要因に関する検証として、母親のライフコースの効果については、「母親が仕事をしながら出産をし、就業を継続する」というライフコースを歩んでいることは、「母親が専業主婦」であることに比べて初職の継続確率を上昇させる。女性にとって母親の存在は重要なロールモデルであり、母親の生き方が娘の価値観に影響を及ぼすという先行研究の成果（Fischer 1981; 春日井 1996）を追認する結果といえる。また、父親の就業については、父親が「パート・アルバイト」に比べて、「中小企業の正社員」であること、「経営者・自営業」であること、「大企業の正社員あるいは公務員」であることは、初職継続確率を低下させる。父親の就業は、家庭の経済的なゆとりを表す指標と考えられるため、父親が安定的な職業を持ち、家計にゆとりがある場合は、娘である未婚女性は離職の判断がしやすくなる。これらの親要因の効果は、未婚女性と親との世代間関係が仕事領域と強く関係することの表れと考えられる。

第4節　現職の継続意向と仕事・職場、仕事への意識、親との同居関係との関わり

　第1節でも示したように、35歳以上の中年期の未婚女性においては、就業を通じて高年期の経済基盤をつくることが極めて重要な課題である。安定的な就業は経済的な自立の基盤となるが、これまでの分析においても確認したように、未婚者において現職の継続意向はそれほど高くない。そこで、本節では、現職の継続意向の規定要因を検証していく。

規定要因については、本人の属性、現職の就業状況や制度、現職の職務・働き方、仕事に対する意欲や価値観に加え、親要因として、親との居住形態の効果を検討する。

1 分析方法および使用変数

（1）分析方法

二項ロジスティック回帰分析

（2）使用変数

①従属変数：現職の継続意向の有無（意向ありを1、意向なしを0とする）

②独立変数：

本人の属性（年齢・学歴）、キャリアパターン（初職継続者かどうか）、現職の就業状況（従業上の地位、勤務先の従業員数、現職勤続年数、現在の年収、現在の仕事内容）、現職の利用可能な制度数、現職の職務と働き方、キャリアアップ意欲、仕事に関する意識、親との居住形態とする。具体的に使用する変数と値については、付表8-2を参照されたい。

2 記述統計

　図表8-8に使用した変数の記述統計を示す。

図表 8-8　現職継続意向のロジスティック回帰分析の記述統計

		度数	最小値	最大値	平均値	標準偏差
年齢	年齢	194	35.0	54.0	43.37	5.30
学歴	中学・高校卒業	194	0.0	1.0	0.24	0.43
	専門学校・高専卒業	194	0.0	1.0	0.28	0.45
	短大卒業	194	0.0	1.0	0.24	0.43
キャリアパターン	初職継続ダミー	194	0.0	1.0	0.25	0.43
現職の従業上の地位	契約社員	194	0.0	1.0	0.09	0.28
	パート・アルバイト	194	0.0	1.0	0.21	0.41
	派遣	194	0.0	1.0	0.04	0.20
現職の従業員数	1000人以上	194	0.0	1.0	0.18	0.39
	官公庁	194	0.0	1.0	0.05	0.22
	300～999人	194	0.0	1.0	0.29	0.46
	100～299人	194	0.0	1.0	0.30	0.46
現職の勤続年数	勤続年数	194	0.0	35.0	12.38	9.16
現在の年収	本人年収	194	50.0	900.0	319.59	179.60
現職の仕事内容	事務	194	0.0	1.0	0.39	0.49
	専門職	194	0.0	1.0	0.27	0.44
	営業・販売	194	0.0	1.0	0.11	0.31
	技能工・労務	194	0.0	1.0	0.08	0.27
育児介護制度	利用可能な制度数	194	0.0	9.0	2.51	2.81
現職の職務	対外的な折衝	194	0.0	1.0	0.03	0.16
	顧客に出向いて行う	194	0.0	1.0	0.07	0.25
	他人の仕事の補助	194	0.0	1.0	0.14	0.35
	職業資格が必要	194	0.0	1.0	0.23	0.42
	会社の事業を立案	194	0.0	1.0	0.03	0.17
	スタッフを管理	194	0.0	1.0	0.09	0.28
現職の働き方	転居をともなう転勤をする	194	0.0	1.0	0.05	0.22
	宿泊をともなう出張をする	194	0.0	1.0	0.16	0.37
キャリアアップ意欲	収入を増やしたい	194	1.0	4.0	3.23	0.87
	いろいろな職務を経験したい	194	1.0	4.0	2.20	0.94
仕事に対する意識	働くことが好きである	194	1.0	4.0	2.64	0.97
居住形態	親と非同居	194	0.0	1.0	0.23	0.42
	母親とのみ同居	194	0.0	1.0	0.19	0.39
	父親とのみ同居	194	0.0	1.0	0.06	0.24

第 8 章　未婚女性労働者のキャリアパターンと就業継続要因

3 二項ロジスティック回帰分析の結果

　分析結果を図表 8-9 に示す。本人の属性として、学歴については、「大学卒業以上」に比べて「専門学校・高専卒業者」のほうが現職の継続意向確率を高める。仕事に関する専門的な知識を有している方が現職の継続意向を高めるとも考えられるが、一方で、現職の仕事内容において「専門職」の効果は見られないため、慎重に解釈する必要があるだろう。

　キャリアパターンとした「初職の継続」や「勤続年数」には現職の継続意向確率を高める効果はない。単に、長く働いていることだけでは、会社へのコミットメントが高まらないことを示すと考える。現職の従業上の地位においても、明確な効果を示すものはなかった。

　仕事内容について、「事務」は「介護・サービス」に比べて現職継続意向確率が低い。中年期以降の女性にとって「事務」の仕事は身体的な負担が相対的に小さいと考えられるが、一方で、事務仕事はルーティンワークであることから、仕事へのやりがいを感じにくいのかもしれない。

　経済的な基盤を作るために重要な「収入」の水準は、就業継続意向におよぼす影響が大きいと予想していたが、効果は見られなかった。女性の平均賃金は年功による差異が小さいためと考えられる。その一方で、育児や介護に関する利用可能な制度数が多いことは現職の継続意向に効果がある。これは、親の介護が生じた場合の仕事との両立のためにも制度の充実が求められること、働きやすい環境を作っている勤務先への信頼感を示しているものといえる。また、職務については、「他人を補助する仕事」は現職継続意向確率を高め、「スタッフを管理する仕事」は現職継続意向確率を低下させることから、相対的に負担の軽い職務のほうが就業を継続させやすい可能性が示された。

　仕事に対する考え方としては、「収入を増やしたい」と考える人ほど現職の継続意向確率は低く、現職の収入水準に満足していない様子がうかがえる。また、「働くことが好きである」ことは、他の要因をコントロールした上でも、就業意欲確率を高めることにつながっていた。

185

図表 8-9　現職継続意向のロジスティック回帰分析の結果

		B	標準誤差	有意確率	Exp(B)
年齢	年齢	-0.011	0.041		0.989
学歴	基準：大学卒業以上				
	中学・高校卒業	0.416	0.670		1.515
	専門学校・高専卒業	1.283	0.573	*	3.608
	短大卒業	0.615	0.640		1.850
キャリアパターン	初職継続ダミー	-1.107	0.605		0.331
現職の従業上の地位	基準：正規・経営者				
	契約社員	1.736	0.814		5.676
	パート・アルバイト	0.376	0.623		1.457
	派遣	-0.900	1.174		0.406
現職の従業員数	基準：99人以下				
	1000人以上	0.642	0.803		1.900
	官公庁	-1.114	1.168		0.328
	300～999人	-0.274	0.656		0.760
	100～299人	-0.950	0.626		0.387
現職の勤続年数	勤続年数	0.039	0.034		1.039
現在の年収	年収	0.001	0.002		1.001
現職の仕事内容	基準：介護・サービス				
	事務	-1.597	0.732	*	0.202
	専門職	-1.331	0.776		0.264
	営業・販売	-1.066	0.841		0.344
	技能工・労務	-0.136	0.905		0.873
育児介護制度	利用可能な制度数	0.233	0.091	**	1.263
現職の職務	対外的な折衝 (1=あり、0=なし)	0.305	1.643		1.356
	顧客に出向いて行う (1=あり、0=なし)	-0.893	0.991		0.409
	他人の仕事の補助 (1=あり、0=なし)	1.191	0.595	*	3.290
	職業資格が必要 (1=あり、0=なし)	0.290	0.639		1.336
	会社の事業を立案 (1=あり、0=なし)	1.920	1.130		6.821
	スタッフを管理 (1=あり、0=なし)	-1.723	0.798	*	0.179
現職の働き方	転居をともなう転勤をする (1=あり、0=なし)	0.324	0.989		1.383
	宿泊をともなう出張をする (1=あり、0=なし)	0.657	0.612		1.929
キャリアアップ意欲	収入を増やしたい	-0.645	0.271	*	0.525
	いろいろな職務を経験したい	-0.369	0.242		0.692
仕事に対する意識	働くことが好きである	0.887	0.241	**	2.428
居住形態	基準：両親と同居				
	親と非同居	-1.277	0.566	*	0.279
	母親とのみ同居	1.157	0.561	*	3.182
	父親とのみ同居	-0.541	0.862		0.582
χ^2乗値			82.776	**	
-2対数尤度			184.844		
Cox=Snell R2乗			0.347		
Nagelkerke R2乗			0.464		
N			194		

**1%水準で有意、*5%水準で有意

第8章　未婚女性労働者のキャリアパターンと就業継続要因

　居住形態の効果については、「両親と同居している人」に比べて、「両親と同居していない人」は現職継続意向確率が低い。親との別居者あるいは親がいない人は、住居費を始めとする生活費の負担が大きかったり、親へ生活の依存をしたりすることができない状況にあるため、より自立的な生活が求められる。今後の生活設計も念頭に置いた上で、好条件の仕事を模索したい傾向があると考えられる。対照的に、「母親とのみ同居者」では現職の継続意向確率が高い。母親とのみ同居しているということは、母親の世話や介護役割を担うことになりやすい。新たな職場で働くことよりも、職場環境のわかっている現職を継続するほうが、生活上のリスクを抱えにくいとの考えが影響しているのではないだろうか。

第5節　まとめ

　本章では、未婚女性のキャリアパターンを明らかにしながら、彼女らの初職継続要因および現職継続意欲を高める要因について検討した。その際、仕事や働き方、職場の要因とともに、未婚女性にとって重要な家族メンバーである親の要因についても同時に検証をした。検証結果は、以下のように要約することができる。

⑴　相対的に家族責任が軽く、初職が継続しやすいと考えられる未婚女性においても、初職の継続割合は24%程度にとどまる。特に、大学卒業以上の学歴の未婚女性の初職継続率が低い。従来、女性の継続就業を阻害すると考えられてきた結婚・出産といったライフイベントや育児要因以外にも、阻害要因が存在する可能性がある。

⑵　現職についても、未婚者は既婚者以上に継続意向が低く、この傾向に年代や学歴による違いはない。⑴で述べたように、未婚者は既婚者よりも家庭生活の維持・運営についての負担は軽いため、家庭生活が仕事生活に与える影響は小さいはずである。よって、未婚者における現職の継続意向は、主に、仕事や職場環境要因によって説明されると考えられる。

⑶　初職と現職の従業上の地位や仕事内容には関連があり、どのような初

職につくかによって、その後の職業キャリアが規定される可能性が高い。就職環境はコーホートによって大きく異なるが、非正規労働割合が増加する昨今の状況や、依然として多くの女性が職業キャリアの中で人的資源を高めにくい環境を考慮すると、未婚女性のキャリアの固定化は継続すると考えられる。

(4) 初職継続に対しては、「短大卒業」「専門性のある仕事内容」「正規就業」であることに加えて、「転居をともなわない転勤制度」「転勤経験」といった限定的な範囲で仕事内容が変わること、「人事の要望を伝える制度」「育休・介護休業制度」といった働きやすさを支える制度、過度な責任や自立性が求められる仕事ではなく職場内で共同的に進められる仕事に従事していることが効果的である。

(5) 母親が出産・育児と就業を両立させるライフコースを歩んでいることは、初職継続確率を高めることから、母親のライフコースが娘の身近なロールモデルになっている可能性がある。また、父親の経済状況が良好なことは、娘に転職をしやすい環境を提供しているものと考えられる。

(6) 現職の継続意向確率は、「専門学校・高専卒業」「他人の仕事を補助する職務」「育児介護制度の豊富さ」「仕事が好きであること」といった要因によって上昇する。一方で、「事務職」「スタッフを管理する職務」「収入を増やしたいという意欲」は継続意向確率を低下させる。

(7) 「親との別居者（あるいは親不在）」は現職の継続意向確率が低く、「母親とのみ同居している」場合は継続意向確率が高い。未婚女性にとっての親は、依存できる存在でもあり依存される存在でもある。自身と親の加齢によって、親子の生活や関係が変化することが未婚女性の就業へ影響する可能性が指摘できる。

以上の通り、本研究で明らかになった点を整理した。これまでの女性の就業継続への対策は、「家庭を持ったり、子どもを産んだりしても女性が仕事を続けられる」ことを前提としてきたが、本研究を通じて、それ以外にも就業を継続しにくくする要因があることが明らかとなった。よって、女性の就業継続支援対策に対しては、育児との両立支援以外のアプローチも必要とさ

188

れる（杉浦 2015）ことを結論としたい。

　具体的なアプローチを検討するにあたっては、まず、初職の継続要因の分析結果で示したように、雇用先において人事の要望を受け付けてもらえると認識されることや、一定の範囲内で仕事内容や職場に流動性を持たせることが就業継続意欲を高めることに注目する。同一の職場で同一の職務を長期間継続しながら、仕事への意欲を持続することは難しい。男女の雇用機会は均等ではあるが、無限定な異動は女性たちの負担が大きくなる場合がある。女性たちの要望を聞きながら、適切な間隔や地理的な移動範囲を見極めたローテーションなどは就業継続に対する有効な対策となるのではないだろうか。

　また、仕事内容や職務の観点について注目すべきは、キャリアの初期段階で自立的な仕事や責任のある仕事につくことは就業継続に負の効果をもたらし、一定のキャリアを積んだ段階では、補助的な仕事が継続意向を高め、スタッフを管理するような責任のある仕事は継続意向を低下させてしまうが、「仕事が好き」な場合は継続意向が高い点である。これらは、一見すると、女性が責任のある仕事を回避したい傾向があるようにも解釈できる。しかし、この結果が示唆するのは、女性が早期に退職することを前提とした処遇が、女性たちの仕事に対する動機づけを低下させてしまっていることではないだろうか。女性の育成を長期的に考え、適切な時期や内容を考えながら挑戦の場を提供すれば、仕事を通じた自己の成長を認識し仕事を好きになるだろう。また、成長に応じて職務範囲や責任範囲を段階的に拡大させれば、一定のキャリアを積んだのちには、自然と責任のある仕事にやりがいを感じることが期待できる。

　さらに、両立支援策としての育児や介護制度を一層定着させることも重要である。育児休業制度などのように、たとえ未婚者には直接的な関わりのないものであっても、働きやすさを促す制度は女性労働者の安心の源となる。また、本分析でも示したように、中年期以降の女性未婚労働者の親子関係は女性の就業継続に影響をおよぼす。よって、親のケア役割を担う可能性がある未婚女性が、そのような役割によって離職や転職をせざるを得ない事態を回避するため、職場のセーフティネットが極めて重要といえる。

　晩婚化や生涯未婚率の高まりによって、女性のライフコースの分化は一層

進展するだろう。女性の職業領域での活躍を推進するためには、職業領域と
生活領域の多様な組み合わせを考慮した上での支援策が望まれる。

付表 8-1　初職継続率のロジスティック回帰分析で使用した変数

	変数名	使用した質問項目・加工方法など
年齢	40-44 歳	問 1(2)の回答を用いて、当該年齢をカテゴリー化した
	45-49 歳	同上
	50-54 歳	同上
学歴	中学・高校卒業	問 22 の最終学歴の 1 中学校、2 高校・普通科、理数系、3 高校・職業科、専門科系を合算
	専門学校・高専卒業	問 22 の最終学歴の 4 専門学校、5 高専を合算
	短大卒業	問 22 の最終学歴の 6 短大を使用
現職の従業員数	1000 人以上	問 4(2)の 8 1000 人以上を選択
	官公庁	問 4(2)の 9 官公庁・公営事業所を選択
	300 ～ 999 人	問 4(2)の 7 300 ～ 999 人を選択
	100 ～ 299 人	問 4(2)の 6 100 ～ 299 人を選択
初職の従業上の地位	非正規	問 5(8)の 3 契約社員、4 パート・アルバイト・非常勤、5 派遣社員を合算
初職の転勤制度	転居なし転勤あり	問 5(8)SQ7 の 2 転居しない範囲での転勤制度あった
	転勤制度なし	問 5(8)SQ7 の 3 転勤制度はなかった
初職での転勤	転勤あり	問 5(8)SQ)の 1 あった
初職の仕事内容	事務	問 5(8)の 5 事務職
	介護・サービス	問 5(8)の 8 介護職、9 サービス職を合算した
	営業・販売	問 5(5)の 6 営業職、7 販売職を合算した
	技能工・労務	問 5(5)の 10 運輸・通信的職業、11 保安的職業、12 技能工・労務職、13 農林漁業作業者を合算した
初職の人事制度	人事担当者へ伝える制度あり	問 5(8)SQ8 の 1 あった
	人事担当者へ伝える制度なし	問 5(8)SQ8 の 2 なかった
初職の育児介護制度	産休制度あり	問 5(8)SQ5 の 1 産前産後休業制度・配偶者出産休暇
	育休制度あり	問 5(8)SQ5 の 2 育児休業制度
	短時間勤務制度あり	問 5(8)SQ5 の 3 短時間勤務制度
	介護休業あり	問 5(8)SQ5 の 4 介護休業制度
初職の職場の雰囲気	いつも人手不足だった	問 5(8)SQ6 の 1 いつも人手不足だった
	いつも締切に追われた	問 5(8)SQ6 の 2 いつも締め切りに追われていた
	互いに助け合う雰囲気だった	問 5(8)SQ6 の 3 互いに助け合う雰囲気があった
	独立して行う仕事が多かった	問 5(8)SQ6 の 4 一人ひとりが独立して行う仕事が多かった
	仕事の情報共有できた	問 5(8)SQ6 の 5 社内での仕事の情報が共有できていた
	先輩が後輩へ指導する雰囲気あった	問 5(8)SQ6 の 6 先輩が後輩を指導する雰囲気があった
	上司や同僚などがアドバイスをくれた	問 5(8)SQ6 の 7 上司や同僚、仕事仲間がアドバイスをしてくれた
	教育訓練を受けた	問 5(8)SQ6 の 8 上司の指示で、教育訓練を受けた
	責任のある仕事を任された	問 5(8)SQ6 の 10 責任のある仕事を任された
母親のライフコース	母親が仕事をしながら出産・就業	問 20(1)a) 自分の母の 1 仕事をつづけながら子どもを産み育てた
	母親が仕事をせずに出産・再就業	問 20(1)a) 自分の母の 2 仕事はせずに子どもを産み育て、子育てが一段落してから仕事を始めた
	母親がその他・不明・いない	問 20(1)a) 自分の母の 4 その他の生き方、5 わからない・いないを合算した
父親の就業	中小企業の正社員	問 21(2)2 中小企業の正社員
	経営者・自営業	問 21(2)4 会社の経営者、5 自営業・自由業を合算した
	大企業の正社員・公務員	問 21(2)1 大企業の正社員、3 公務員を合算した

付表 8-2　現職継続意向のロジスティック回帰分析で使用した変数

	変数名	使用した質問項目・加工方法など
年齢	年齢	問1(2)
学歴	中学・高校卒業	問22の最終学歴の1中学校、2高校・普通科、理数系、3高校・職業科、専門科系を合算
	専門学校・高専卒業	問22の最終学歴の4専門学校、5高専を合算
	短大卒業	問22の最終学歴の6短大を使用
キャリアパターン	初職継続ダミー	問3の1で1就業中を選択、かつ、問4(19)で2ないを選択
現職の従業上の地位	契約社員	問4(14)の3契約社員を選択
	パート・アルバイト	問4(14)の4パート・アルバイト・非常勤を選択
	派遣	問4(14)の5派遣社員を選択
現職の従業員数	1000人以上	問4(2)の8 1000人以上を選択
	官公庁	問4(2)の9官公庁・公営事業所を選択
	300～999人	問4(2)の7 300～999人を選択
	100～299人	問4(2)の6 100～299人を選択
現職の勤続年数	勤続年数	問4(1)
現在の年収	本人年収	問23の各カテゴリーの中央値を使用、ただし1なし=0、11 2000万円以上=2000とした
現職の仕事内容	事務	問4(4)の5事務職
	専門職	問4(4)の1教師・保育士・看護師、2専門的職業、3技術者、4管理的職業を合算した
	営業・販売	問4(4)の6営業職、7販売職を合算した
	技能工・労務	問4(4)の10運輸・通信的職業、11保安的職業、12技能工・労務職、13農林漁業作業者を合算した
育児介護制度	利用可能な制度数	問4(14) SQ6で適用される制度のすべてを合算した
現職の職務	対外的な折衝	問4(5)の1対外的な折衝をする職務を選択
	顧客に出向いて行う	問4(5)の2顧客のもとに出向いて行う職務を選択
	他人の仕事の補助	問4(5)の3他人の仕事を補助する職務を選択
	職業資格が必要	問4(5)の4職業資格を必要とする職務を選択
	会社の事業を立案	問4(5)の5会社の事業を立案する職務を選択
	スタッフを管理	問4(5)の6スタッフを管理する職務を選択
現職の働き方	転居をともなう転勤をする	問4(13)の1転居をともなう転勤をすることがあるを選択
	宿泊をともなう出張をする	問4(13)の2宿泊をともなう出張をすることがあるを選択
キャリアアップ意欲	収入を増やしたい	問4(16)のa)収入をふやしたいの回答について、点数を反転させた
	いろいろな職務を経験したい	問4(16)のc)いろいろな職務を経験したいの回答について、点数を反転させた
仕事に対する意識	働くことが好きである	問33c)働くことがすきであるの回答について、点数を反転させた。また、「あてはまらない」「わからない」は統合した
居住形態	親と非同居	問2(2)b)自分の父およびc)自分の母についていずれも同居していない人
	母親とのみ同居	問2(2)b)自分の父と非同居で、c)自分の母と同居の人
	父親とのみ同居	問2(2)b)自分の父と同居で、c)自分の母と非同居の人

第9章 壮年非正規雇用シングル女性の働き方と生活満足

池田心豪

第1節　はじめに

　壮年期にあたる40歳前後、最近の言葉でいう「アラフォー」の女性がパートや契約社員、派遣社員といった「非正規雇用」で働いていると聞いたら、どのような女性を思い浮かべるだろうか。家計補助のために働く既婚女性の「主婦パート」というのが一般的なイメージではないだろうか。非正規雇用に女性が多いという実態は何十年も前から確認されていたが、既婚女性の雇用形態として理解されていたときには、その経済的な待遇はあまり問題にならなかった[1]。それよりも労働時間の短さや柔軟性の面で、家庭生活と両立しやすい働き方として既婚女性のパート労働は戦後の日本社会に広がった。

　しかし近年、未婚化や離婚の増加を背景に、配偶者を持たない「シングル女性」（無配偶女性[2]）の非正規雇用が増えている。そして、彼女たちの経済的自立が問題とされるようになり、その文脈で女性の非正規雇用労働が改めて問題になっている。無配偶でありかつ非正規雇用である女性は家族生活と仕事の双方において非典型な存在である。そのことが持つ生活上の厳しさは図表9-1に示す生活満足度に端的に表れている[3]。このグラフは40歳前

1　フリーター問題に端を発する「非正規雇用問題」は一見すると性に中立的な議論を展開しているかのようにみえるが、濱口（2016）が指摘するように、パートやアルバイト・派遣社員の低賃金・不安定雇用を政策的な問題にするか否かという問題の立て方にジェンダーバイアスがあった。つまり、暗黙のうちに男性非正規労働者の低賃金・不安定雇用が問題とされていたといえる。同様のジェンダーバイアスは山田（2015）や宮本（2016）も指摘している。

2　以下では配偶者のいない女性（無配偶女性）を指して「シングル女性」と呼んでいるが、結婚の経験がない未婚者と結婚経験はあるが離別や死別により現在は配偶者がいない者の両方を含んでいる。

3　以下で示すデータはいずれも労働政策研究・研修機構（JILPT）が2013年に実施した「職業キャリアと働き方に関する調査」である。調査対象は全国の25～44歳の10,000名（25～34歳3,000名、35～44歳7,000名）であり、有効回収数は4,970（有効回収率49.7％）であった。このうち本章では35～44歳を集計・分析の対象としている。

後つまり 35 ～ 44 歳の女性の生活満足度を配偶者の有無と雇用形態別に示している。「有配偶・正規雇用」「有配偶・非正規雇用」「シングル・正規雇用」の生活満足度には明らかな差があるとはいえない。対して、「シングル・非正規雇用」の生活満足度は目立って低い。この不満を解消するためには、結婚して配偶者を得るか、正規雇用で就職することが有効だといえそうである。そうできるならそれに越したことない。しかし、35 歳を過ぎると結婚する可能性は低くなる。そうであるなら働き方を変えるしかない。図表 9-1 によれば、配偶者がいなくても正規雇用であれば生活満足度は有配偶女性とほとんど差がない水準になる。だが、35 歳を過ぎると転職して正規雇用になることも難しくなる。そこで注目したいのが、「シングル・非正規雇用」であっても「満足」「やや満足」の合計割合が約 50％あることだ。その意味で、正規雇用にならないとしても満足できる働き方の可能性を探ることも重要であろう。シングル女性の増加と非正規雇用率の上昇は社会の趨勢である。これを否定し、「既婚」「正規雇用」という典型的な家族形態と雇用形態に労働者を導く政策にはどうしても限界がある。非典型化を所与としてなお満足できる生活を実現する政策のあり方を検討することも重要ではないだろうか。

このような問題意識のもと、本章では非正規雇用で働く 35 ～ 44 歳のシングル女性を対象に、生活満足度と働き方の関係を分析した結果を示したい[4]。

図表 9-1　壮年期女性の生活満足度
－配偶者の有無・雇用形態別―

	満足	やや満足	やや不満	不満	無回答
有配偶・正規雇用(N=304)	22.0%	55.3%	19.7%		3.0%
有配偶・非正規雇用(N=577)	14.2%	58.9%	21.5%		5.2%
シングル・正規雇用(N=223)	11.7%	58.7%	24.2%		5.4%
シングル・非正規雇用(N=153)	6.5%	45.1%	34.0%	13.7%	

資料出所：「職業キャリアと働き方に関する調査」（JILPT 2013 年）

第2節　シングル女性の非正規雇用労働に関する先行研究

　終身雇用や年功賃金と呼ばれる日本的雇用慣行の手厚い雇用保障と所得保障は、基幹労働力として雇用される一部の従業員にのみ適用されるものであり、その外部に置かれる補助的労働力との間には大きな待遇格差がある。そして、この格差は「男性は仕事、女性は家庭」という性別分業と長く結びついてきた。そうした日本的雇用慣行の性差別的な構造に関する指摘は稲上(1986)、大沢（1993）など古くからみられる。大沢（1993）が問題提起したように、日本の経済情勢が良好であった時代にも夫の稼得に頼ることのできない母子世帯には貧困のリスクがあった[5]。それがなぜ今問題となるのか。本章の検討課題を明確にするために近年の議論を整理しておこう[6]。

　今日につながる問題提起の嚆矢は、労働政策研究・研修機構が2013年に開いた労働政策フォーラム「アンダークラス化する若年女性－労働と家庭からの排除」（以下、フォーラムと略す）である。その議事は労働政策研究・研修機構（2013b）にまとめられ、さらにこれを発展させた研究書が小杉・宮本編著（2015）として出版されている。

　フォーラムの議事録の中から雇用・労働問題に言及している2つの講演録を取り上げたい。第一講演者である江原由美子は男性よりも女性の方が非正規雇用率は高く、正規雇用への転換率も低い、にもかかわらず男性の非正規雇用は「生活できない」と問題になるのに女性の貧困は見過ごされてきたことを指摘し、女性が非正規労働についていること自体を問題にしていないことが最大の問題であるという。そのように女性が低賃金・不安定雇用の非正規労働で働くことが社会的に容認される構造を江原は第二講演者である山田昌弘の言葉を借りて「女性労働の家族依存モデル」と呼ぶ。

4　本章は、池田（2014、2015、2017）に基づいている。ただし、池田（2014、2015）はシングル女性と、同じく経済的自立の必要性が高い男性の壮年非正規労働者との比較に焦点を当て、男性の問題にも言及しているのに対し、本章は女性に焦点を当て、伝統的な壮年非正規女性労働者である有配偶女性（主婦）との比較においてシングル女性の働き方の課題を明らかにすることを目的としている。
5　大沢はこうした日本の雇用慣行と社会保障の問題を大沢（2007、2016）等で継続して検討している。
6　本節は池田（2017）にもとづいている。

その講演において、山田は「家族による包摂」と「労働による包摂」をキーワードに、戦後の日本は女性を家族に包摂する社会であったと特徴づける。未婚女性は父親に主に扶養され、既婚女性は夫、高齢女性は遺族年金か跡継ぎ息子に包摂されるというモデルがつくられた。このような社会の仕組みを「女性労働の家族依存モデル」と呼ぶ。このモデルは男性の稼得能力を前提としているが、1990年代のグローバル化や情報化といったニューエコノミーの浸透にともなって仕事が二極化し、収入が不安定化しはじめる。山田はこれを「労働による包摂」の揺らぎと呼び、これと「家族による包摂」の揺らぎが同時に起きたことが女性の経済的自立を阻害したと説明する。そして、「労働」「家族1（夫）」「家族2（親）」の三者関係のなかで「結婚したら良い」「親がいるから良い」「努力して正社員になれば良い」と対策が付け回されている現状を憂えている。

　女性の伝統的な非正規雇用は「主婦パート」が典型的であるが、これは既婚女性の働き方として戦後に広がった。江原はそのこと自体が問題にされなかったことを問題にしている。山田が家族に包摂されていたという時代にもパートの低賃金により苦しい生活を余儀なくされるシングルマザーはいたが、そうした事態を問題としてこなかったことが現代女性の貧困の源流にある。それが昨今問題になっているのは、1990年代初頭のバブル崩壊以降の厳しい経済情勢の中で女性自身が自立できる就業機会が拡大していないことと、女性を包摂するだけの経済力がある男性の減少が背景にある。

　こうした問題の解決方法として、フォーラムのコーディネータであった宮本みち子は小杉・宮本編著（2015）の序章および宮本（2012、2016）において社会政策的な案を示している。1960年代から70年代に成立した日本型の生活保障を宮本は公共事業による雇用機会の創出により、一家のくらしを保障する「雇用レジーム」と特徴づけ、北欧や西欧諸国のように国家の社会保障制度を通じて所得を再分配する「福祉レジーム」を重視してこなかったという。女性の貧困に対しては「職業教育・訓練と就職支援などの積極的労働市場政策」が重要であるが、諸外国と比べて社会保障費に占める比率は低い。高齢期に傾斜した社会保障制度を人生前半期のニーズに応えるものに転換する必要があると主張する。

また小杉・宮本編著（2015）の中で江原（2015）は「家族依存モデル」に対抗する「女性の経済的自立モデル」が成立する可能性を検討し、結果として家族依存モデルが維持されるロジックを次のように示している。すなわち、結婚しない女性の増大は男性に依存しない生き方の増大として肯定的に評価されるが、非正規労働の増加により経済的自立は実際上困難であるため、「男性に依存せざるを得ない」という現実に直面する。また、結婚しない女性の増大は「家族依存モデル」の妥当性を疑うことになりうるが、これを個人の選択の問題とみなし、社会的な問題としては認識してこなかった。そうして「家族依存モデル」は維持されてきたという。

　フォーラムは「若年女性」と銘打っているが、未婚かつ非正規雇用のまま年齢を重ねて中年期を迎える可能性が高いという問題意識を含んでいる。小杉・宮本編著（2015）の中で直井（2015）は 40 ～ 50 代女性を対象とした調査結果から、未婚女性が中高年期に貧困に陥るプロセスを「最初の安定した職業をやめて次第に不安定な仕事に転職していくという道筋」として描き出す。具体的には次の 5 つの特徴を挙げる。（1）多くが正規従業員として最初の仕事に就くが、（2）その仕事を 5 年未満のうちに過半数が辞め、（3）その後は知人の紹介などで別の仕事につくものの何度も転職を繰り返す人もいる。（4）その間に健康上の理由や海外滞在、親の介護など、何らかの空白期間がある場合も少なくない。（5）結果として、現職の正規雇用は約 5 割で勤続年数は 5 年未満が 3 割を超える。

　フォーラム及び小杉・宮本編著（2015）では言及されていないが、非正規雇用の女性ほど未婚確率が高いというデータ分析の結果は、少子化の文脈で永瀬（2002）等が早くから示してきた。若年非正規雇用女性は、山田の言葉を借りれば結婚によって家族に包摂される可能性が低い、そのこと自体はフォーラムが問題提起するずっと前から分かっていたことである。それがいよいよ顕在化したのが 2010 年代だといえる[7]。同じ時期に永瀬（2013）は45 ～ 54 歳の未婚女性を「生涯未婚」と呼んで、その仕事と生活を分析している。その結果から、シングル女性の余暇活動に関する満足度は高いが経済

7　山田（1999）が展開したパラサイトシングル論は親という家族による包摂を論じたものと位置づけることができる。

的には厳しい状態にある者が少なくないこと、また親との同居で生活を賄う者が5割強いるが、将来の見通しを持ちにくい低収入の者が多いこと[8]を指摘する。そして、高い賃金を得るためには「正社員であること、勤続を重ねること、同じ仕事領域の仕事経験を積んでいること、大学教育を受けることが重要」という賃金推計結果を示すが、実態として「女性が長く正社員の職を続けにくい職場の状況」があることも指摘する。

永瀬（2013）の推計において特に興味深いのは、「同じ仕事の経験の長さ」を賃金の有力な規定要因として示していることである。永瀬（2013）は2つのモデルで賃金を推計しているが、1つ目のモデルでは「自営・自由業」に比べて「正社員」であることは賃金を高め、「パート」や「アルバイト」であることは賃金を下げる効果が確認される。また初職継続に賃金を高める効果がある。直井（2015）の指摘と整合的である。だが、勤続年数を説明変数に追加投入した2つ目のモデルでは「パート」や「アルバイト」の効果と初職継続の効果は有意でなくなり、勤続年数の効果に吸収される。また、転職しても「概ね同じ仕事」を続けている場合は、どちらのモデルでも賃金を12%程度引き上げる効果があるという。前述の宮本（2012、2016）がいう「積極的労働市場政策」の効果を暗示する結果であるともいえる。一般的なパート・アルバイトの人事管理を踏まえれば、長期勤続が可能であり、勤続にともなって賃金上昇が望める就業機会はかなり恵まれた就業機会といえる。勤務先を移っても同一の職務経験を蓄積して賃金上昇に結びつけることのできる仕事も限られる。直井（2015）が問題にしている転職を何度も繰り返す貧困女性は、そうしたキャリアの一貫性を構築しにくい女性の実情を描き出しているといえる。永瀬（2013）もインタビュー調査の結果から同様の実態を指摘する。だが、正社員かパート・アルバイトかといった就業形態とは独立

8　親との同居が中年期の未婚女性の就業に及ぼす影響について大風（2014）は永瀬（2013）の分析結果を踏まえつつ、これを掘り下げる考察をしている。その分析結果によれば、父親との同居は就業に影響がなく、母親との同居のみ娘の正規就業にマイナスの影響を及ぼし、非正規就業の確率を高める。また単なる同居の有無ではなく、親の高齢化や健康状態悪化にともなうケア役割期待が正規就業を抑制する可能性を指摘する。その観点から、母との同居のみが正規就業を抑制するという結果について、父のケアは母が健康であれば母が担うが、母のケアが必要な場面では父が亡くなっていたり高齢化したりしてケアを担うことが難しいために娘がケアを担うという介護者選択の論理から説明している。

に就業経験が賃金に影響するという永瀬（2013）の分析結果は重要である。正社員でないから、正社員になれないから低賃金を甘受せざるを得ないということではなく、非正規雇用のままであっても賃金を高めることのできる社会制度を構築することが重要であるといえる。

　このように壮年期にある非正規雇用のシングル女性を対象にした研究の歴史は浅いが、短期間で急速に知見の蓄積が進みつつある。そうした先行研究の知見を踏まえるなら、外部労働市場を経由した転職よりも同一勤務先に勤め続けて就業経験を積む方が彼女たちの待遇改善には早道である可能性が高い。その意味で、「フリーター」のような若年の非正規雇用労働者とは有効な支援のあり方が異なるのではないだろうか。一般的に、外部労働市場で待遇の良い就職・転職をできる確率は若者に比べて中高年になるほど低下する。その逆境を乗り越えて正社員に就職したり、待遇の良い就職を実現したりできる壮年期の非正規労働者は多くないだろう。それより非正規雇用であっても企業内部の労働市場で職業能力開発機会を与えられ、これにより待遇を改善して正社員にもなることができる、そのようなキャリアパスの方が現実的ではないだろうか。折しも労働契約法の「5年ルール」に沿って、雇用期間に定めのある有期契約労働者を無期契約に転換する準備を企業は進めている。パート労働法は正社員との均等・均衡待遇や正社員転換措置を企業に求めている。最近の「同一労働同一賃金」に対する関心の高まりも企業にとどまったまま待遇を改善する追い風になるに違いない[9]。

　こうした問題意識のもと、以下ではJILPTが2013年に実施した「職業キャリアと働き方に関する調査」のデータから、もはや若年とはいい難い40歳前後で非正規雇用であるシングル女性の働き方の課題を明らかにしたい[10]。

9　第7章では母子世帯になった後に5年以上経過しても就労による収入は増えていないという結果が示されていたが、同じ非正規雇用のシングル女性であっても第7章で分析したシングルマザーと永瀬（2013）が分析対象にした未婚女性では労働契約や適用されている人事労務管理の内実が異なる可能性がある。この点については今後の検討課題としたい。

10　データは現在の配偶者の有無のみを把握しているため、結婚の経験がない未婚であるか、結婚の経験はあるが離別・死別により現在は配偶者がいない状態であるかを区別できない。

第3節　壮年非正規雇用シングル女性の経済的生活基盤

　その前提として、非正規雇用シングル女性の生活不満が家計の苦しさと関係していることを図表9-2においてまずは確認しておきたい。一目で分かるように、家計の苦しさを感じている度合いが高いほど「不満」「やや不満」の割合が高い。そして図表9-3が示すように、配偶者のいないシングル女性は有配偶女性に比べて家計が苦しいと感じている割合が高い。

　また、図表9-4に世帯の預貯金額を示すが、シングル女性と有配偶女性を比較すると「まったくない」の割合が高い一方、「50～100万円未満」「100～500万円未満」の割合が低くなっている。

　なお、生活上の経済的な役割として、主な家計支持者である割合を図表9-5に示すが、シングル女性においては「自分」が主たる家計支持者である割合が58.2%にのぼり、有配偶女性の4.9%と大きな差がある。しかし配偶者がいなくても「自分の親」が主な家計支持者であるという女性も35.9%いる。今日においても生まれ育った家族（定位家族）の経済力がシングル女性のセーフティーネットになっている様子がうかがえる。しかし、それは生活満足度を高める要因になるかといえば、話は別のようだ。図表9-6をみよう。主な家計支持者が「自分」である場合と「自分の親」である場合の生活満足度を示しているが、両者の生活満足度に差はみられない。親の経済力に依存している状態を好ましいとは思っていないのではないだろうか。その意味で、女性だから経済力がなくて良いとはいえない。就業による経済力の向上は重要な課題であるといえる。そのような問題意識をもって、以下では壮年非正規雇用シングル女性の働き方の課題を検討したい。

第 9 章 壮年非正規雇用シングル女性の働き方と生活満足

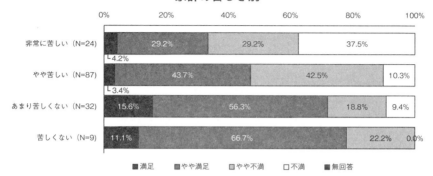

図表 9-2 壮年非正規雇用シングル女性の生活満足度
―家計の苦しさ別―

資料出所:「職業キャリアと働き方に関する調査」(JILPT 2013 年)

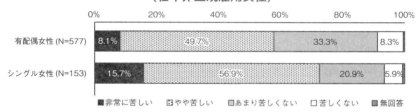

図表 9-3 配偶関係別 家計苦しさ割合
（壮年非正規雇用女性）

資料出所:「職業キャリアと働き方に関する調査」(JILPT 2013 年)

図表 9-4 配偶関係別　世帯預貯金額割合（壮年非正規雇用女性）

	まったくない	10万円未満	10～50万円未満	50～100万円未満	100～500万円未満	500～1,000万円未満	1,000万円以上	わからない	無回答	N
有配偶女性	9.4%	4.0%	8.1%	9.9%	31.4%	9.5%	3.6%	18.5%	5.5%	577
シングル女性	15.0%	5.2%	8.5%	4.6%	15.0%	0.7%	3.9%	29.4%	17.6%	153

資料出所:「職業キャリアと働き方に関する調査」(JILPT 2013 年)

図表 9-5 配偶関係別 主な家計支持者割合（壮年非正規雇用女性）

	自分	自分の親	配偶者	その他	無回答	N
有配偶女性	4.9%	0.7%	93.6%	0.7%	0.2%	577
シングル女性	58.2%	35.9%	0.0%	5.9%	0.0%	153

資料出所:「職業キャリアと働き方に関する調査」(JILPT 2013 年)

201

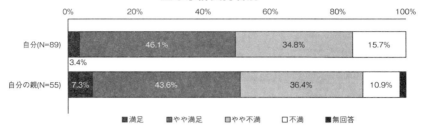

図表9-6　壮年非正規雇用シングル女性の生活満足度
—主な家計支持者別—

資料出所:「職業キャリアと働き方に関する調査」(JILPT 2013年)

第4節　配偶関係別　働き方と仕事満足度

　はじめに就業形態の構成比率からみよう。図表9-7に結果を示すが、有配偶女性は約4分の3が「パート」である。シングル女性においても割合が最も高いのは「パート」(41.8%) であるが、「契約社員」(30.1%) の割合の高さも目立つ。労働時間の短いパートタイム契約ではなく、フルタイム契約で就業している労働者が多いことを示唆する結果であるといえる。実際、図表9-8をみると、所定労働時間もシングル女性は「35時間以上」が約7割を占める。一方で有配偶女性は、30時間未満 (「20時間未満」と「20時間以上30時間未満」) が約6割を占める。有配偶女性は主にパートタイム契約、シングル女性は主にフルタイム契約という違いが明確に出ている。この点で伝統的な壮年非正規労働者であった有配偶女性と、近年増えているシングル女性とでは働き方の違いがみられる。

　仕事内容についてはどうだろうか。図表9-9に職種構成比率を示す。大きな差があるとはいえないが、配偶者の有無によって職種構成の差がみられる。シングル女性は事務の比率がやや高く、有配偶女性は販売とサービス(資格不要)の比率がやや高い。伝統的な有配偶女性の非正規雇用は、結婚や出産・育児により就業中断した女性の再就職先という意味合いが強い。小売業の販売員や接客・家事代行のようなサービス職はその典型職種である。そのような傾向がここでも確認できる。一方、事務職の非正規雇用はかつて一般

職正社員が担っていた職務が派遣社員や契約社員といった形で非正規化している可能性がある。その意味で、シングル女性の契約社員比率の高さと整合的な結果だといえる。

図表 9-7　配偶関係別　就業形態構成比率（壮年非正規雇用女性）

	パート	アルバイト	契約社員	嘱託	派遣社員	その他	N
有配偶女性	74.5%	8.5%	8.5%	3.3%	2.9%	2.3%	577
シングル女性	41.8%	9.2%	30.1%	4.6%	9.8%	4.6%	153

資料出所：「職業キャリアと働き方に関する調査」（JILPT 2013 年）

図表 9-8　配偶関係別　所定労働時間比率（壮年非正規雇用女性）

	20 時間未満	20 時間以上 30 時間未満	30 時間以上 35 時間未満	35 時間以上	N
有配偶女性	28.9%	31.8%	11.7%	27.6%	409
シングル女性	6.9%	13.8%	8.6%	70.7%	116

資料出所：「職業キャリアと働き方に関する調査」（JILPT 2013 年）

図表 9-9　配偶関係別　職種構成比率（壮年非正規雇用女性）

	専門・技術	管理	事務	営業	販売	サービス（資格要）	サービス（資格不要）
有配偶女性	18.7%	0.5%	22.0%	1.0%	12.8%	6.2%	20.5%
シングル女性	11.1%	0.7%	30.1%	1.3%	9.2%	5.9%	18.3%

	運輸・通信	保安	技能工	農・林・漁業	その他	無回答	N
有配偶女性	1.9%	0.0%	9.4%	0.2%	6.2%	0.5%	577
シングル女性	2.0%	0.0%	13.1%	0.7%	7.8%	0.0%	153

資料出所：「職業キャリアと働き方に関する調査」（JILPT 2013 年）

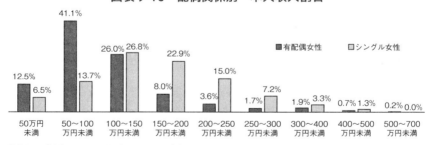

図表 9-10　配偶関係別　本人収入割合

資料出所：「職業キャリアと働き方に関する調査」（JILPT 2013 年）

このような働き方の違いは年収にも表れている。図表 9-10 に示すように、シングル女性は有配偶女性に比べて年収が高い。グラフは「100 〜 150 万円未満」を境に明瞭な差を示しており、有配偶女性は「50 〜 100 万円未満」「50 万円未満」の割合が高く、シングル女性は 150 万円以上の各年収階級の割合が有配偶女性よりも高い。有配偶女性の低い年収は、よく知られているように夫の扶養の範囲に収まるよう調整した結果であろう。その必要がないシングル女性の年収が有配偶女性よりも高くなるのは当然の結果といえる。その点を踏まえると、シングル女性の年収の最頻値が「100 〜 150 万円未満」（26.8%）でその次に高いのが「150 〜 200 万円未満」

図表 9-11　配偶関係・労働条件別　仕事満足度（壮年非正規雇用女性）

	満足	やや満足	どちらでもない	やや不満	不満	無回答
▼賃金・収入						
有配偶女性(N=577)	14.2%	30.7%	22.7%	21.0%	10.9%	
シングル女性(N=153)	5.9%	16.3%	21.6%	32.0%	22.9%	
▼労働時間						
有配偶女性(N=577)	27.9%	36.9%	18.9%	12.0%		3.8%
シングル女性(N=153)	24.2%	30.1%	22.2%	15.0%	7.2%	
▼仕事内容						
有配偶女性(N=577)	22.2%	37.3%	27.6%	9.2%		3.3%
シングル女性(N=153)	16.3%	26.8%	36.6%	15.0%		3.9%
▼能力開発機会						
有配偶女性(N=577)	12.1%	23.7%	48.0%	10.7%		4.9%
シングル女性(N=153)	20.9%	56.9%	10.5%	5.9%		
▼雇用の安定性						
有配偶女性(N=577)	18.2%	25.8%	38.1%	10.9%	6.2%	3.9%
シングル女性(N=153)	6.5%	19.0%	35.3%	26.1%	11.8%	
▼人間関係						
有配偶女性(N=577)	26.0%	36.7%	23.2%	10.4%		3.1%
シングル女性(N=153)	19.0%	32.7%	27.5%	13.7%	5.9%	
▼仕事全体						
有配偶女性(N=577)	15.4%	37.4%	33.3%	10.4%		2.8%
シングル女性(N=153)	7.2%	26.1%	38.6%	21.6%		4.6%

資料出所：「職業キャリアと働き方に関する調査」（JILPT 2013 年）

第 9 章　壮年非正規雇用シングル女性の働き方と生活満足

図表 9-12　壮年非正規雇用シングル女性の生活満足度と
仕事満足度の相関　―Kendall の順位相関係数―

		賃金満足度	労働時間満足度	仕事内容満足度	能力開発満足度	雇用安定満足度	人間関係満足度	仕事全体満足度
生活満足度	相関係数	.299**	.196**	.237**	.302**	.184**	.204**	.165*
	N	151	151	151	150	151	151	150

** 1% 水準で有意　　* 5% 水準で有意
資料出所：「職業キャリアと働き方に関する調査」（JILPT 2013 年）

（22.9%）という分布はシングル女性の経済的な苦しさを裏付けるものといえ
よう。

　実際、図表 9-11 に示すように労働条件別の仕事満足度を聞いてみると「賃
金・収入」に対する満足度はシングル女性の方が低い。収入はシングル女性
の方が高いが、満足はしていないのである。先にみたように、週 35 時間以
上働く労働者の割合がシングル女性は高い。それだけ働いている割に収入は
それほど高くない。そのことが不満なのではないだろうか。表裏の問題とし
て「労働時間」の満足度も低い。その他、「仕事内容」「能力開発機会」「雇
用の安定性」といった諸条件についてもシングル女性の満足度は有配偶女性
より低い。さらに「人間関係」の満足度も低い。そして、「仕事全体」の満
足度もシングル女性は有配偶女性よりも低い。

　中には仕事にそれほど関心がなく、仕事以外の私生活が充実していれば満
足した生活を送れているという女性もいるだろう。正規雇用に比べて仕事の
拘束が強くなく、仕事以外の生活に労力を費やすことができるというメリッ
トが非正規雇用にはある。しかし、図表 9-12 に示すように仕事満足度は生
活満足度と正の相関がある。つまり、仕事に対する不満は生活全体に対する
不満と結びつきやすい。それだけ生活の中で仕事が占める比重は重いといえ
る。反対に、生活全体がそれなりに満足できるものであれば、仕事にも前向
きな気持ちになることができるという側面もある。いずれにせよ、仕事と生
活の双方向的な好循環が生み出されることが望ましいといえるが、壮年非正
規雇用シングル女性の場合は逆である。仕事への不満と生活全体の不満の悪
循環を断ち切るために、労働条件の改善が必要だといえる。

205

第5節　失業不安と正社員への移行希望

　特に注目したいのは雇用の安定性の問題である。非正規雇用の多くが期間を定めて雇用される有期契約であり、賃金の水準が低いことと合わせて、収入が不安定であることも大きな問題である。図表は割愛するが、我々のデータでも、失業の可能性と生活満足度には負の相関があり、失業の可能性を感じているほど生活満足度は低い。そして、今後5年間の失業の可能性を聞いてみると、図表9-13が示すように、有配偶女性もシングル女性も失業の可能性があるという割合は低くない。だが、その傾向は特にシングル女性において顕著である。「大いにある」と「ある程度ある」の合計割合はシングル女性の場合6割に達する。

　また図表9-14が示すように、正社員への移行希望を持つ割合もシングル女性の方が高い。有配偶女性の正社員移行希望は25.5%に留まるが、シングル女性は52.9%と約半数になる。有配偶女性の正社員移行希望が低いのは夫の扶養の範囲で働き、パートという家庭生活を優先しやすい働き方を好む女性が多いためと理解することができる。一方、そうした経済的下支えのないシングル女性の正社員移行希望が高いのは当然の結果であるといえる。

　問題はここからである。シングル女性の約6割が失業の可能性を感じ、約5割が正社員への移行を希望しているが、実際に転職活動や職業能力開発の取組みをしている割合は高いといえない。図表9-15に結果を示すが、シン

**図表 9-13　配偶関係別　今後 5 年以内の失業可能性割合
（壮年非正規雇用女性）**

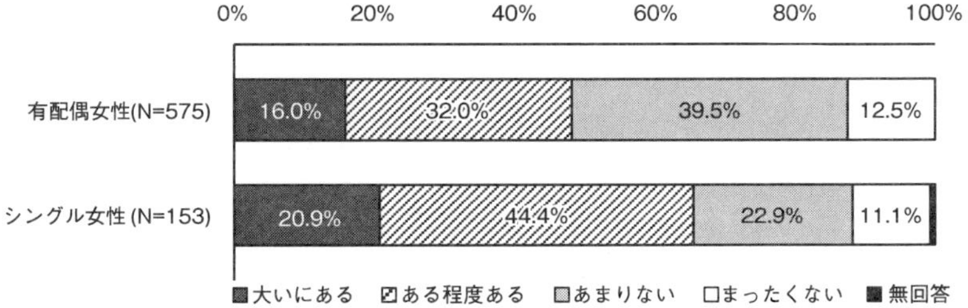

資料出所：「職業キャリアと働き方に関する調査」（JILPT 2013 年）

図表 9-14　配偶関係別　正社員への移行希望有無割合
（壮年非正規雇用女性）

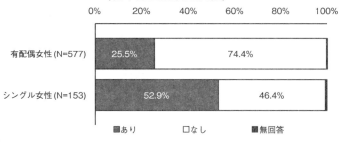

資料出所：「職業キャリアと働き方に関する調査」（JILPT 2013 年）

図表 9-15　転職活動・能力開発の取組みをしている割合
（壮年非正規雇用女性）

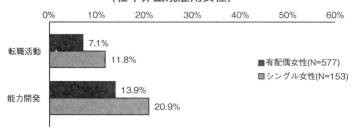

資料出所：「職業キャリアと働き方に関する調査」（JILPT 2013 年）

グル女性で転職活動をしているのは約1割、能力開発の取組みをしている割合は2割にとどまる。なお、分析対象は35歳以上であり、正規雇用の中途採用については、相当程度その機会が制約される年齢に達している。正社員での転職をあきらめているがゆえに、転職活動をしていない、という女性もいる可能性がある。

要するに、外部労働市場での転職による労働条件向上という作戦が成功する可能性はあまり期待できない。それよりも、先行研究の知見にもあるように、内部労働市場に活路を見出し、現在の勤務先での正社員転換を考えた方が現実的といえるかもしれない。

そこで、図表9-16で現在の勤務先における正社員転換制度の有無別の生活満足度をみてみると、正社員転換制度「あり」の方が「なし」に比べて

「満足」「やや満足」の合計割合が高い。特に高いのは「やや満足」である。現状に「満足」と明確にいえるほど満足できるとはいえないが将来の展望があるという意味で不満には思わないといった心境だろうか。そのように読めば好ましい結果といえる。ただし、正社員転換制度の有無が「わからない」というシングル女性の生活満足度も正社員転換制度「あり」と同じくらい高い。「わからない」という回答者は正社員になることに関心がないと考えられる。前出の図表9-14においても約半数のシングル女性に正社員移行希望がみられたものの、残りの半数は正社員移行希望がない。正社員になることだけが非正規雇用シングル女性の不満を解消する最適な手段とは必ずしもいえない。

　その観点から、図表9-17に現在の勤務先での職業能力開発プログラムとして「教育・訓練」や「研修」を受けた経験の有無別にシングル女性の生活満足度を示す。「教育・訓練」「研修」とも「受けた」方が生活満足度は高く、その割合は6割にのぼる。図表9-12でみた「能力開発機会」と「生活満足度」の正の相関とも整合的な結果である。こうした能力開発の機会を与えられる労働者は非正規雇用であっても、より高度な職務を担うことを期待されている人材であるといえる。能力の向上にともなって賃金等の労働条件が向上する可能性も低くないだろう。そうした勤務先の期待を感じることができ待遇が上がる展望を持つことができれば、非正規雇用のままでも何とかやっていける、という気持ちが生活満足を高めているのではないだろうか。

図表9-16　壮年非正規雇用シングル女性の生活満足度
―正社員転換制度の有無別―

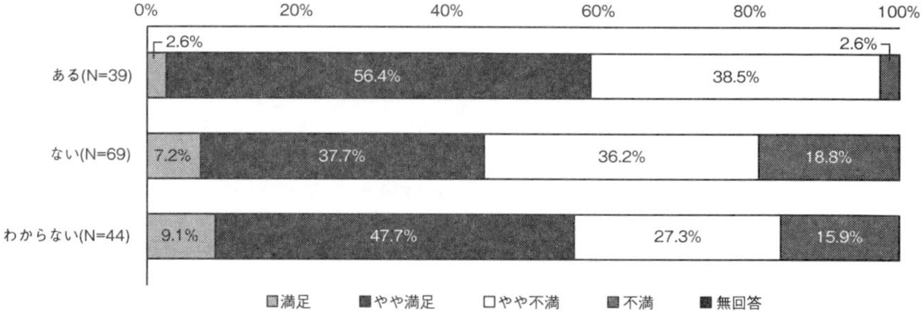

資料出所：「職業キャリアと働き方に関する調査」（JILPT 2013年）

第 9 章　壮年非正規雇用シングル女性の働き方と生活満足

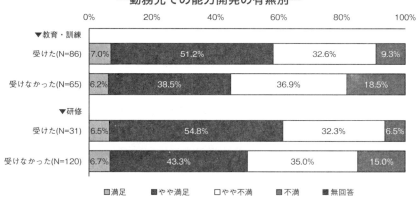

図表 9-17　壮年非正規雇用シングル女性の生活満足度
―勤務先での能力開発の有無別―

資料出所:「職業キャリアと働き方に関する調査」(JILPT 2013 年)

第 6 節　まとめ

　壮年期を迎えても、結婚して家庭の主婦になるのでもなく、正社員としてキャリアを形成するのでもない、その意味で仕事と生活の両面で非典型であり、不安定な立場に置かれた 40 歳前後の非正規雇用シングル女性の生活満足度と働き方の関係を分析した。その結果は次のように要約できる[11]。

(1) 仕事満足度と生活満足度は正の相関関係にあり、シングル女性は仕事満足度も生活満足度も有配偶女性に比べて低い。
(2) シングル女性は今後失業する可能性を感じている割合が高い。正社員への移行希望も高いが、転職活動や職業能力開発の取組みをしている割合は低い。
(3) 現在の勤務先に正社員転換制度がある、もしくは現在の勤務先で職業能力開発の機会があるシングル女性は生活満足度が相対的高い。

　パート・アルバイトや契約社員・派遣社員といった「非正規雇用」には賃

11　本章で分析した非正規雇用のシングル女性は 150 件程度という小さいサンプルであったため、概要的な把握にとどまっていることは否めない。より踏み込んだ詳細な分析は別の機会の課題としたい。

金の水準やその安定性といった経済的な労働条件が低い一方で、労働時間の短さや柔軟性の面で仕事以外の生活との調和を図りやすいというメリットもある。「主婦パート」のような伝統的な壮年期の既婚女性においては後者のメリットが非正規雇用を選ぶ大きな理由になってきた。だが、配偶者を持たず、自ら生計費を稼ぐ必要があるシングル女性はやはり経済的な労働条件に対する不満が強い。そのことが生活全体の満足度も下げている。

　「フリーター」と呼ばれる若年の非正規労働者においても、かつては労働時間の柔軟性というメリットが強調されていたが、1990年代の平成不況期に低賃金・不安定雇用という特徴が前面に出るようになると、好ましくない（それゆえに正規ではない＝非正規の）働き方という認識が広がった。そして、そのような経済的に不遇な働き方から脱するために正社員に転換することが重要であるという認識が広まった。壮年期のシングル女性においても正社員への移行希望は強い。しかし、若者と異なり、外部労働市場での転職によって正社員になれる機会は多くない。そのことを見越してか、転職活動をしている割合も低い。自ら職業能力開発に取り組んでいる割合も低く、外部労働市場で良質な雇用機会を得る準備ができているとはいい難い様子がデータからうかがえる。端的にいって、外部労働市場に目を向けて転職によって待遇の改善を図ることは得策といえないだろう。

　それよりもすでに先行研究でも指摘されているように、同一勤務先での就業経験をもとに、企業内部で待遇の向上を図っていく方が早道である可能性を本章の分析結果も示唆している。外部労働市場で正社員就職の機会を探すよりも現在の勤務先で正社員に転換する方が、壮年期の女性の実情に合っている。職業能力開発についても外部労働市場でより良い待遇の仕事につなげることを考えるよりも、現在の勤務先での教育訓練や研修を積極的に受け、内部労働市場でキャリアアップしていくことを考えた方が良い。

　その意味で、労働契約法の「5年ルール」にもとづく有期契約から無期契約への転換や、パートタイム労働法が定める均等・均衡待遇・正社員転換措置、昨今話題の「同一労働同一賃金」に関する諸政策を通じて、非正規労働者の企業内キャリアパスを整備するような企業への働きかけを強化していくことが重要であるといえよう。

| 終 章 | 包摂的女性労働政策に向けて |

池田心豪

第1節　本書の主な知見

　生き方と働き方が多様化している現代女性が就業において直面する問題を主として家族との関係で論じてきた。その要点は以下のとおりである。

1) 1999年の改正均等法施行後に初職を開始した世代の女性においては、正規雇用継続率の上昇傾向とともに非正規雇用の拡大がみられる。正規雇用の女性管理職昇進者は増加傾向にあるが、長期育休取得と基幹的職務の長時間労働が昇進の妨げとなっている。

2) 既婚女性においては学歴や社会的経験年数、専門資格の有無といった点で労働市場の周辺に置かれ貧困に直面しがちな人びとの専業主婦化がみられる。10代での若年出産は貧困の引き金の一つになっている。

3) 配偶者を持たない未婚女性においても初職継続割合は高いとはいえず、現職の継続意向も既婚者に比べて低い。中でも非正規雇用のシングル女性は生活満足度が低く、失業不安も高いが転職活動や能力開発の取組みをしている割合は低く、現在の勤務先に正社員転換制度や能力開発機会がある場合の生活満足度が高い。

第2節　インプリケーション

　各章において様々なインプリケーションが各執筆者の視点から示されている。そのいずれも有益なものであるが、本書全体に通底するメッセージとして以下のような示唆を分析結果から得ることができる。

(1) 女性の多様化に対応したキャリア形成支援

(2) 女性の経済的自立支援の強化

211

各章の分析結果は女性の働き方と家庭生活の多様化が交差する形で女性労働政策の課題が多様化していることを示唆している。その背景にある未婚や離婚の増加にともなう単身化の趨勢を踏まえるなら、女性の生き方は今後ますます多様化していくことが予想される。そうした女性の多様化に対応し、従来の典型的なイメージに収まる女性だけでなくあらゆる女性を包摂した就業支援・キャリア形成支援を行うことが今後の女性労働政策においては重要である。

　その具体的な課題は様々であるが、基底にあるのは女性の経済力を高めること、労働政策としては経済的に自立可能な就業機会を確保することが重要であろう。配偶者の収入が低いかそもそも配偶者がいない女性が貧困と背中合わせの状況に置かれている事実は、今もなお女性の待遇は明示的にも暗黙的にも主たる稼得者である夫の存在を前提にしていることを示唆している。だが、今後は女性自らが自身の収入で生計を維持することを前提に、その働き方を検討していく必要性が高まるに違いない。

　これらの観点から、今後の課題を最後に記しておきたい。

1 多様な女性のキャリア形成支援

　図表 - 終 -1 は本書の分析から示唆される女性の仕事と家庭生活の多様性を類型的に示している。

図表 - 終 -1　女性の仕事と家庭をめぐる多様な問題の構造

			家族のケア あり	家族のケア なし	夫の経済力 なし	夫の経済力 あり		
高	II		内部人材				I	
	無配偶（シングル）	管理職			均等法・女性活躍推進法		有配偶（主婦）	家庭生活
就業による本人収入		一般正社員	シングルマザー シングル介護者	未婚女性の 就業継続	均等法・女性活躍推進法 育児・介護休業法・次世代法			
		非正社員	シングルマザー シングル介護者	非正規シングル	育児・介護休業法・次世代法 パート労働法			
		無業			貧困専業主婦	伝統的専業主婦		
低	III		外部人材				IV	
	高		女性の経済力の必要性			低		

※網掛けは従来の女性労働問題が想定してきた範囲。

212

縦軸の「仕事」の「内部人材」は企業の内部人材として雇用されている状態を指し、就業形態としては正社員がこれに当たる。その中でも、管理職は組織の中核的なポジションであり、より内部化の度合いが強いといえる。反対側の「外部人材」は必要なときだけ外部から調達される人材という意味で、パート・アルバイトや派遣社員といった非正社員が該当する。無業はさらに外部化されて完全に企業の外に置かれた状態といえる。専業主婦のような無業からまずパートで就職したのちに正社員転換して管理職に昇進するというキャリアは、この縦軸の「外部」から「内部」への移動として理解することができる。

横軸の家庭生活は右側に「有配偶」（主婦）、左側に「無配偶」（シングル）としているが、有配偶の中でも「男性は仕事、女性は家庭」という伝統的な典型家族に最も近いのが、「夫の経済力あり」のケースであり、「夫の経済力なし」の場合に妻は就業するというのが「ダグラス＝有沢の法則」であった。反対側の無配偶女性は育児や介護を担う必要のない単身者というのが一般的なイメージだろう。しかし、今日ではシングルマザーやシングル介護者のように育児・介護を担いながら働くシングル女性が増えつつある。

このように4象限をさらに4つに区切った16セルに女性の仕事と家庭生活の関係を分けることができる。現代女性の生き方はそれだけ多様化しているといえる。しかし、上述したように、従来の議論の想定はグレーで網掛けしている部分に限定されていたのではないだろうか。「専業主婦」といえば夫に経済力があるというのが一般的な想定であり、本書が取り上げた「貧困専業主婦」は非典型の存在であった。未婚のキャリアウーマンが管理職になるという生き方は典型的なイメージとして定着しているが、本書が描き出す未婚女性の実情はその姿から遠い。壮年期女性の非正規雇用といえば「主婦パート」が典型であったが、シングル女性の非正規雇用も増えている。

また、このグレーの部分については、女性の待遇改善を目的とする均等法や育児・介護休業法、パート労働法がカバーしてきたといえるが、今後は白い部分も念頭に置いた議論の必要性が高まるだろう。たとえば、これまでもシングルマザーの就業支援は行われてきたが、それは貧困をギリギリ回避するレベルの議論であった。しかし、すべての女性の活躍、さらに一億総活躍

というのであるなら、貧困を回避できれば良いというレベルを超えて、シングル女性が育児や介護を担いながら管理職に昇進するという想定のもとで政策を検討することもあってよいはずである。その際には、長期休業や勤務時間短縮で収入が減っても家計を維持することができるか、残業をする日は誰が代わりに育児や介護をするのか、つまり、稼ぎ手も育児・介護の担い手も本人しかいない家庭環境の中で、仕事と育児・介護の責任をともに果たせる支援制度になっているかということが、問われるようになるだろう。

さらにいえば、本書で示した課題は多様な女性の課題の一例に過ぎない。家族の多様化にともない我々がまだ想定していない問題も今後は起きる可能性がある。その意味で、さらなる課題の掘り起こしが今後の課題といえる。

2 女性の経済的自立支援

だが、どのような問題が起きても女性が自立可能な経済力をつけるということは必須の課題になるといえそうだ。再び図表 - 終 -1 をみると縦軸は上から下に行くほど就業による本人収入が低くなるが、横軸を右に行くほど女性本人が経済力をつける必要性は低くなることを表している。伝統的な専業主婦は就業による収入はないが、夫に経済力があるため、本人が経済力つける必要はない。一方、シングルマザーは経済力をつける必要性が高いが、実際の収入の水準は低いために貧困に直面しやすいという整理になる。

この図式に従うなら、経済力の必要性は低いが、収入は高い第1象限（有配偶・内部人材）から経済力の必要性は高いが収入は低い、第3象限（無配偶・家族のケアあり）に向かう形で女性の家族生活の多様化・非典型化が進みつつあることを本書の各章は示唆しているといえる。そのように考えるなら、第3象限から第2象限あるいは第4象限に移る支援が重要だといえるが、序章で述べたように、産業構造の面でも人口構造の面でも、夫の経済力に依存した生活設計は現実的に難しくなりつつある。そうであるなら、女性自身の就業による経済的自立支援が従来にも増して重要になるといえよう。

終章　包摂的女性労働政策に向けて

第3節　おわりに

　日本の女性の就業率は上昇している。Ｍ字のカーブの窪みは浅くなっているし、数の上では共稼ぎ世帯が専業主婦世帯を上回っている。だが、その内実を注意深くみてみると、経済的に自立できる水準の収入を得ている女性は一部であり、自ら家計支持者となっている女性の多くが貧困と背中合わせの状況にある。その意味で、日本は依然として夫の経済力に女性は依存するところが大きい「男性稼ぎ手社会」であるといわざるを得ない。

　裏返しとして、シングルマザーのように貧困に直面した女性は社会保障の対象となってきた。だが、超高齢社会を迎え、さらに高齢者が増える今後、社会保障費はますます膨らんでいく可能性が高い。「夫の代わりに国家が女性を養う」ことを期待しても、それが実現するかどうかは別問題であるという財政状況に近づいている。

　社会保障費の抑制に取り組む先進各国では「福祉から就労へ」（welfare to work）が合言葉になっている。だが「夫と国家の代わりに企業に養ってもらおう」という政策では上手く行かないだろう。企業は厳しい経営事情の中で組織のスリム化を進めており、福祉的に雇用を増やす余裕はないというのが本音ではないだろうか。つまり、シングルが増え家族は縮小しているが、代わりに国家を大きくすることも企業を大きくすることも難しい状況にある。どちらかといえば家族・国家・企業の三者がともに小さくなって行っているのが日本社会の実情ではないだろうか。

　しかし、その一方で、労働力不足に悩む企業から女性に期待する声が高まりつつあるのもまた事実である。また単なる労働力の数合わせではなく、多様な人材の多様な視点を経営に生かす「ダイバーシティマネジメント」への関心も高まりつつある。現状は男性に対する女性という意味での多様性への関心が強い。だが、「男性」「女性」をそれぞれ均質なカテゴリとしてとらえるのではなく、女性の多様性（と男性の多様性）を経営に生かす時代が早晩訪れるだろう。そのような問題意識で、どのような生き方をしている女性であっても活躍できる雇用環境をつくることが、今後の女性労働政策においては重要である。

215

参考文献

阿部彩（2008）『子どもの貧困——日本の不平等を考える』岩波書店.

阿部彩（2011）「相対的貧困率の推移——2007 年から 2010 年」男女共同参画会議　基本問題・影響調査専門調査会　女性と経済 WG　第 8 回（2011.12.20.）資料 3
（http://www.gender.go.jp/danjo-kaigi/kihon/kihon_eikyou/jyosei/08/giji.html）.

阿部正浩（2005）「誰が育児休業を取得するのか——育児休業制度普及の問題点」国立社会保障・人口問題研究所編『子育て世帯の社会保障』東京大学出版会，243-264.

伊岐典子（2012）「企業における女性管理職登用の課題について——人事等担当者・女性管理職インタビュー調査から」JILPT Discussion Paper Series, 12-04.

池田心豪（2012）「出産前後の就業状況と両立支援」労働政策研究・研修機構編『出産・育児と就業継続——労働力の流動化と夜型社会への対応を』JILPT 労働政策研究報告書 No.150: 11-24.

池田心豪（2014）「壮年非正規労働者の男女比較」労働政策研究・研修機構編『壮年非正規労働者の仕事と生活に関する研究——現状分析を中心として』JILPT 労働政策研究報告書 No.164: 237-248.

池田心豪（2015）「壮年非正規雇用労働者の生活満足度を高める要因——働き方の問題を中心に」労働政策研究・研修機構編『壮年非正規雇用労働者の仕事と生活に関する研究——経歴分析を中心として』JILPT 労働政策研究報告書 No.180: 63-76.

池田心豪（2017）「非正規・シングル女性の生活不満を緩和する労働の課題——非正規でも年収 300 万円以上を」小杉礼子・鈴木晶子・野依智子・横浜市男女共同参画推進協会『シングル女性の貧困——非正規職女性の仕事・暮らしと社会的支援』明石書店，91-116.

稲上毅（1986）「労働世界における平等と異質性」『現代社会学』22: 5-24.

今田幸子・池田心豪（2006）「出産女性の雇用継続における育児休業制度の効果と両立支援策の課題」『日本労働研究雑誌』553: 34-44.

岩井紀子・保田時男（2010）『調査データ分析の基礎——JGSS データとオンライン集計の活用　第 3 版（補訂）』有斐閣.

岩上真珠編著（2010）『＜若者と親＞の社会学——未婚期の自立を考える』青弓社.

岩上真珠編（2016）『国際比較　若者とキャリア——日本・韓国・イタリア・カナダの雇用・ジェンダー・政策』新曜社.

岩澤美帆（2008）「初婚・離婚の動向と出生率への影響」『人口問題研究』62（4）: 19-34.

岩澤美穂・三田房美（2008）「21 世紀出生児縦断調査にみる母子ひとり親家族の発生事情」厚生労働科学研究費補助金統計情報総合研究事業『パネル調査（横断調査）に関する総合的分析システムの開発研究 平成 19 年度総括研究報告書』，165-188.

宇南山卓（2011）「結婚・出産と就業の両立可能性と保育所の整備」『日本経済研究』65: 1-22.

江原由美子（2015）「見えにくい女性の貧困——非正規問題とジェンダー」小杉礼子・宮本みち子編著『下層化する女性たち——労働と家庭からの排除と貧困』勁草書房，45-72.

大石亜希子（2003）「母親の就業に及ぼす保育費用の影響」『季刊社会保障研究』39（1）: 55-69.

大石亜希子（2010）「社会保険・税制におけるジェンダー」木本美喜子・大森真紀・室住眞麻

子編『社会政策のなかのジェンダー（講座　現代の社会政策 第4巻）』明石書店，158-179.

大石亜希子（2012a）「母子世帯になる前の就労状況が現在の貧困とセーフティネットからの脱落に及ぼす影響について」労働政策研究・研修機構編『シングルマザーの就業と経済的自立』労働政策研究報告書 No.140，79-98.

大石亜希子（2012b）「離別男性の生活実態と養育費」西村周三監修・国立社会保障・人口問題研究所編『日本社会の生活不安——自助・共助・公助の新たなかたち』慶應義塾大学出版会，221-246.

大石亜希子（2013）「シングルマザーは働いていてもなぜ貧困か」労働政策研究・研修機構編『子育てと仕事の狭間にいる女性たち——JILPT 子育て世帯全国調査 2011 の再分析』JILPT 労働政策研究報告書 No.159: 145-177.

大沢真知子（1993）『経済変化と女子労働——日米の比較研究』日本経済評論社.

大風薫（2014）「中年期未婚女性の家庭内労働と就業——同時性バイアスの可能性も含めた検証」『生活経済学研究』40: 29-39.

大風薫（2017）「女性労働者の配偶関係とキャリアアップ意欲」労働政策研究・研修機構編『育児・介護と職業キャリア——女性活躍と男性の家庭生活』JILPT 労働政策研究報告書 No.192: 114-134.

大沢真理（1993）『企業中心社会を超えて——現代日本を「ジェンダー」で読む』時事通信.

大沢真理（2007）『現代日本の生活保障システム——座標とゆくえ』岩波書店.

大沢真理（2016）「日本の生活保障システムは逆機能している——2000 年代の比較ガバナンス」『女性労働研究』60: 24-70.

大竹文雄（2001）『雇用問題を考える——格差拡大と日本的雇用制度』大阪大学出版会.

大塚英美（2009）「女性管理職のキャリア形成——組織の内的環境が与える影響」『経営戦略研究』4: 163-176.

大槻奈巳（2015）『職務格差——女性の活躍推進を阻む要因はなにか』勁草書房.

小川久貴子・安達久美子・恵須須文枝（2007）「10 代女性が妊娠を継続するに至った体験」『日本助産学会誌』21（1）: 17-29.

小原美紀（2001）「専業主婦は裕福な家庭の象徴か？妻の就業と所得不平等に税制が与える影響」『日本労働研究雑誌』493: 15-29.

春日井典子（1996）「中期親子関係における共有体験——母娘間の感情次元の分析を中心に」『家族社会学研究』8: 139-149.

香川めい（2005）「学校から職業への移行のあり方とキャリア形成——初職・昇進・現職」『東京大学大学院教育学研究科紀要』44: 119-127.

賀数いずみ・前田和子・上田礼子・安田由美（2009）「沖縄県離島における若年母親の養育行動——一般母親との比較」『沖縄県立看護大学紀要』10: 15-23.

金森トシエ・北村節子（1987）『専業主婦の消える日——男女共生の時代』有斐閣.

川口章（2012）「昇進意欲の男女比較」『日本労働研究雑誌』620: 42-57.

岸学（2012）『SPSS によるやさしい統計学』オーム社.

窪田康平（2012）「母親の若年出産が子供の教育水準に与える影響——出産年齢が本当に問題なのか」『日本労働研究雑誌』620: 58-77.

黒澤昌子・玄田有史（2001）「学校から職場へ——「七・五・三」転職の背景」『日本労働研究雑誌』490: 4-18.

厚生労働省（2010）「平成 22 年度「出生に関する統計」の概況　人口動態統計特殊報告」.

厚生労働省（2014）「平成 24（2012）年人口動態統計（確定数）の概況」.

厚生労働省（2015）『厚生労働白書』（2017 年 9 月 4 日取得，http://www.mhlw.go.jp/wp/hakusyo/kousei/15/backdata/02-01-01-002.html）.

厚生労働省（2016）『平成 27 年人口動態統計』中巻　表5

（http://www.e-stat.go.jp/SG1/estat/List.do?lid=000001157965　last access 2017/8/22）.

厚生労働省雇用均等・児童家庭局家庭福祉課（2017）「ひとり親家庭の支援について」

（http://www.mhlw.go.jp/file/06-Seisakujouhou-11900000-Koyoukintoujidoukateikyoku/0000100019.pdf　last access 2017/9/2）.

国立社会保障・人口問題研究所（2010）『第 14 回出生動向基本調査（夫婦調査）』.

国立社会保障・人口問題研究所（2017）「人口統計資料集（2017 年改訂版）」（2017 年 9 月 4 日取得，http://www.ipss.go.jp/syoushika/tohkei/Popular/Popular2017RE.asp?chap=0）.

小杉礼子（2010）『若者と初期キャリア――「非典型」からの出発のために』勁草書房.

小杉礼子・宮本みち子編著（2015）『下層化する女性たち――労働と家庭からの排除と貧困』勁草書房.

小園弥生（2015）「横浜市男女共同参画センターの“ガールズ”支援――生きづらさ，そして希望をわかちあう「場づくり」」小杉礼子・宮本みち子編著『下層化する女性たち――労働と家庭からの排除と貧困』勁草書房，223-241.

駒川智子（2014）「性別職務分離とキャリア形成における男女差――戦後から現代の銀行事務職を対象に」『日本労働研究雑誌』648: 48-59.

酒井計史（2015）「学校から仕事への移行――正規雇用と勤続に与える影響」岩上真珠編『国際比較　若者とキャリア――日本・韓国・イタリア・カナダの雇用・ジェンダー・政策』新曜社，49-70.

酒井正・樋口美雄（2005）「フリーターのその後――就業・所得・結婚・出産」『日本労働研究雑誌』535: 29-41.

酒井正・高畑純一郎（2011）「働き方と家族形成の関係」樋口美雄・府川哲夫編『ワーク・ライフ・バランスと家族形成――少子社会を変える働き方』東京大学出版会，31-61.

坂爪聡子・川口章（2007）「育児休業制度が出生率に与える効果」『人口学研究』40: 1-15.

坂本和靖（2009）「親の行動・家庭環境がその後の子どもの成長に与える影響」『季刊家計経済研究』83: 58-77.

坂本有芳（2016）『キャリア・デザインと子育て――首都圏女性の調査から』お茶の水学術事業会.

滋野由紀子・大日康史（1999）「保育政策が出産の意思決定と就業に与える影響」『季刊社会保障研究』35（2）: 192-207.

滋野由紀子・松浦克己（2003）「出産・育児と就業の両立を目指して――結婚・就業選択と既婚・就業女性に対する育児休業制度の効果を中心に」『季刊社会保障研究』39（1）: 43-54.

滋野由紀子（2006）「就労と出産・育児の両立――企業の育児支援と保育所の出生率回復への効果」樋口美雄・財務省財務総合研究所編『少子化と日本の経済社会――2 つの神話と 1 つの真実』日本評論社，81-114.

渋谷龍一（2016）『女性活躍「不可能」社会ニッポン――原点は「丸子警報器主婦パート事件」にあった！』旬報社.

島崎謙治（2005）「児童手当および児童扶養手当の理念・沿革・課題」国立社会保障・人口

問題研究所編『子育て世帯の社会保障』東京大学出版会，85-117.

島崎謙治（2012）「「養育費相談支援」に関する政策のあり方について」養育費支援センター編『養育費確保の推進に関する制度的諸問題』養育費支援センター，13-23.

白波瀬佐和子（2005）『少子高齢社会のみえない格差——ジェンダー・世代・階層のゆくえ』東京大学出版会.

下夷美幸（2008）『養育費政策にみる国家と家族——母子世帯の社会学』勁草書房.

周燕飛（2003）「子育て支援制度と育児期女性の就業継続行動」橘木俊詔・金子能宏編『企業福祉の制度改革——多様な働き方へ向けて』東洋経済新報社，109-130.

周燕飛（2012a）「経済的自立をめぐる現状とその規定要因」労働政策研究・研修機構編『シングルマザーの就業と経済的自立』JILPT 労働政策研究報告書 No.140: 17-29.

周燕飛（2012b）「養育費の徴収に秘策があるのか」労働政策研究・研修機構編『シングルマザーの就業と経済的自立』JILPT 労働政策研究報告書 No.140: 161-177.

周燕飛（2012c）「子どものいる世帯の生活状況および保護者の就業に関する調査——世帯類型別にみた「子育て」、「就業」と「貧困問題」」労働政策研究・研修機構発表資料（http://www.jil.go.jp/press/documents/20120229.pdf　access 2012/09/07）.

周燕飛（2013）「専業主婦世帯の収入二極化と貧困問題」労働政策研究・研修機構編『子育てと仕事の狭間にいる女性たち——JILPT 子育て世帯全国調査 2011 の再分析』JILPT 労働政策研究報告書 No.159: 58-75.

周燕飛（2014）「育児休業が女性の管理職登用に与える影響」労働政策研究・研修機構編『男女正社員のキャリアと両立支援に関する調査結果（2）——分析編』JILPT 調査シリーズ No.119: 167-185.

周燕飛（2015）「専業主婦世帯の貧困——その実態と要因」RIETI Discussion Paper Series, 15-J-034.

杉浦浩美（2015）「就労意欲と断続するキャリア——初職離職と転職・再就職行動に注目して」岩田正美・大沢真知子編著『なぜ女性は仕事を辞めるのか——5155 人の軌跡から読み解く』青弓社，91-120.

駿河輝和・張建華（2003）「育児休業制度が女性の出産と継続就業に与える影響について——パネルデータによる計量分析」『季刊家計経済研究』59: 56-63.

高見具広（2017）「総合職女性における「リアリティ・ショック」——そのキャリア形成にとっての意味」『NWEC 実践研究』7: 42-55.

高村静（2017）「男女若手正社員の昇進意欲——持続と変化」佐藤博樹・武石恵美子編『ダイバーシティ経営と人材活用——多様な働き方を支援する企業の取り組み』東京大学出版会，105-134.

武石恵美子（2009）「キャリアパターン別にみた女性の就業の特徴」『国立女性教育会館研究ジャーナル』13: 3-15.

武石恵美子（2014）「女性の昇進意欲を高める職場の要因」『日本労働研究雑誌』648: 33-47.

武内真美子・大谷純子（2008）「両立支援制度と女性の就業二極化傾向」『日本労働研究雑誌』578: 67-87.

橘木俊詔・迫田さやか（2013）『夫婦格差社会——二極化する結婚のかたち』中央公論新社.

玉城清子・賀数いづみ（2006）「若年妊婦の胎児への愛着に関連する要因の検討」『沖縄県立看護大学紀要』7: 10-15.

219

出川聖尚子（2015）「10代で出産した母子世帯の現状に関する一考察——熊本県ひとり親家庭等実態調査の分析から」『熊本学園大学社会福祉研究所報』43: 37-51.

東京都社会福祉協議会保育部会調査研究委員会（2003）『10代で出産した母親の子育てと子育て支援に関する調査報告書』平成13-14年度.

内閣官房社会的包摂推進室（2012）「社会的排除にいたるプロセス——若年ケース・スタディから見る排除の過程」内閣官房社会的包摂推進室.

直井道子（2015）「中高年女性が貧困に陥るプロセス」小杉礼子・宮本みち子編著『下層化する女性たち——労働と家庭からの排除と貧困』勁草書房，98-110.

中井美樹（2008）「就業機会、職場権限へのアクセスとジェンダー——ライフコースパースペクティブによる職業キャリアの分析」『社会学評論』59（4）: 699-715.

永瀬伸子（2002）「若年層の雇用の非正規化と結婚行動」『人口問題研究』58（2）: 22-35.

永瀬伸子（2003）「母子世帯の母のキャリア形成、その可能性」日本労働研究機構編『母子世帯の母への就業支援に関する研究』日本労働研究機構調査報告書 No.156: 232-292.

永瀬伸子（2013）「生涯シングル女性の中年期と仕事」『経済学論纂（中央大学）』53（5・6）: 187-199.

永瀬伸子・山谷真名（2011）「民間大企業の女性管理職のキャリア形成——雇用慣行と家庭内分担」『キャリアデザイン研究』8: 95-105.

西文彦（2014）「親と同居の未婚者の最近の状況　その10」総務省統計研修所ホームページ（2015年9月30日取得，

http://www.stat.go.jp/training/2kenkyu/pdf/zuhyou/parasai10.pdf).

西村純子（2009）『ポスト育児期の女性と働き方——ワーク・ファミリー・バランスとストレス』慶應義塾大学出版会.

日本経済調査協議会（2016）『次世代の経営人材が育つ企業社会に向けて』女性活躍社会研究会報告書.

日本労働研究機構（JIL）（2003）『シングルマザーへの就業支援に関する研究』日本労働研究機構調査研究報告書 No.156.

野崎佑子（2011）「ワーク・ライフ・アンバランスはどこで起こっているか——出産ペナルティと女性の継続就業」樋口美雄・府川哲夫編『ワーク・ライフ・バランスと家族形成——少子社会を変える働き方』東京大学出版会，85-104.

野呂芳明（2001）「職業キャリアと高齢期の社会階層」平岡公一編『高齢期と社会的不平等』東京大学出版会，111-132.

橋本由紀・宮川修子（2008）「なぜ大都市圏の女性労働力率は低いのか——現状と課題の再検討」RIETI Discussion Paper Series, 08-J-043.

濱口桂一郎（2016）「性別・年齢等の属性と日本の非典型労働政策」『日本労働研究雑誌』672: 4-13.

樋口美雄（1994）「育児休業制度の実証分析」社会保障研究所編『現代家族と社会保障——結婚・出生・育児』東京大学出版会，181-204.

平岡友良（2004）「当院における若年妊娠・分娩について」『思春期学』22（1）: 143-148.

藤井治枝（1995）『日本型企業社会と女性労働——職業と家庭の両立をめざして』ミネルヴァ書房.

堀春彦（1991）「男女間賃金格差の経済分析——サーベイ論文」『三田商学研究』34（2）: 116-

124.

堀春彦（1998）「男女間賃金格差の縮小傾向とその要因」『日本労働研究雑誌』456: 41-51.

本田由紀（2005）『若者と仕事——「学校経由の就職」を超えて』東京大学出版会.

馬欣欣・乾友彦（2016）「正規社員が管理職になる決定要因およびその男女間の格差——従業員と企業のマッチングデータに基づく実証分析」RIETI Discussion Paper Series, 16-J-015.

松原光代（2012）「短時間正社員制度の長期利用がキャリアに及ぼす影響」『日本労働研究雑誌』627: 22-33.

森田陽子・金子能宏（1998）「育児休業制度の普及と女性雇用者の勤続年数」『日本労働研究雑誌』459: 50-62.

森田明美（2004）「10代で出産した母親たちの子育て——実態調査から学ぶこと」『月刊福祉』87（5）: 42-45.

森田果（2014）『実証分析入門——データから「因果関係」を読み解く作法』日本評論社.

丸山桂（2001）「女性労働者の活用と出産時の就業継続の要因分析」『人口問題研究』57（2）: 3-18.

宮本みち子（2012）『若者が無縁化する——仕事・福祉・コミュニティでつなぐ』筑摩書房.

宮本みち子（2016）「仕事と家庭から排除される若年女性の貧困」『女性労働研究』60: 41-57.

矢島洋子（2014）「女性の能力発揮を可能にするワーク・ライフ・バランス支援のあり方」佐藤博樹・武石恵美子編『ワーク・ライフ・バランス支援の課題——人材多様化時代における企業の対応』東京大学出版会, 59-82.

八代尚宏（1983）『女性労働の経済分析——もう一つの見えざる革命』日本経済新聞社, 159-184.

山口一男（2005）「少子化の決定要因と対策について——夫の役割、職場の役割、政府の役割、社会の役割」『家計経済研究』66: 57-67.

山口一男（2014）「ホワイトカラー正社員の管理職割合の男女格差の決定要因」『日本労働研究雑誌』648: 17-32.

山田昌弘（1999）『パラサイト・シングルの時代』筑摩書房.

山田昌弘（2015）「女性労働の家族依存モデルの限界」小杉礼子・宮本みち子編著『下層化する女性たち——労働と家庭からの排除と貧困』勁草書房, 23-44.

山本勲（2014）「企業における職場環境と女性活用の可能性——企業パネルデータを用いた検証」RIETI Discussion Paper Series, 14-J-017.

養育費相談支援センター（2012）『養育費確保の推進に関する制度的諸問題』養育費支援センター.

横浜市男女共同参画推進協会・大阪市男女共同参画のまち創生協会・野依智子（2016）『非正規職シングル女性の社会的支援に向けたニーズ調査報告書』.

労働政策研究・研修機構（2006）『仕事と生活——体系的両立支援の構築に向けて』JILPT プロジェクト研究シリーズ No.7.

労働政策研究・研修機構（2012）『子どものいる世帯の生活状況および保護者の就業に関する調査（「第1回子育て世帯全国調査」）』JILPT 調査シリーズ No. 95.

労働政策研究・研修機構（2013a）『男女正社員のキャリアと両立支援に関する調査結果』JILPT 調査シリーズ No.106.

労働政策研究・研修機構（2013b）「アンダークラス化する若年女性——労働と家庭からの排除」

221

『Business Labor Trend』463: 2-25.

労働政策研究・研修機構（2017a）『育児・介護と職業キャリア──女性活躍と男性の家庭生活』JILPT 労働政策研究報告書 No.192.

労働政策研究・研修機構（2017b）『企業の人材活用と男女のキャリア』JILPT 調査シリーズ No. 169.

Albrecht, J. W., P. Edin, M. Sundstrom and S. Vroman (1999) Career Interruptions and Subsequent Earnings: A Reexamination Using Swedish Data. *Journal of Human Resources*, 34 (2) : 294-311.

Almond, D. and J. Currie (2011) Human Capital Development before Age Five. In O. Ashenfelter and D. Card (Eds.), *Handbook of Labor Economics*, Vol. 4b, Elsevier, 1315-1486.

Bartfeld, J. (2000) Child Support and the Postdivorce Economic Well-Being of Mothers, Fathers, and Children. *Demography*, 37 (2) : 203-213.

Cahuc, P. and A. Zylberberg (2001) *Labor Economics*, The MIT Press.

Davies, L. 2003, Singlehood: Transition within a Gendered World. *Canadian Journal on Aging*, 22 (4) : 343-352.

Davis, K. (1984) Wives and Work: The Sex Role Revolution and Its Consequences. *Population and Development Review*, 10 (3) : 397-417.

Fox, L., W.-J. Han, C. Ruhm and J. Waldfogel (2013) Time for Children: Trends in the Employment Patterns of Parents, 1967–2009. *Demography*, 50 (1) : 25-49.

Fischer, L. R. (1981) Transitions in the Mother-Daughter Relationship. *Journal of Marriage and Family*, 43 (3) : 613-622.

Friedan, B. (1997) *Beyond Gender: The New Politics of Work and Family*, Woodrow Wilson Center Press.

Garfinkel, I. and D. Oellerich (1989) Noncustodial Fathers' Ability to Pay Child Support. *Demography*, 26 (2) : 219-233.

Hakim, C. (1996) *Key Issues in Women's Work: Female Heterogeneity and the Polarization of Women's Employment*, The Athlone Press.

Hakim, C. (2000) *Work-Lifestyle Choices in the 21st Century: Preference Theory*, Oxford University Press.

Hakim, C. (2004) *Key Issues in Women's Work: Female Diversity and the Polarization of Women's Employment*, 2nd Edition, Routledge.

Hara, H. (2016) Glass Ceilings or Sticky Floors? An Analysis of the Gender Wage Gap across the Wage Distribution in Japan. RIETI Discussion Paper, 16-E-099.

Heckman, J. J. (1979) Sample Selection Bias as a Specification Error. *Econometrica*, 47: 153-161.

Hu, W.-Y. (1999) Child Support, Welfare Dependency, and Women's Labor Supply. *Journal of Human Resources*, 34 (1) : 71-103.

Huang, C.-C. (1999) A Policy Solution to Reduce Poverty in Single-Mother Families? An

Examination of the Child Support Assurance System. *Journal of Population Studies* (National Taiwan University), 20: 93-124.

Iversen, T. and F. Rosenbluth (2010) *Women, Work, and Politics: The Political Economy of Gender Inequality.* Yale University Press.

Jann, B. (2008) The Blinder-Oaxaca Decomposition for Linear Regression Models. *Stata Journal*, 8 (4) : 453-479.

Judiesch, M. K. and K. Lyness (1999) Left Behind? The Impact of Leaves of Absence on Managers' Career Success. *Academy of Management Journal*, 42 (6) : 641-651.

Kato, T., D. Kawaguchi and H. Owan (2013) Dynamics of the Gender Gap in the Workplace: An Econometric Case Study of a Large Japanese Firm. RIETI Discussion Paper Series, 13-E-038.

Mincer, J. and H. Ofek (1982) Interrupted Work Careers: Depreciation and Restoration of Human Capital. *Journal of Human Resources*, 17 (1), 3-24.

OECD (2008) *Growing Unequal*, OECD.

Oishi, A. (2013) Child Support and the Poverty of the Single-mother Households in Japan. NIPSS Discussion Paper, No.2013-E01.

Raymo, J. and M. Iwasawa (2005) Marriage Market Mismatches in Japan: An Alternative View of The Relationship Between Women's Education and Marriage. *American Sociological Review, 70* (5) : 801-822.

Raymo, J. and Y. Zhou (2012) Living Arrangements and the Well-being of Single Mothers in Japan. *Population Research and Policy Review*, 31 (5) : 727-749.

Schneer, J. A. and F. Reitman (1997) The Interrupted Managerial Career Path: A Longitudinal Study of MBAs. *Journal of Vocational Behavior*, 51: 411-434.

Skinner, C., J. Bradshaw and J. Davidson (2007) Child Support Policy: An International Perspective. Department for Work and Pensions Research Report 405.

Skinner, C., and J. Davidson (2009) Recent Trends in Child Maintenance Schemes in 14 Countries. *International Journal of Law, Policy and the Family*, 23 (1) : 25-52.

The National Campaign to Prevent Teen and Unplanned Pregnancy (2013) *Counting It Up: The Public Costs of Teen Cchildbearing: Key Data.* The National Campaign to Prevent Teen and Unplanned Pregnancy (http://thenationalcampaign.org/sites/default/files/resource-primary-download/counting-it-up-key-data-2013-update.pdf - PDF. Last access 2017/8/23).

Vartanian T. P. and J. M. McNamara (2002) Older Women in Poverty: The Impact of Midlife Factors. *Journal of Marriage and Family*, 64: 532-548.

Waldfogel, J. (1998) The Family Gap for Young Women in the United States and Britain: Can Maternity Leave Make a Difference? *Journal of Labor Economics*, 16 (3) : 505-545.

Wood, R. G. , M. E. Corcoran, P. N. Courant (1993) Pay Differences among the Highly Paid: The Male-Female Earnings Gap in Lawyers' Salaries. *Journal of Labor Economics*, 11: 417-441.

索　　引

[O]

Omitted（脱落）変数　44

[あ]

アメリカ　5-6, 96, 111, 134, 135, 153-155, 158, 160

[い]

育休取得　39-57, 204

移行　6, 8, 11, 15, 19-23, 33, 37, 198-202, 210-211, 218

[か]

家族形成　8, 14, 17, 23, 25, 26, 31, 33, 37-38, 98, 126, 211, 213

[き]

キャリアアップ意欲　162, 175-176, 178, 184, 210

キャリアパターン　11, 162-167, 169-170, 175-179, 184, 212

[け]

傾向スコアマッチング法（PSM）　53

現職継続　11, 164, 170, 176-179, 184

[こ]

コーホート　8, 14-38, 45, 47-55, 57, 162, 167, 180

子どもの貧困　89, 92, 112, 134, 160, 209, 219

[し]

シグナリング仮説　43-44, 50, 52

児童扶養手当　11, 110, 135-136, 145-147, 156, 158-160, 211

若年出産　10, 92-93, 95-96, 98-99, 102, 104, 105, 107, 109, 204, 210

就業抑制効果　86-87, 89

就職氷河期　8, 14, 16, 21, 22, 29, 37

10代妊娠　92, 97, 111

生涯未婚率　181

職業キャリア　2-3, 7-8, 14-15, 26-27, 33, 37, 62, 162-163, 180, 185-186, 191, 193-201, 210, 213, 215, 218

女性管理職登用　3, 209

シングルマザー　134-135, 137, 139-146, 148, 150, 160-161

人的資本減少仮説　43-44, 52

[せ]

潜在的稼働能力　9,-10, 85-87, 89-90

[そ]

操作変数法　53

属性プレミアム　9, 44-45, 49, 54, 56

[た]

ダグラス・有沢法則　76

多様化　1, 4, 7-8, 14-15, 19, 33, 37-38, 114-115, 116, 121, 162, 204-207, 214

[ち]

賃金　1, 3-5, 11, 40,-43, 47-48, 51, 91, 125, 127, 129, 134-137, 139, 140-145, 148, 160-161, 177, 185, 187-191, 197-198, 200, 202-203, 213-214

[は]

初職継続要因　179

[ひ]

ひとり親世帯　10, 77, 89, 92-93, 99, 101, 104, 109-110, 134-135, 145, 153

貧困　4-6, 8, 9-11, 75-86, 88-90, 92, 96-97, 99, 100, 102, 109, 110, 112, 134-136, 146-147, 153-154, 156-158, 160, 187-190, 204-214, 219

224

[ほ]

母子世帯　10-11, 92, 99-100, 102, 104, 106-107, 109, 110, 134- 141, 143, 145-154, 157-160, 187, 191, 210, 212-213, 218

[よ]

養育費　11, 135, 136, 149-160, 210, 212, 214

[ら]

ライフ・イベント　14-15, 17-18, 27, 37

ライフコース　14-16, 33, 38, 113-114, 120-121, 130, 132, 169, 170-172, 174, 180-181, 183, 213

[り]

離婚　7, 99, 102-104, 108-109, 135, 149, 162, 185, 205, 209

[ろ]

労働時間　3, 11, 68-70, 81, 134-139, 145-146, 162, 185, 194-195, 197, 202

ロジスティック回帰分析　52, 123, 170-172, 175,-178, 183-184

執筆者略歴 （執筆順）

池田　心豪（いけだ・しんごう）：序章、第9章、終章

　　（独）労働政策研究・研修機構　主任研究員

　　東京工業大学大学院社会理工学研究科博士課程単位取得退学。専門は職業社会学。労働政策研究報告書『育児・介護と職業キャリア―女性活躍と男性の家庭生活』（2017）などを編著。

酒井　計史（さかい・かずふみ）：第1章

　　（独）労働政策研究・研修機構　アシスタントフェロー。

　　上智大学大学院文学研究科社会学専攻博士後期課程満期退学（修士・社会学）。

　　専門は職業社会学・社会調査方法論。主な著作「学校から仕事への移行：正規雇用と勤続に与える影響」（岩上真珠編 2015『国際比較・若者のキャリア：日本・韓国・イタリア・カナダの雇用・ジェンダー政策』新曜社）等。

周　燕飛（しゅう・えんび）：第2章、第4章

　　（独）労働政策研究・研修機構　主任研究員。

　　大阪大学大学院国際公共政策博士。専門は労働経済学・社会保障論。主な著書に『母子世帯のワーク・ライフと経済的自立』（2014、第38回労働関係図書優秀賞）等。

高見　具広（たかみ・ともひろ）：第3章

　　（独）労働政策研究・研修機構　研究員。

　　東京大学大学院人文社会系研究科博士課程単位取得退学。専門は産業・労働社会学。主な著作に「働く時間の自律性をめぐる職場の課題―過重労働防止の観点から」（『日本労働研究雑誌』No.677、2016）。

阿部　彩（あべ・あや）：第5章

首都大学東京　都市教養学部教授兼子ども・若者貧困研究センター長。専門は貧困・公的扶助。主な著書に『子どもの貧困―日本の不公平を考える』（2008）、『子どもの貧困Ⅱ―解決策を考える』（2014）等。

坂口　尚文（さかぐち・なおふみ）：第6章

元（公財）家計経済研究所　次席研究員。
慶応義塾大学商学研究科博士課程単位取得退学。専門は統計科学。主な著作に「共働き夫婦の家計管理」(田中慶子との共著、2017、『日本労働研究雑誌』No.689) 等。

大石　亜希子（おおいし・あきこ）：第7章

千葉大学大学院社会科学研究院教授。博士（学術）。専門は労働経済学・社会保障論。最近の主な論文に "Effect of Mothers' Nonstandard Work Hours on Children's Wellbeing in Japan." in Ming-Chang Tsai and Wan-Chi Chen eds., *Family, Work and Wellbeing in Asia.* Singapore: Springer, 151-175, 2017.

大風　薫（おおかぜ・かおる）：第8章

お茶の水女子大学基幹研究院リサーチフェロー。お茶の水女子大学社会科学博士。専門は家族社会学、生活経営学、社会的排除論。主な業績に「中年期未婚女性の家庭内労働と就業―同時性バイアスの可能性も含めた検証―」（『生活経済学研究』第40巻、29-39、2014）等。

JILPT 第3期プロジェクト研究シリーズ No.9
非典型化する家族と女性のキャリア

2018年3月16日　第1刷発行

編　　集　（独）労働政策研究・研修機構
発 行 者　理事長　菅野和夫
発 売 所　（独）労働政策研究・研修機構
　　　　　〒177-8502　東京都練馬区上石神井 4-8-23
　　　　　電話　03-5903-6263
制　　作　有限会社　ボンズ企画
印 刷 所　有限会社　太平印刷

©2018 JILPT　ISBN978-4-538-52009-4　Printed in Japan